国家林业和草原局职业教育"十三五"规划教材

森林旅游

吴学群　主编

中国林业出版社
China Forestry Publishing House

图书在版编目(CIP)数据

森林旅游 / 吴学群主编. —北京：中国林业出版社，2021.12 (2025.1 重印)
国家林业和草原局职业教育"十三五"规划教材
ISBN 978-7-5219-1480-1

Ⅰ.①森…　Ⅱ.①吴…　Ⅲ.①森林旅游-高等职业教育-教材　Ⅳ.①F590.75

中国版本图书馆 CIP 数据核字(2022)第 003463 号

中国林业出版社·教育分社

策划编辑： 田　苗　曾琬淋
责任编辑： 曾琬淋
电话： (010)83143630　　　**传真：** (010)83143516

出版发行	中国林业出版社(100009　北京市西城区刘海胡同 7 号) E-mail：jiaocaipublic@163.com http://www.cfph.net
印　刷	北京中科印刷有限公司
版　次	2021 年 12 月第 1 版
印　次	2025 年 1 月第 3 次印刷
开　本	787mm×1092mm　1/16
印　张	16
字　数	420 千字(含数字资源)
定　价	55.00 元

未经许可，不得以任何方式复制或抄袭本书之部分或全部内容。

版权所有　侵权必究

编写人员名单

主　编： 吴学群（江西环境工程职业学院）

副主编： 朱　艳（江西环境工程职业学院）

　　　　　彭佳慧（江西环境工程职业学院）

　　　　　林光辉（云南林业职业技术学院）

　　　　　李雅霖（江西环境工程职业学院）

　　　　　朱宇钒（广东生态工程职业学院）

参　编： 陈徽文（江西环境工程职业学院）

　　　　　曹佐明（桂林电子科技大学）

　　　　　李晓露（江西环境工程职业学院）

　　　　　许凌云（湖南环境生物职业技术学院）

　　　　　杨治国（江西环境工程职业学院）

　　　　　廖丽华（湖南环境生物职业技术学院）

　　　　　梁　艳（江西环境工程职业学院）

　　　　　朱淑靖（江西环境工程职业学院）

　　　　　胡小康（赣南树木园）

前言

森林旅游是林草部门对依托森林等自然资源开展的各类旅游活动的总称。从1982年依托国家森林公园发展森林旅游以来，我国森林旅游一直保持快速发展的良好态势。"十三五"时期，国家林业和草原局把发展森林旅游作为贯彻落实习近平生态文明思想的重要抓手，森林旅游在践行"两山"理论、巩固林业改革成果和促进林草业转型发展、助力乡村振兴和精准扶贫、助推美丽中国和健康中国建设中发挥了越来越重要的作用，森林旅游成为我国林草业重要的支柱产业和极具增长潜力的绿色产业。

但是，森林旅游仍属新兴业态。目前，森林旅游专业人才的培养远远没有跟上业态的发展步伐，本教材正是在此背景下应运而生。

本教材以"立德树人"为根本，体现价值引领、能力培养、知识传授"三位一体"的培养目标，突出对学生的专业情感、森林旅游服务实践应用能力和创新素质的培养，在内容设计上加强生态文明教育，引导学生树立和践行"绿水青山就是金山银山"的理念。学生通过学习，能更好地掌握森林旅游服务技能，并能熟练、安全、规范地为游客提供森林旅游服务，成为具有良好职业道德、实践操作技能和可持续发展能力的高素质技能型人才，以适应市场对森林旅游人才的需求。

本教材本着使学生懂理论、会服务、有担当的总体思路，力求达到素质过关、理论够用、技能过硬的目的。教材编写以校企合作为依托，以企业需求为目标，以信息化技术为手段，以"双师"教学为主导，基于工作过程组织教学内容，多维度评价教学成果。教材内容根据学生的认知水平和学习规律及岗位的要求，按照理论篇—实务篇—提升篇—线路篇进行编排，从认知森林和森林旅游资源到吃、住、行、游、购、娱的各种旅游服务，再到特色森林旅游线路服务与设计的综合服务。本教材具有以下几个显著特点。

（1）"校企双元"编写，内容贴合实际工作岗位。遵循理论知识"实用、够用、能用"的原则，减少理论的空洞性和冗长性。内容科学、合理、易懂、实用，既符合学生的认知规律，又符合行业操作规范，同时适合实际岗位需求。

（2）以就业为导向。基于工作过程设计学习项目和任务，按照理论适度够用、层层递进等认知规律，将工作任务合理转化成学习任务。

(3) 将课程思政育人理念融入教材。挖掘相关思政元素，选择合适的切入点将优秀传统文化、社会主义核心价值观、生态文明建设新要求等融入教材。

(4) 配套数字资源，全面建设"旅游+互联网"新形态教材。在省级在线开放课程的基础上，进一步对内容采用信息化手段和方式进行多样化呈现与表达。教材除配套教学课件(PPT)以外，还配套微课、典型案例、知识拓展等丰富的数字资源，学生可以通过扫描二维码进行观看或查阅，同时建立课程资源库保证教学资源的实时更新。

本教材由江西环境工程职业学院吴学群负责起草制订编写大纲，江西环境工程职业学院旅游管理(森林旅游)专业是林业技术国家高水平专业群建设专业。森林旅游课程目前为江西省级在线开放课程。具体编写分工为：吴学群负责全书统稿并编写了项目四中的任务一、任务二，项目八中的任务八、任务九；朱艳编写项目六、项目七、项目八中的任务四；彭佳慧编写项目二，项目八中的任务一、任务二；林光辉编写项目五；李雅霖编写项目八中的任务三、任务五、任务六；朱宇钒编写项目四中的任务三、任务四、任务五；陈徵文编写项目三中的任务一、任务二、任务三；曹佐明编写项目八中的任务七；李晓露编写项目八中的任务十；许凌云编写项目三中的任务四；杨治国编写项目一中的任务一及协助全书统稿；胡小康编写项目一中的任务二。廖丽华负责全书图片及其他素材收集；梁艳负责教材编写前期的资料收集；朱淑靖参与教材在线资源拍摄及资料收集整理。

本教材适合旅游管理、森林生态旅游与康养、林业技术等相关专业学生学习，也可作为从事森林旅游及相关工作的从业人员继续教育与培训用书。

本教材的编写得到了华南农业大学林学与风景园林学院院长李吉跃、四川工程职业技术学院教授武友德、湖南环境生物职业技术学院副教授李蓉、赣南树木园主任胡小康、江西省林业资源监测中心副书记徐聪荣、赣州市文化广电新闻出版旅游局副局长李升隆、江西省诚志国际旅行社总经理赖秋荣、江西九连山国家级自然保护区廖海红等的精心指导，在此一并表示感谢！

在本书的编写过程中，参考了大量的相关书籍，通过国家林业和草原局官网、"学习强国"等平台查阅国家相关政策和统计数据，了解行业最新的发展动态，力求做到理论知识够用、技能实训内容丰富、具有较强的实用性和可操作性。对有关书籍、文章、数据的作者，以及为本书提供图片和素材的人员深表感谢！由于我国森林旅游起步较晚，目前市场上还没有适合相关专业使用的同类教材可参考，加上编者编写水平有限，书中难免有所纰漏，敬请读者批评指正！

编 者
2021年9月

目录

前　言

模块一　理论篇

项目一　认知森林与森林旅游 …………………………………… 002
　　任务一　认知森林 ………………………………………………… 002
　　　　一、森林相关概念 …………………………………………… 002
　　　　二、森林资源 ………………………………………………… 004
　　　　三、森林旅游资源 …………………………………………… 005
　　任务二　认知森林旅游 …………………………………………… 009
　　　　一、森林旅游的概念 ………………………………………… 009
　　　　二、森林旅游的产生 ………………………………………… 010
　　　　三、森林旅游的载体 ………………………………………… 010
　　　　四、森林旅游的发展成效 …………………………………… 018
　　　　五、森林旅游的开发建议 …………………………………… 020

项目二　森林旅游接待服务 ……………………………………… 024
　　任务一　森林旅游接待行前服务 ………………………………… 024
　　　　一、行前形象准备工作 ……………………………………… 024
　　　　二、行前业务与知识准备工作 ……………………………… 026
　　　　三、行前物品与心理准备工作 ……………………………… 027
　　　　四、行前其他准备工作 ……………………………………… 028
　　任务二　森林旅游接待行中服务 ………………………………… 029
　　　　一、森林旅游接待原则 ……………………………………… 029
　　　　二、森林旅游接待要求 ……………………………………… 030
　　　　三、森林旅游接待服务流程 ………………………………… 031

　　　　四、森林旅游接待服务注意事项 ·· 033
任务三　森林旅游接待行后服务 ·· 035
　　　　一、森林旅游接待尾声准备工作 ·· 036
　　　　二、森林旅游接待总结欢送工作 ·· 036
　　　　三、森林旅游接待后续工作 ·· 037

模块二　实务篇

项目三　森林旅游产品类型 ·· 042
任务一　森林观光 ·· 042
　　　　一、生物景观观光产品 ·· 043
　　　　二、水域风光观光产品 ·· 044
　　　　三、地文景观观光产品 ·· 046
　　　　四、气象景观观光产品 ·· 047
　　　　五、文物古迹与建筑观光产品 ·· 047
　　　　六、民俗风情城乡风貌观光产品 ·· 048
　　　　七、求知娱乐购物观光产品 ·· 048
　　　　八、生态环境观光产品 ·· 048
任务二　森林体验 ·· 049
　　　　一、森林体验的定义 ·· 049
　　　　二、森林体验的兴起 ·· 049
　　　　三、森林体验的类型 ·· 050
　　　　四、体验式森林旅游产品特点 ·· 053
任务三　森林康养 ·· 055
　　　　一、森林康养的定义 ·· 055
　　　　二、森林康养的起源 ·· 055
　　　　三、国内外森林康养产业发展情况 ·· 056
　　　　四、森林康养旅游产品 ·· 058
　　　　五、国内外森林康养基地案例 ·· 061
任务四　森林研学 ·· 065
　　　　一、森林研学的概念和内涵 ·· 066
　　　　二、森林研学的内容 ·· 067

　　　　三、森林研学的特点 …………………………………………………… 067
　　　　四、森林研学的要求 …………………………………………………… 068
　　　　五、森林研学产品实例 ………………………………………………… 069

项目四　森林旅游要素 ……………………………………………………… 075
任务一　体验森林旅游交通 ………………………………………………… 075
　　　　一、旅游公路 …………………………………………………………… 075
　　　　二、索道 ………………………………………………………………… 078
　　　　三、国家森林步道 ……………………………………………………… 079
　　　　四、栈道 ………………………………………………………………… 083
　　　　五、森林旅游度假列车 ………………………………………………… 085
任务二　品味森林旅游美食 ………………………………………………… 088
　　　　一、森林野菜 …………………………………………………………… 088
　　　　二、森林野果 …………………………………………………………… 089
　　　　三、森林油料 …………………………………………………………… 092
　　　　四、森林饮料 …………………………………………………………… 093
　　　　五、森林药用植物 ……………………………………………………… 093
　　　　六、森林香料 …………………………………………………………… 096
　　　　七、森林蜜源 …………………………………………………………… 096
　　　　八、森林昆虫食品 ……………………………………………………… 096
任务三　享受森林旅游住宿 ………………………………………………… 097
　　　　一、普通宾馆或酒店 …………………………………………………… 098
　　　　二、当地特色建筑 ……………………………………………………… 098
　　　　三、青年旅舍 …………………………………………………………… 100
　　　　四、旅游民宿 …………………………………………………………… 101
　　　　五、森林小木屋 ………………………………………………………… 102
　　　　六、帐篷和吊床 ………………………………………………………… 103
　　　　七、旅游拖车与房车 …………………………………………………… 103
任务四　参与森林旅游购物 ………………………………………………… 106
　　　　一、森林旅游购物设施 ………………………………………………… 106
　　　　二、森林旅游购物商品种类 …………………………………………… 107
任务五　体验森林旅游娱乐 ………………………………………………… 109

　　　　一、森林旅游娱乐活动类型 …………………………………………… 109
　　　　二、代表性森林旅游娱乐活动 ………………………………………… 110

项目五　森林旅游安全 ……………………………………………………… 116
任务一　认知森林旅游安全 ………………………………………………… 116
　　　　一、森林旅游必备物品 ………………………………………………… 116
　　　　二、野外方向辨别与迷失应对 ………………………………………… 117
　　　　三、水源寻找与净化 …………………………………………………… 120
　　　　四、宿营 ………………………………………………………………… 122
任务二　野生动物与有毒植物和菌类危害及预防 ………………………… 123
　　　　一、野生动物危害预防及处理 ………………………………………… 123
　　　　二、有毒植物和菌类危害预防及处理 ………………………………… 128
任务三　森林旅游自然灾害防护及野外疾病防治 ………………………… 133
　　　　一、自然灾害防护 ……………………………………………………… 133
　　　　二、野外疾病防治 ……………………………………………………… 136

模块三　提升篇

项目六　森林旅游文化 ……………………………………………………… 142
任务一　认知森林旅游文化 ………………………………………………… 142
　　　　一、森林旅游与文化的相互关系 ……………………………………… 142
　　　　二、森林旅游文化的内涵 ……………………………………………… 144
　　　　三、森林旅游文化的特点 ……………………………………………… 145
任务二　感知森林旅游与自然文化 ………………………………………… 147
　　　　一、森林旅游中的树木文化 …………………………………………… 147
　　　　二、森林旅游中的花卉文化 …………………………………………… 148
　　　　三、森林旅游中的动物文化 …………………………………………… 148
任务三　感知森林旅游与人文文化 ………………………………………… 150
　　　　一、森林旅游中的宗教文化 …………………………………………… 150
　　　　二、森林旅游中的民俗文化 …………………………………………… 152
　　　　三、森林旅游中的饮食文化 …………………………………………… 154
　　　　四、森林旅游中的文学艺术 …………………………………………… 155
　　　　五、森林旅游中的人文精神 …………………………………………… 155

项目七　森林旅游可持续发展 ……… 160
任务一　森林旅游可持续发展概述 ……… 160
一、森林旅游负效应 ……… 160
二、森林旅游可持续发展概念及意义 ……… 161
三、森林旅游可持续发展原则 ……… 162
四、森林旅游可持续发展措施 ……… 162
任务二　森林旅游资源保护与森林旅游规划 ……… 164
一、森林旅游资源保护 ……… 164
二、森林旅游规划与管理 ……… 166

模块四　线路篇

项目八　全国特色森林旅游线路 ……… 174
任务一　内蒙古呼伦贝尔森林草原旅游线 ……… 174
一、线路景点介绍 ……… 175
二、特色旅游活动 ……… 177
三、特色旅游产品 ……… 178
任务二　吉林森林火山湖旅游线 ……… 181
一、线路景点介绍 ……… 181
二、特色旅游活动 ……… 182
三、特色旅游产品 ……… 183
任务三　山东海滨风光森林旅游线 ……… 186
一、线路景点介绍 ……… 186
二、特色旅游活动 ……… 188
三、特色旅游产品 ……… 188
任务四　江西丹霞山水文化旅游线 ……… 192
一、线路景点介绍 ……… 192
二、特色旅游活动 ……… 194
三、特色旅游产品 ……… 195
任务五　皖西大别山生态旅游线 ……… 198
一、线路景点介绍 ……… 198
二、特色旅游活动 ……… 199
三、特色旅游产品 ……… 200

任务六	广东北回归线森林旅游线	204
	一、线路景点介绍	204
	二、特色旅游活动	206
	三、特色旅游产品	207

任务七	桂东锦绣山水生态旅游线	210
	一、线路景点介绍	211
	二、特色旅游活动	213
	三、特色旅游产品	214

任务八	四川大熊猫寻踪旅游线	217
	一、线路景点介绍	217
	二、特色旅游活动	222
	三、特色旅游产品	224

任务九	云南热带雨林生态旅游线	227
	一、线路景点介绍	227
	二、特色旅游活动	231
	三、特色旅游产品	232

任务十	黑龙江森工冰雪体验旅游线	236
	一、线路景点介绍	236
	二、特色旅游活动	237
	三、特色旅游产品	238

参考文献 ··· 243

模块一

理论篇

项目一　认知森林与森林旅游

数字资源

>> **知识目标**
(1) 了解森林及森林旅游相关概念；
(2) 熟悉森林资源与森林旅游资源的含义、特点及分类；
(3) 掌握森林旅游的载体、发展成效及发展趋势。

>> **技能目标**
(1) 能够引导森林旅游者正确认知森林与森林旅游；
(2) 能够为我国的森林旅游发展献计献策。

>> **素质目标**
(1) 增强对森林和森林旅游的兴趣和热爱；
(2) 培养热爱祖国大好河山的情怀，树立建设"美丽中国"的坚定信念；
(3) 提高对专业的认同感、自信心和职业自豪感。

任务一　认知森林

森林是人类的宝贵资源和财富，是人类文明的摇篮，也是经济社会健康发展的保障。森林作为陆地生态系统的主体，是地球上的资源库、基因库、碳贮库、蓄水库和能源库，也是地球生态平衡的主要调节器，具有巨大的生态、经济、社会和文化功能。丰富的森林资源，是生态良好的重要标志，是经济社会发展的重要基础，是"美丽中国"建设的重要内容。

一、森林相关概念

1. 森林及其分类

狭义的森林是以木本植物为主体的生物群落，其中的乔木与其他植物、动物、微生物和土壤之间相互依存、相互制约，并与环境相互影响，从而形成完整的生态系统。森林包括乔木林、竹林和国家特别规定的灌木林。森林具有丰富的物种、复杂的结构、多种多样的功能，被誉为"地球之肺"。1971年第七届世界森林大会决定将每年的3月21日定为"世界森林日"。

森林的分类方法有多种，通常按森林的作用、人为影响程序、林木特征、森林的自然属性来进行分类。

(1) 按森林的作用分类

将森林划分为以下5类：

防护林　以发挥生态防护功能为主要目的的森林、林木和灌木丛。

用材林　以生产木材或竹材为主要目的的森林和林木。

经济林　以生产果品、食用油料、饮料、调料、工业原料和药材等为主要目的的林木。

能源林　以生产燃料为主要目的的林木。

特种用途林　以国防、环境保护、科学试验为主要目的的森林和林木。

(2) 按人为影响程序分类

通常将森林分为原始林、次生林和人工林3类。

原始林　位于边远地区，基本上不受人为的影响。

次生林　是原始林经过人为干扰破坏以后，通过林木的自然更新再度发生的森林。

人工林　是人为地采用播种或植苗的方式营造的森林。

(3) 按林木特征分类

①依据优势树种特征和优势树种的分类地位分类　可以制定出多种分类系统。例如，可分为针叶林和阔叶林，而针叶林可按照优势树种的属，分为松林、落叶松林等，松林又可分为油松林、红松林、马尾松林等。除此以外，还要考虑各树种的构成比例，按此特征可将森林分为纯林和混交林两大类。天然林大多数是混交林，但在气候和土壤条件比较苛刻的地方，也可能形成纯林。人工林大多数是纯林。

②依据林木的起源分类　林木凡是以种子更新起源的，称为实生林；凡是以无性更新方式起源的，称为萌芽林或无性繁殖林。

③依据年龄分类　根据龄级（多数以20年为一个龄级，有时以10年或5年为一个龄级，随树种的生长快慢和经营强度而定）划分年龄阶段，通常划分为幼龄林、中龄林、近熟林、成熟林和过熟林5类。成熟林和过熟林是当前可以采伐利用的资源，幼龄林、中龄林和近熟林则是后备资源或称经营资源。

(4) 按森林的自然属性分类

林木特征是森林的自然属性，但随着对森林研究的深入，要求对森林进行更加科学的分类。对此，分类的方法也多种多样，大体可分为植被学途径、立地学途径和综合途径三大类。

①植被学途径　中国植被学家以植被型、群系和群丛为植物的基本分类单位。此外，还有一些辅助单位，如植被型组，针叶林和阔叶林就是两个大的植被型组。在针叶林植被型组中，划分为寒温性针叶林、温性针叶林、温性针阔叶混交林、暖性针叶林、热性针叶林5个植被型。在阔叶林植被型组中，分为落叶阔叶林、常绿落叶阔叶混交林、常绿阔叶林、硬叶常绿阔叶林、季雨林、雨林、珊瑚岛常绿阔叶林、红树林、竹林9个植被型。基层的分类单位——群丛，则要求以群落中各层的植物成分和环境条件都相同作为划分的条件。

②立地学途径　按照立地条件的特点对森林进行分类也是许多国家的常用做法。这种方法既可以应用于无林地，也可以应用于有林地。对于山地条件，中国很多地区采用了诸

如海拔、坡向和土层厚度这类因子，划分的土地单元通常称为立地条件类型。

③综合途径　在生态学领域，森林是一个生态系统，采用综合的方法对森林进行分类是较为合理的。目前很多国家都在进行尝试，并且取得一定的成就。

2. 林分、林木、树木、乔木、灌木

林分是指内部结构特征（如树种组成、林冠层次、疏密度、年龄、郁闭度、起源、地位级或地位指数等）基本相同，并与周围森林有明显区别的一片森林。林分常常作为森林旅游功能分区规划和景观设计的依据。

林木是森林的主体，是森林旅游资源的主要组成部分。林木包括树木和竹子，林木有时也泛指生长在森林中的乔木。

树木是木本植物的总称，包含乔木、灌木和木质藤本。树木主要是种子植物，蕨类植物中只有树蕨为树木，我国约有8000种树木。

乔木是指树身高大的树木，由根部发生独立的主干，树干和树冠有明显区分。按其大小又可分为大乔木（高20m以上）、中乔木（高10~20m）、小乔木（高3~10m）。

灌木是指高3.5m以下，通常丛生、无明显主干的木本植物（但有时也有明显主干，如麻叶绣球、牡丹）。茎高0.5m以下者为小灌木，如胡枝子。茎在草质与木质之间，上部为草质，下部为木质者，称半灌木或亚灌木。

3. 森林面积、森林覆盖率、郁闭度

森林面积是指郁闭度在0.2以上的乔木林地面积和竹林面积，国家特别规定的灌木林地面积，农田林网以及村旁、路旁、水旁、宅旁林木的覆盖面积。森林面积只占地球总表面积约9.4%（约40亿hm^2）。森林清查的"最小起算面积"是1亩*，也就是说林木连续覆盖1亩才计入森林面积。我国森林面积2.20亿hm^2，人工林面积0.69亿hm^2，蓄积量24.83亿m^3，居世界首位。我国森林类型众多，拥有各类针叶林、落叶阔叶林、常绿阔叶林等。据联合国粮农组织发布的《2020年全球森林资源评估》报告显示，近10年中国森林面积年均净增长量全球第一。在全球森林面积减少的情况下，中国植树造林对全球的贡献尤为突出。

森林覆盖率是指一定区域森林面积与土地面积的百分比。森林覆盖率是反映一个国家（或地区）森林资源丰富程度的重要指标。根据第九次全国森林资源清查成果《中国森林资源报告（2014—2018）》，我国森林覆盖率达22.96%。"十三五"末期，我国森林覆盖率达到了23.04%。

郁闭度指森林中乔木树冠在阳光直射下在地面的总投影面积与该林地总面积的比值。郁闭度是反映森林结构和森林环境的一个重要因子，在水土流失治理、水源涵养、林分质量评价、森林景观建设等方面有广泛的应用。

二、森林资源

（一）森林资源的含义

狭义的森林资源主要是指树木资源，尤其是乔木资源。广义的森林资源指林木、林地

---

* 1亩≈667m^2。

及其所在空间内的一切森林植物、动物、微生物以及这些生命体赖以生存并对其有重要影响的自然环境条件。

森林植物一般指能够通过光合作用制造其所需要的有机物的生物总称，是生命的主要形态之一。包含了乔木、灌木、藤本类、草本、蕨类、苔藓类及地衣等。

森林动物一般指依赖森林生物资源和环境条件取食、栖息、生存和繁衍的生物。森林动物是森林生态系统的重要组成部分，包括爬行类、两栖类、兽类、鸟类、昆虫以及原生动物等，其中鸟类和兽类是重要资源。森林动物的种群数量大，分布范围广，经济价值和生态价值高，与人类的关系至为密切。

森林是地球上最大的陆地生态系统，是维持地球生态系统平衡的重要因素。森林资源是地球上最重要的资源之一，是生物多样性的基础。森林不仅能够为生产和生活提供多种宝贵的木材和其他原材料，能够为人类经济生活提供多种物品，更重要的是能够涵养水源、保持水土、调节气候、保护农田，减轻涝、旱、风、沙等自然灾害，还有净化空气、防治污染、消除噪声等功能，同时森林还是天然的动植物园，哺育着各种飞禽走兽和生长着多种珍贵林木和药材，是一种无形的环境资源和潜在的"绿色能源库"。

（二）森林资源的特点

森林资源具有可再生性和再生的长期性等特点。在一定条件下，森林具有自我更新、自我复制的机制和循环再生的特征，保障了森林资源的长期存在，能够实现森林资源的永续利用。但是，森林资源所具有的可再生性和结构功能的稳定性只有在人类对森林资源的利用遵循森林生态系统自身规律，不对森林资源造成不可逆转的破坏的基础上才能实现。因为林木从造林到其成熟的时间间隔很长，天然林的更新需更久的时间，即便是人工速生林，也要10年左右的时间。

三、森林旅游资源

（一）森林旅游资源的含义

森林旅游资源是指用于人们在闲暇时间内进行休闲度假、疗养、观光游憩、娱乐等旅游行为的森林资源。它是以林木、林地、森林环境及其动植物、森林景观、林区各种自然与人文景观等构成的综合体。还有的学者认为，森林旅游资源是指林区内以森林景观为主体，能激发游客的旅游动机，为旅游业所利用，并由此产生经济效益、社会效益和环境效益的各种事物和现象。《森林公园总体设计规范》中的定义为：森林旅游资源，系指以森林景观为主体、其他自然景观为依托、人文景观为陪衬的一定森林旅游环境中，具有游览价值与旅游功能，并能够吸引游客的自然与社会、有形与无形的一切因素。

（二）森林旅游资源的特点

1. 可持续性与脆弱性

除少数森林景观资源会被游客消耗掉，需要人工培育补充外，多数景观资源是不会被游客消耗的，具有无限重复使用的价值。但是旅游活动也常产生污染环境的副作用。只有加强森林景观资源的保护，科学合理地开发利用，合理经营景观资源，才能使这种资源永续地发挥效益。

森林旅游资源虽然具有永续利用的特点，但大多数资源承载能力有限，再生能力有限，这说明森林旅游资源有一定的脆弱性。因此，在其承载能力范围内，需要合理开发利用。

2. 自然景观与人文景观紧密结合

许多森林景观是未经人工雕琢的自然景观，属于一种自然客体，是由各种外界因素组合而成的，因而具有明确的自然属性。但这些自然的森林景观往往是与人类活动紧密相连的，如佛教、道教等宗教的活动场所多在山上，而山上又正是森林植被等森林资源丰富的地方，两者紧密结合使自然景观和人文景观互相烘托，提高了旅游资源质量。例如，泰山、华山、嵩山、衡山、恒山被称为"五岳"，峨眉山、五台山、普陀山、九华山号称"四大佛教圣地"，青城山、武当山、龙虎山、齐云山号称"四大道教名山"，均是人文古迹与自然山林地貌紧密结成一体的代表。另外，一些少数民族与森林和谐共处，爱林护林，无论是村寨建筑，还是生活习惯、民俗节庆，都与森林密不可分，创造出独具特色的森林文化，极大地丰富了森林旅游资源的内容，提高了森林旅游价值和社会经济效益。

3. 森林环境与珍稀野生动植物物种多样性

组成森林环境的森林旅游资源种类多样、结构复杂、分布广泛。不仅包括了丰富的森林植被资源和野生动物资源，还包括了构成森林景观的地理环境和人文环境资源，它们以不同形式相互渗透，广泛分布于森林的地域空间里。在森林旅游资源集中的森林公园内，一般森林覆盖率达85%~98%，野生动植物种类丰富，成为自然基因库，如湖南桃源洞国家森林公园有种子植物1518种，陆生脊椎动物211种。在自然保护区范围内物种的数量就更多了，如广东象头山国家自然保护区内现有维管束植物1627种，珍稀保护植物56种，野生动物305种，其中属国家保护的、有益的或有重要经济、科学研究价值的野生动物达210种。

4. 功能多重性

对于面积较大的森林，并不强求每一块林地都用于旅游，而是强调大片林地上的所有资源合理地利用，在不干扰生态环境的条件下，有一定的灵活性，可进行少量的木材生产和多种经营。如张家界国家森林公园就针对公园的具体情况，专门编制了森林经营方案。

5. 广泛适应性

森林旅游资源优越的地方，往往集雄、奇、险、秀等自然风光，灿烂的历史文化，淳朴的民俗风情以及得天独厚的生物气候资源于一体，因此森林游憩的形式可以多种多样，可融合休闲、猎奇、求知、健身、陶冶情操和激发艺术灵感等诸多内容，广泛适应于现代游客多样化的需求。

（三）森林旅游资源的分类

根据森林旅游资源的生态特征、内涵、功能以及对游客的吸引力，结合《旅游资源分类、调查与评价》（GB/T 18972—2003）及中南林业科技大学森林旅游研究中心研究成果等，将森林旅游资源分为景观资源和生态环境资源两大类、8亚类和110种基本类型。其中，景观资源（林区内的自然景观和人文景观）包括7亚类101种基本类型（表1-1-1），生态环境资源包括1亚类9种基本类型（表1-1-2）。每个层次的景观资源类型都有相应的数字代号。

表 1-1-1　景观资源分类表

亚类	基本类型
1. 生物景观	101 植被类型　102 林地面积　103 森林覆盖率　104 野生动植物种类　105 名古大树　106 草原　107 奇花异草　108 珍稀动物种类　109 珍稀植物种类　110 野生动物栖息地　111 其他生物景观
2. 水域风光	201 风景河段　202 漂流河段　203 湖库　204 瀑布　205 潭池　206 泉　207 井　208 溪流　209 现代冰川　210 观光游憩海域　211 沼泽湿地　212 其他水域风光
3. 气象景观	301 日出日落　302 日蚀月蚀　303 星象　304 虹霞蜃景　305 风雨奇景　306 冰雪霜露　307 云雾景观　308 雾凇雨凇　309 自然声象　310 其他气象景观
4. 地文景观	401 典型地质构造　402 标准地层剖面　403 生物化石　404 自然灾变遗迹　405 名山　406 火山熔岩景观　407 蚀余景观　408 奇特与象形山石　409 海岸景观　410 洞穴　411 小型岛屿　412 沙(砾)滩　413 沙(砾石)地风景　414 其他地文景观
5. 文物古迹与建筑	501 人类文化遗址　502 社会经济文化遗址　503 军事遗址　504 古城和古城遗址　505 宫廷建筑　506 宗教建筑与礼制建筑　507 殿(厅)堂　508 楼阁　509 水榭亭廊　510 塔　511 牌坊　512 碑碣　513 建筑小品　514 园林　515 雕塑　516 桥　517 陵寝陵园　518 墓　519 石窟　520 摩崖字画　521 水工建筑　522 厂矿　523 农林渔牧场　524 特色城镇与村落　525 港口　526 广场　527 乡土建筑　528 民俗街区　529 纪念地　530 观景地　531 文物　532 其他文物古迹与建筑
6. 民俗风情与城乡风貌	601 节事庆典　602 民风民俗　603 宗教礼仪　604 饮食起居　605 婚丧嫁娶　606 神话传说　607 民间艺术　608 地方人物　609 田园风光　610 农林牧渔景观　611 庙会与民间集会　612 其他民俗风情城乡风貌
7. 求知、娱乐、购物	701 科学教育文化设施　702 休疗养和社会福利设施　703 动物园　704 植物园　705 风味美食　706 度假区　707 地方特产　708 运动场馆　709 游乐场所　710 文艺团体　711 市场与购物中心　712 著名店铺　713 其他求知休闲娱乐保健类

表 1-1-2　生态环境资源分类表

亚类	基本类型
8. 生态环境	801 大气环境质量　802 地表水环境质量　803 空气负离子浓度　804 空气细菌含量　805 植物精气　806 声环境质量　807 天然外照射贯穿辐射剂量水平　808 旅游舒适期　809 土壤污染程度

知识拓展

第九次全国森林资源清查(2014—2018 年)

一、清查目的

为准确掌握我国森林资源变化情况，客观评价林业改革发展成效，国家林业主管部门根据《中华人民共和国森林法》《中华人民共和国森林法实施条例》的规定，自 20 世纪 70 年代开始，建立了每 5 年一周期的国家森林资源连续清查制度，以翔实记录我国森林资源保护发展的历史轨迹。

二、基本情况

2014—2018年第九次全国森林资源清查，调查固定样地41.5万个，清查面积957.67万 km^2。

三、清查结果

我国森林资源总体上呈现数量持续增加、质量稳步提升、生态功能不断增强的良好发展态势，初步形成了国有林以公益林为主、集体林以商品林为主、木材供给以人工林为主的合理格局。全国森林覆盖率22.96%，森林面积2.2亿 hm^2，其中人工林面积7954万 hm^2，继续保持世界首位。森林蓄积量175.6亿 m^3。森林植被总生物量188.02亿 t，总碳储量91.86亿 t。年涵养水源量6289.50亿 m^3，年固土量87.48亿 t，年滞尘量61.58亿 t，年吸收大气污染物量0.40亿 t，年固碳量4.34亿 t，年释氧量10.29亿 t。

第九次全国森林资源清查期间(2014—2018年)，全国森林面积、森林蓄积量双增长，森林覆盖率从21.63%提高到22.96%。清查期末林地林木资产总价值25.05万亿元（其中林地资产9.54万亿元，林木资产15.52万亿元），较第八次清查期末(2013年)总价值净增加3.76万亿元，增长17.66%。清查期末我国人均拥有森林财富1.79万元，较第八次清查期末(2013年)的人均森林财富增加了0.22万元，增长了14.01%。首次对公众普遍关注的森林生态服务功能也进行了调查，全国森林生态系统提供生态服务总价值为15.88万亿元。全国森林提供森林文化价值约为3.10万亿元。天然林资源逐步恢复，人工林资产快速增长，"两山"转化的根基更加稳固。中东部地区林地林木资产价值快速增加，地方绿色发展的生态资本更加扎实。西部地区林地林木资产实物量、价值量比重最大，蕴含着巨大的生态发展潜力。

四、几大亮点

第九次全国森林资源清查有几大亮点，如遥感、卫星导航、地理信息系统、数据库和计算机网络等技术的集成应用全面深化；样地定位、样木复位、林木测量和数据采集精度大幅度提高；外业调查效率和内业统计分析能力有效提升。另外，首次以样地样木为计量单元，统计出了全国林木生物量和碳储量，为监测森林生态服务功能迈出了可喜的一步。

五、存在问题

全国森林覆盖率22.96%，比第八次全国森林资源清查的森林覆盖率21.63%提高了1.33个百分点。这意味着全国森林面积净增1266.14万 hm^2，比福建省的面积还要大。全国现有森林面积2.2亿 hm^2，森林蓄积量175.6亿 m^3，实现了30年来连续保持面积、蓄积量的"双增长"。我国成为全球森林资源增长最多、最快的国家，生态状况得到了明显改善，森林资源保护和发展步入了良性发展的轨道。

但是，我国依然是一个缺林少绿的国家，森林覆盖率低于全球30.7%的平均水平，特别是人均森林面积不足世界人均的1/3，人均森林蓄积量仅为世界人均的1/6。森林资源总量相对不足、质量不高、分布不均的状况仍然存在，森林生态系统功能脆弱的状况尚未得到根本改变，生态产品短缺依然是制约中国可持续发展的突出问题。这就不得不要求我们加大资源保护和生态修复力度。

六、措施对策

由于受我国自然条件的限制，适合乔木林生长的面积只占国土面积的50%左右。在适宜乔木林生长的地区已经基本绿化了，但大多数森林质量偏低，应该加强森林经营，精准提高森林质量,以增强森林生态效益。灌木林资源对我国生态保育和经济建设也具有重要意义,在干旱和半干旱地区生态保护和修复工作中,要进行科学布局,不断优化乔、灌、草的结构比例。

认知森林

1. 要求

应用森林旅游资源的调查与评价方法,分析当地某森林公园的森林旅游资源。

2. 方法与步骤

(1)学生分组:将班级同学划分为相应的考察小组。

(2)由教师和导游人员对当地某森林公园各种资源进行讲解。

(3)小组考察,内容主要有:收集有关图片及资料;了解该森林公园存在的问题与矛盾;对该森林公园的资源进行评价与分析。

(4)各小组成员根据导游人员讲解内容结合小组考察收集的资料提交个人实训报告。

3. 考核评价

根据表1-1-3对上述实训的结果进行评价。

表1-1-3 评价表

评价项目	评价标准	分值	教师评价得分（占70%）	小组互评得分（占30%）	综合得分
个人实训报告	收集的图片清晰,资料内容完整	30			
	逻辑清晰,表达准确,论证严密	30			
	资源评价与分析观点基本正确	40			
	合计	100			

任务二 认知森林旅游

近年来,随着旅游业的发展和林业产业结构的调整,森林旅游凭借"亲近自然"的优势,赢得了游客青睐,保持快速增长态势。

一、森林旅游的概念

森林旅游作为现代林业的第三产业,学术界对其界定有着不同的观点,但核心都在阐述:森林旅游是指在林区内依托森林风景资源发生的以旅游为主要目的的多种形式的野游活动,这些活动不管是直接利用森林还是间接以森林为背景,都可称为森林旅游(游憩)或森林生态旅游。

森林旅游有广义和狭义之分，狭义的森林旅游是指人们在业余时间，以森林为背景所进行的野营、野餐、登山、赏雪等各种游憩活动；广义的森林旅游是指在森林中进行的任何形式的野外游憩活动。

目前林草部门把森林旅游定义为：人们以森林、湿地、荒漠和野生动植物资源及其外部物质环境为依托，所开展的观光游览、休闲度假、健身养生、文化教育等旅游活动的统称。

二、森林旅游的产生

1872年，美国创建了世界上第一个森林旅游场所——黄石国家公园（Yellowstone National Park），简称黄石公园。第二次世界大战后，逐渐兴起依托森林来发展旅游，到1960年，森林旅游的现实价值获得了各界人士的承认，并一跃成了森林资源开发的主要内容之一。在美国举行的第五届世界林业会议，是森林旅游发展过程中一个重要里程碑，从那以后各国积极进行自然保护区及国家森林公园的规划，不仅为本国国民提供了健身益智的活动场所，同时也招徕了外国的观光游客。

1982年，我国建立第一个国家森林公园——湖南省张家界国家森林公园，标志着中国森林旅游业作为一项产业开始形成，随后各地森林公园建设发展迅速。

三、森林旅游的载体

我国的森林旅游业起步较晚，但森林旅游资源丰富、独特，发展潜力巨大，是一种可持续发展的旅游资源。自1982年至今的近40年，它经历了从无到有、从小到大、从无序到有序的发展过程。当前，森林旅游已成为我国林草业重要的支柱产业和极具增长潜力的绿色产业。它以自然保护地为载体，包含自然保护地体系的三大块，即国家公园、自然保护区和自然公园，而以森林公园、湿地公园、风景名胜区、沙漠公园、地质公园等为主的自然公园长期以来是森林旅游发展的主要载体。同时，越来越多的植物园（如树木园）正在更多地关注生态旅游与科普旅游的功能融合，逐步发展成为森林旅游的新载体。

（一）国家公园

1. 国家公园定义

国家公园（National Park）是指由国家批准设立并主导管理，边界清晰，以保护具有国家代表性的大面积自然生态系统为主要目的，实现自然资源科学保护和合理利用的特定陆地或海洋区域。世界自然保护联盟将其定义为大面积自然或近自然区域，用以保护大尺度生态过程以及这一区域的物种和生态系统特征，同时提供与其环境和文化相容的精神的、科学的、教育的、休闲的和游憩的机会。

2. 国家公园发展历程

国家公园最早起源于美国，后为世界大部分国家和地区所采用。中国由国家政府部门在全国范围内统一管理的国家公园从2008年开始起步。

2013年11月，党的十八届三中全会首次提出建立国家公园体制。

2015年9月，中共中央、国务院印发《生态文明体制改革总体方案》（中发〔2015〕25号），对建立国家公园体制提出具体要求，强调"加强对重要生态系统的保护和利用，改革各部门分头设置自然保护区、风景名胜区、文化自然遗产、森林公园、地质公园等的体制""保护自然生态系统和自然文化遗产原真性、完整性"。

2017年7月,《建立国家公园体制总体方案》中强调要坚持生态保护第一、国家代表性、全民公益性的国家公园理念。

2019年8月,习近平在致第一届国家公园论坛贺信中指出,中国实行国家公园体制,目的是保持自然生态系统的原真性和完整性,保护生物多样性,保护生态安全屏障,给子孙后代留下珍贵的自然资产。

(二)自然保护区

1. 自然保护区定义

自然保护区是指对有代表性的自然生态系统、珍稀濒危野生动植物物种的天然集中分布、有特殊意义的自然遗迹等保护对象所在的陆地、陆地水域或海域,依法划出一定面积予以特殊保护和管理的区域。

自然保护区的定义有广义和狭义两种。广义的自然保护区,是指受国家法律特殊保护的各种自然区域的总称,不仅包括自然保护区本身,而且包括国家公园、风景名胜区、自然遗迹地等各种保护地区。狭义的自然保护区,是指以保护特殊生态系统进行科学研究为主要目的而划定的自然保护区,即严格意义的自然保护区。

2. 自然保护区开展森林旅游的发展历程

1956年,林业部在广东肇庆建立了中国的第一个自然保护区——鼎湖山自然保护区。到2019年6月,加入国际人与生物圈保护区网络的自然保护区有34个:武夷山、鼎湖山、梵净山、卧龙、长白山、锡林郭勒、博格达峰、神农架、茂兰、盐城、丰林、天目山、九寨沟、西双版纳等。

中国于1994年颁布实施了《中华人民共和国自然保护区条例》(以下简称《自然保护区条例》),第二十二条规定,"在不影响保护自然保护区的自然环境和自然资源的前提下,组织开展参观、旅游等活动",但只准在实验区开展旅游活动。第二十八条规定,"禁止在自然保护区的缓冲区开展旅游和生产经营活动"。地方政府也制定了与《自然保护区条例》相关的法律法规,这一系列法规对在自然保护区开展生态旅游做出了相应规定,旅游区的审批逐步达到程序化、规范化,保护区内森林旅游的开展有了法律依据。

2010年以来,"进入林业部门管理的国家级自然保护区从事教学实习、参观考察、拍摄影片、登山等活动审批""在林业系统国家级自然保护区实验区开展生态旅游方案审批"等行政审批事项相继被下放和取消。由于缺乏对自然保护区旅游活动的监督管理制度,近年来因旅游活动引发的大量违法违规问题成为社会高度关注的热点。此外,2018年机构改革后,原农业、国土、海洋等部门管理的自然保护区交由新组建的国家林业和草原局统一管理,仅对林业部门管理的自然保护区生态旅游进行监管已经不适应形势需要。2021年8月,为了加强自然保护区生态旅游监管,国家林业和草原局起草制定《自然保护区生态旅游监管办法(征求意见稿)》,目前正在征求意见阶段。

3. 自然保护区分类

中国自然保护区分国家级自然保护区和地方级自然保护区,地方级自然保护区又包括省、市、县三级自然保护区。《自然保护区条例》规定,把在国内外有典型意义、在科学上有重大国际影响或者有特殊科学研究价值的自然保护区,列为国家级自然保护区。

实际上,自然保护区是一个泛称,由于建立的目的、要求和本身所具备的条件不同,而有多种类型。按照保护的主要对象来划分,自然保护区可以分为生态系统类型保护区、生物物种保护区和自然遗迹保护区3类,如江西桃红岭梅花鹿国家级自然保护区属于野生动物类型的国家级自然保护区(图1-2-1),是以野生梅花鹿南方亚种及其栖息地为主要保护对象。按照保护区的性质来划分,自然保护区可以分为科研保护区、国家公园(即风景名胜区)、管理区和资源管理保护区4类。

图1-2-1 桃红岭梅花鹿国家级自然保护区

4. 自然保护区保护方式

中国人口众多,人均自然植被少。中国的自然保护区不能像有些国家的自然保护区一样采用原封不动、任其自然发展的纯保护方式,而应采取保护、科研教育、生产相结合的方式,而且在不影响保护区的自然环境和保护对象的前提下,还可以与旅游业相结合。因此,中国的自然保护区内部大多划分成核心区、缓冲区和实验区3个部分。

自然保护区内保存完好的天然状态的生态系统以及珍稀、濒危动植物的集中分布地,应当划为核心区。核心区是保护区内未经或很少经人为干扰过的自然生态系统的所在区域,或者是虽然遭受过破坏,但有希望逐步恢复成自然生态系统的地区。该区以保护种源为主,也是取得自然本底信息的所在地,而且是为保护和监测环境提供评价的来源地。禁止任何单位和个人擅自进入;除依照《自然保护区条例》第二十七条的规定经批准外,也不允许进入从事科学研究活动。

核心区外围可以划定一定面积的缓冲区,只准进入从事科学研究观测活动。

缓冲区外围划为实验区,可以进入从事科学试验、教学实习、参观考察、旅游,以及驯化、繁殖珍稀、濒危野生动植物等活动。还可进行有一定范围的生产活动,也可有少量居民点和旅游设施。

原批准建立自然保护区的人民政府认为必要时,可以在自然保护区的外围划定一定面积的外围保护地带。

(三)自然公园

1. 森林公园

(1)森林公园定义

森林公园是以森林自然环境为依托,具有优美的景色和科学教育、游憩价值的一定规模的地域，经科学保护和适度建设，为人们提供观光游览、休闲和科普教育活动的特定场所。

森林公园是以大面积人工林或天然林为主体而建设的公园。森林公园除保持森林景观自然特征外，还根据造园要求适当加以整顿布置。公园内的森林，一般只采用抚育采伐和林分改造等措施，不进行主伐。森林公园是一个综合体，它具有建筑、疗养、林木经营等多种功能，同时，也是一种以保护为前提，利用森林的多种功能为人们提供各种形式的旅游服务、可进行科学文化活动的经营管理区域。

建立森林公园的目的是保护和充分利用自然环境和自然资源，对科学、教育、旅游和美学价值高的地方，采取更高一级的经营措施，在科学保护、管理的基础上发展森林旅游业。我国的森林公园分为国家级森林公园、省级森林公园和市、县级森林公园三级。

国家级森林公园（National Forest Park）是中国最高级的森林公园，是指森林景观特别优美，人文景物比较集中，观赏、科学、文化价值高，地理位置特殊，具有一定的区域代表性，旅游服务设施齐全，有较高的知名度，可供人们游览、休息或进行科学、文化、教育活动的场所，由国家林业和草原局做出准予设立的行政许可决定。截至2019年2月，中国共建立国家森林公园897个。

（2）森林公园发展历程

森林公园是充分发挥森林功能特别是森林生态系统服务功能的主要载体，也是森林旅游事业发展最重要的阵地。中国是世界上森林风景资源最丰富的国家之一，为了科学保护和积极利用丰富的森林风景资源，中国自20世纪80年代初开始推动森林公园建设工作。经过40余年的快速发展，森林公园建设逐渐走向成熟。近年来，中国森林公园数量保持稳定增长，2019年我国森林公园数量达到3594个，较2018年增加46个。2010—2019年，中国森林公园旅游总人数从3.96亿人次增长至10.19亿人次。随着森林公园旅游总人数的不断增加，森林公园旅游收入也在不断增长。2019年我国森林公园旅游收入突破万亿元，达10 005.45亿元，同比增长6.6%。

森林公园作为中国森林旅游业的载体，其发展历经了5个阶段。

萌芽阶段（1979—1981年） 伴随着旅游业的兴起，丰富的森林风景资源的价值初步得到认识。1980年8月，林业部发出《关于风景名胜地区国营林场保护山林和开展旅游事业的通知》，开始组建森林公园和开展森林旅游工作。同年林业部召开森林旅游试点座谈会，确定北京松山林场、北京密云云蒙山林场、广东流溪河林场等作为首批试点单位。

起步阶段（1982—1990年） 1982年9月，第一个国家森林公园——湖南省张家界国家森林公园建立，标志着中国森林旅游业作为一项产业开始形成（图1-2-2）。之后，森林旅游发展缓慢，9年的时间内只建立了16个国家森林公园。

快速发展阶段（1991—1993年） 森林旅游经历了一个特殊的快速发展时期。原因有三：经过一段时

图1-2-2 张家界国家森林公园

间的实践，发展森林旅游所产生的经济、生态、社会效益逐渐为社会所认同；林业"两危"（资源危机和经济危困）现象日趋严重，单一利用林木的森林资源利用模式亟待调整；1992年林业部在大连召开了全国森林公园及森林旅游工作会议，要求凡森林环境优美、生物资源丰富、自然景观和人文景观比较集中的国有林场都应当建立森林公园。此3年过程中，仅批复建立的国家森林公园就有218个，到1993年底，全国森林公园的总数达到608个。但此过程中，过于注重数量的增加，忽视了质量的跟进。

稳步发展阶段（1994—2000年） 一是森林公园数量稳定增加，7年时间里共批建110个。二是行业管理加强，1994年林业部发布《森林公园管理办法》，同年12月成立了风景资源评价委员会，规范了国家森林公园的审批；1996年颁布了《森林公园总体设计规范》，为森林公园的规划提供了行业标准；1999年国家技术监督局颁布了《中国森林公园风景资源质量等级评定》，使森林公园的发展逐步走向法制化、科学化、标准化。三是多所林业院校相继设置了森林旅游专业或开设了森林旅游课程，为森林旅游业培养了大批人才。

数量快速增长，质量持续提升阶段（2001年至今） 2001年国家林业局召开全国森林公园工作会议，明确提出森林公园是我国生态环境建设和自然保护事业的重要组成部分，要"建绿色生态、办绿色产业、创绿色文明"，使森林公园建设成为山川秀美的典型代表。

大开眼界

中国十大最美国家森林公园

1. 张家界国家森林公园

位于湖南省西北部张家界市境内，是中国第一个国家森林公园，总面积4810hm^2。1992年，因奇特的石英砂岩大峰林被联合国列入《世界自然遗产名录》，2004年2月被列入世界地质公园。

2. 西双版纳原始森林公园

位于云南省距景洪市8km的菜阳河畔，园内有北回归线以南保存最完好的热带沟谷雨林，突出体现了原始森林、野生动物、民俗风情三大主题特色。

3. 海螺沟冰川森林公园

位于四川省甘孜藏族自治州泸定县内，是世界上仅存的低海拔冰川之一。有温泉点数十处，游人可在冰川上洗温泉浴。水温40~80℃，其中更有一处水温高达90℃的沸泉。冷热集于一地，甚为神奇。

4. 白云山国家森林公园

位于河南省洛阳市嵩县南部伏牛山腹地原始林区，总面积168km^2。地处暖温带向亚热带过渡区，跨长江、黄河、淮河三大流域。被专家、学者誉为"自然博物馆"。

5. 天门山国家森林公园

天门山距湖南省张家界市区8km，山体四周均为绝壁，拔地临空，气势冲天，有着成熟的喀斯特岩溶地貌。有世界罕见的高山珙桐群落，被誉为"空中原始花园"。

6. 四面山国家森林公园

位于重庆市江津区，是地球同纬度保存最为完好的亚热带常绿原始阔叶林，被联合国生态保护专家确定为地球上难得的"天然物种基因库"。

7. 尖峰岭热带雨林森林公园

位于海南省三亚市北部乐东黎族自治县境内，建于1976年，面积约1600hm²，保护对象主要是热带原始雨林和栖息于此的黑冠长臂猿、孔雀雉等珍稀动物。尖峰岭地区尚保存了中国整片面积最大的热带原始森林。

8. 太白山国家森林公园

位于秦岭主峰太白山北麓的宝鸡市眉县境内，是中国西部不可多得的自然风光旅游区，被誉为中国西部的一颗绿色明珠。公园海拔620~3511m，是中国海拔最高的国家森林公园。

9. 神农架国家森林公园

位于湖北省西北部，以原始森林风光为背景，以神农氏传说和纯朴的山林文化为内涵，是"森林与野生动物类型"国家级自然保护区。

10. 宝天曼国家森林公园

位于河南省南阳市西北部的伏牛山山脉南麓，地理位置独特，是我国唯一的长江、黄河、淮河3个水系的分水岭，是同纬度中自然生态结构保存最完整的地区，也是我国中部地区保存最为完整的自然综合基因库。

---

2. 湿地公园

(1) 湿地公园定义

湿地公园是指以水为主体，以湿地良好生态环境和多样化湿地景观资源为基础，以湿地科普宣教、湿地功能利用、弘扬湿地文化等为主题，并建有一定规模的旅游休闲设施，可供人们旅游观光、休闲娱乐的生态型主题公园。中国现有两种类型的湿地公园，即狭义的湿地公园和城市湿地公园。

狭义的湿地公园是指以具有显著或特殊生态、文化、美学和生物多样性价值的湿地景观为主体，具有一定规模和范围，以保护湿地生态系统完整性、维护湿地生态过程和生态服务功能并在此基础上以充分发挥湿地的多种功能效益、开展湿地合理利用为宗旨，可供公众游览、休闲或进行科学、文化和教育活动的特定湿地区域。湿地公园分国家湿地公园和省级湿地公园两个等级，其中国家湿地公园由国家林业和草原局批准设立。如亚洲第一大湿地公园——内蒙古根河源国家湿地公园(图1-2-3)，被专家誉为"中国冷极湿地天然博物馆"和"中国环境教育的珠穆朗玛峰"，是集森林生态观光、房车/自驾车营地、木屋住宿、餐饮娱乐、会议接待、野生动物观赏、冷极湾漂流、高尔夫球体验、野生浆果采摘、

图1-2-3 亚洲第一大湿地公园——内蒙古根河源国家湿地公园

野外拓展训练、自驾车环线体验于一体的多功能景区。

城市湿地公园是指纳入城市绿地系统规划，具有湿地的生态功能和典型特征，以生态保护、科普教育、自然野趣和休闲游览为主要内容的公园。申报国家城市湿地公园的湿地，必须能供人们观赏、游览，开展科普教育和进行科学文化活动，保护、观赏、文化和科学价值较高，有天然湿地类型或有一定影响及代表性，并且纳入城市绿地系统规划范围，以及占地 500hm² 以上等。国家城市湿地公园由住房和城乡建设部批准设立。

(2) 湿地公园发展历程

试点起步阶段(2004—2006 年)　2004 年，国务院办公厅下发了《关于加强湿地保护管理的通知》，标志着我国湿地公园正式开始试点起步。之后广东省林业厅批准建立了我国第一个湿地公园。2005 年国家林业局出台了《关于做好湿地公园发展建设工作的通知》，批准了 2 个试点国家湿地公园。这些文件的出台，为湿地公园的发展提供了政策依据和行业指导，这一阶段湿地公园还处于摸索时期，影响力很小。湿地公园对于大众甚至是相关主管部门和各级政府来说，还是很新鲜的事物，人们对湿地公园的认识还很欠缺，加上各级政府对相关政策文件的理解和把握需要一定的时间，所以湿地公园发展速度缓慢，2006 年国家林业局才批准了 4 个试点国家湿地公园。

快速发展阶段(2007—2013 年)　2007 年，批准了 12 个试点国家湿地公园，从此掀起了建设湿地公园的高潮，湿地公园进入了一个快速发展阶段。2007—2013 年全国共批准国家湿地公园 423 个，年均批准国家湿地公园 60.4 个，是试点起步阶段年均 2 个的 30.2 倍。这一阶段国家湿地公园发展迅速，除了 2010 年略有下降外，总体上呈现快速上升趋势。同时为了保障湿地公园的健康有序发展，国家林业局发布了一系列规程规范，并于 2011 年开始对试点国家湿地公园进行验收。

规范发展阶段(2014 年以后)　2014 年以后，尽管国家湿地公园的发展速度依然迅速，但是加强了对已批建的国家湿地公园的管理。规范其建设行为，保障其健康持续发展成为重点。国家林业局出台了《关于进一步加强国家湿地公园建设管理的通知》，对国家湿地公园规范建设提质和规范管理等做出了明确要求。2015 年国家林业局取消了四川彭州湔江国家湿地公园试点资格，这是国家湿地公园建设以来取消试点资格的首例。

截至 2020 年 3 月底，全国共建立湿地公园 899 个(含试点)，其中国家湿地公园 898 个。

3. 风景名胜区

(1) 风景名胜区定义

风景名胜区一般是指具有观赏、文化或者科学价值，自然景观、人文景观比较集中，环境优美，可供人们游览或者进行科学、文化活动的区域。

风景名胜包括具有观赏、文化或科学价值的山河、湖海、地貌、森林、动植物、化石、特殊地质、天文气象等自然景物和文物古迹、革命纪念地、历史遗址、园林、建筑、工程设施等人文景物和它们所处的环境以及风土人情等。

(2) 风景名胜区发展历程

风景名胜区是中国森林旅游载体的一个特殊组成部分，最高主管部门为住房和城乡建设部，其发展呈现出与森林公园明显不同的特点。

初创阶段(1979—1982 年)　1979 年 4 月在杭州首次召开国家最高管理部门参与的风景

区专题的工作会议。之后，各地各部门开展制止侵占破坏风景资源的行为，收回承德避暑山庄、千山风景区、南京中山陵等被占用的风景地，掀起了保护、关心风景区事业的热潮。1982年，在各地申报的基础上，国务院审定公布了中国第一批"国家重点风景名胜区"共44处。这是中国现代风景名胜区事业的开端，也给其后中国旅游事业的大发展奠定了基础。

形成和发展阶段(1982—1994年) 从1982年第一批国家重点风景名胜区公布到1994年3月4日建设部《中国风景名胜区形势与展望》绿皮书发布，是中国风景名胜区体系初步形成和发展的重要阶段，现行的许多管理体制及相关政策都是这个时期开创性实践的延续，主要内容包括：a. 三级结构的形成。1982年、1988年、1994年，国务院先后审定了3批国家风景名胜区，在全国构成了以119处国家重点风景名胜区为骨干，加上256处省级风景名胜区、137处县(市)级风景名胜区(共512处)共同组成的三级风景名胜区结构，面积合计9.6万 km^2，占国土面积的1%。b. 法律法规的逐步建立。1985年，国务院发布了《风景名胜区管理暂行条例》；1987年，风景名胜区主管部门发布了《风景名胜区管理暂行条例实施办法》；1985年，全国人大批准中国加入联合国教科文组织《保护世界文化和自然遗产公约》。

企业化热阶段(1995—2004年) 随着市场经济发展进程不断加快，中国的风景名胜区呈现出企业化热现象，先后有3种表现形式：第一种是1996年出现的风景名胜区资源上市经营；第二种是省级政府背景的旅游公司取得景区主要经营权(包括门票专营权)，有些地方模仿1999年陕西省文化和自然遗产单位的"改革模式"，将风景名胜区的行政管理权进一步属地化的同时，将风景名胜区的经营权[通常是其核心(中心)景区的经营权]特别是门票专营权交给公司；第三种是景区整体经营权长期转让给营利性公司。

调整提升阶段(2005年至今) 为保护好风景名胜区的资源，2006年9月19日，国务院颁布了新修订的《风景名胜区条例》，于同年12月1日起正式施行。为落实国务院出台的《风景名胜区条例》，2006年建设部下发通知，决定开展派出城市规划督察员试点工作，谨防"城市化、人工化、商业化"等急功近利的过度开发行为在风景名胜区蔓延。

(3) 风景名胜区级别

风景名胜区划分为国家级风景名胜区和省级风景名胜区。

凡自然景观和人文景观能够反映重要自然变化过程和重大历史文化发展过程，基本处于自然状态或保持历史原貌，具有国家代表性的，可以申请设立国家级风景名胜区。根据《风景名胜区条例》，由国务院批准公布国家级风景名胜区。自1982年起，国务院总共公布了9批、244处国家级风景名胜区。其中，第一批至第六批原称国家重点风景名胜区，2007年起改称中国国家级风景名胜区，如井冈山风景名胜区(图1-2-4)。截至2017年3月29日，国家级风景名胜区数量为244处。

图1-2-4 井冈山风景名胜区

凡具有区域代表性的,可以申请设立省级风景名胜区。省级风景名胜区由省、自治区、直辖市人民政府批准公布。

(4)风景名胜区分类

风景名胜区主要分成六大类型:山岳型,如泰山、黄山;湖泊型,如江苏太湖、杭州西湖;河川型,如长江三峡、鸭绿江;瀑布型,如黄果树瀑布、黄河壶口瀑布;海岛海滨型,如青岛海滨、厦门鼓浪屿;森林型,如西双版纳、蜀南竹海、拱拢坪等。

(四)其他——植物园

1. 植物园定义

植物园是调查、采集、鉴定、引种、驯化、保存和推广利用植物的科研单位,以及普及植物科学知识并供群众游憩的园地。植物园中的植物一般按其不同的种类有规划地培养,虽然植物园在布局和收藏上一般也考虑到美学观念,但其科学使用价值是最主要的,这是其与一般的观赏花园的区别。大多数植物园由大学或专门的科学研究机构管理。

2. 植物园发展历程

中国植物园早在商周时期就出现了雏形。我国近代植物园的发展是从引入西方"Botanical Garden"这一植物园概念开始的。1929年在南京建立的中山植物园是我国的第一个现代植物园,1934年建立的庐山植物园(图1-2-5)也属中国早期现代植物园。

图1-2-5　中国科学院庐山植物园

我国植物园在发展过程中出现了两大高峰,中华人民共和国成立后,全国植物园数量达到了40个,这是第一个高峰。第二个高峰是1981年我国加入世界植物园协会到21世纪初,这一时期我国植物园数量达到140个。

3. 植物园分类

按植物园的服务对象不同,可分为以下4种类型。

(1)科研系统植物园

规模较大,历史悠久,是植物学综合性研究的基地。约占总数的10%。

(2)教育系统植物园

多为大学生物系、植物系、园艺系、园林系等所附设,侧重于教育。约占总数的40%。

(3)园林系统植物园

多为配合城市绿化建设,进行科学普及和提供游憩园地。约占总数的35%。

(4)生产系统植物园

如林业部门的树木园、农业部门的作物种类和品种园、卫生部门的药用植物园及轻工业部门的芳香植物园等。约占总数的15%。

四、森林旅游的发展成效

"十三五"以来,我国的森林旅游事业一直保持着快速发展的良好态势,全国森林旅游游客量达到60亿人次，平均年游客量达到15亿人次，年均增长率为15%。2019年游客量达到了18亿人次，创造社会综合产值1.75万亿元，森林旅游已成为我国林草业重要的支柱产业和极具增长潜力的绿色产业。

(一)旅游引领林业发展方式转型

1982年9月25日，我国第一个森林公园——湖南张家界国家森林公园成立，标志着我国森林旅游发展揭开序幕。旅游胜地张家界能从一个"养在深闺人未识"的小林场，成为世界著名风景旅游区，这其中离不开旅游与林业的相融相合。

近年来，对于大多数国有林场来讲，"靠山吃林"的发展路子正在改变，越来越多的林场正以时尚的方式——旅游探寻新的发展模式。国有林场通过森林资源培育，在为社会提供大量木材的同时，形成了许多极具旅游开发潜力的森林景观资源，成为森林公园建设和森林旅游的主导力量。部分林场推出了"康养"等主题的森林旅游线路，游客量持续增加。国有林场已成为森林旅游的发力点、森林康养的最佳点、森林生态文化的建设点。实践证明，建设森林公园，发展森林旅游，是协调保护与发展、生态与产业的最佳途径之一，更是弘扬与传播生态文明理念的最佳途径之一。

(二)森林旅游向多业态发展

近40年里，森林旅游从无到有、从小到大，旅游价值发生了变化：从"砍树卖木材"转变为"看树卖景观"，从"把林产品运出去"转变为"把游客引进来"。截至2017年底，全国自然保护区2750处，森林公园总数达3505处，湿地公园1699处，国家沙漠公园91处，森林公园的游步道总长度达8.77万km，接待床位105.68万张。2017年全国森林旅游游客量达到13.9亿人次，从业人员120万人，综合产值1.1万亿元，森林旅游呈现多元化发展。随着公众出游选择日益丰富，简单的、以观光为主的旅游产品已经无法满足游客的需求，在产业升级的大形势下，森林旅游正从观光旅游为主向观光旅游与森林体验、森林康养、休闲度假、自然教育、山地运动、生态露营等多业态并重的方向转变。

(三)森林旅游产业规模快速壮大

党的十八大以来，森林旅游在践行"两山"理论、巩固林业改革发展成果、助力乡村振兴、助推"美丽中国"建设中发挥了越来越重要的作用。2018年中共中央、国务院印发的《乡村振兴战略规划(2018—2022年)》要求在贫困地区建设一批国家森林步道。结合我国的国情、林情，依托大林区、大山区推动国家森林步道发展，目前我国共公布了3批12条国家森林步道名单，步道总长度达到22 000km。

随着森林旅游事业的日益壮大，森林旅游正成为地方推动高质量发展的重要抓手，全社会共同关注、合力推动森林旅游发展的良好势头正在形成。

(四)形成产业共融发展格局

全域旅游发展背景下，森林旅游不再是单一景区的发展形式，而是依托森林生态资源，融入旅游、休闲度假、医疗、文化、娱乐、运动、养生、养老等健康服务新理念，整合商业、教育、金融等，形成的一个多元组合、产业共融、业态相生的区域综合发展结构。

(五)森林旅游助力乡村振兴

"脱贫的潜力在山,增收的希望在林"。我国60%的贫困人口、14个集中连片特困地区、592个国家扶贫开发重点县分布在山区林区沙区,近50%的国家级森林公园分布在贫困地区。贫困地区良好的自然生态环境,为游客体验大自然提供了良好的资源条件,也为发展森林旅游奠定了良好的资源基础。森林旅游具有就业门槛低、参与方式多样、基本技能容易掌握等特点。大多乡村贫困户谋求增收的主要瓶颈是缺乏专业技能、抗风险能力弱,发展森林旅游在很大程度上打开了贫困地区利用森林等自然资源就地就近创业就业实现增收的通道。

2016年12月,国务院印发的《"十三五"脱贫攻坚规划》出台,"森林旅游扶贫工程"被列入旅游扶贫的重要内容。自此,发展森林旅游成为林业扶贫"四精准、三巩固"总体思路中的"三巩固"之一。国家林业局一方面组织开展全国森林旅游助推精准扶贫摸底调查,与相关部门联合开展森林旅游扶贫调研、举办旅游扶贫培训;另一方面,陆续推出了一批位于贫困地区的全国森林旅游示范市县、新兴森林旅游地品牌和特色森林旅游线路,开展贫困地区森林旅游扶贫成效、潜力评估及发展策略专项研究,对森林旅游扶贫的成效和经验进行了系统总结。此外,派出专家组对位于贵州、广西的4个定点扶贫县就森林旅游发展进行了深入调查研究和技术指导,推出了一批全国森林旅游扶贫典型案例。

截至2018年底,通过森林旅游实现增收的全国建档立卡贫困人口上升到46.5万户、147.5万人,受益人数占贫困人口的9%,年户均增收达到5500元,森林旅游助力脱贫攻坚成效显著。在新的发展时期,随着森林旅游产业的不断壮大和提质增效,森林旅游的带动能力将进一步增强,它不仅是林草部门深入践行"两山"理论、落实山水林田湖草沙系统治理理念的有效途径,也必将在林草部门助力巩固脱贫成果和实现乡村振兴中发挥更大、更重要的作用。

五、森林旅游的开发建议

(一)森林旅游形态从"看风景"向"过生活"转变

传统的"看风景"森林旅游是对某处景点、风景的浅层次欣赏;"过生活"森林旅游则是深度体验森林生活,围绕主要风景点,融合周围的自然生态、乡风民俗、人文历史打造出相互衔接、互为依托的森林生活核心圈、辅助圈和拓展圈。

森林旅游应大力开发森林游戏、森林徒步、森林探险、森林漂流、森林攀登、森林低空飞行,以及林下种植、林下采摘、林下亲情活动等森林娱乐和体验项目。同时,打破游客、旅游地居民之间的藩篱,做到游客与居民"你中有我、我中有你",真正形成生活氛围浓厚的"旅游大社区"。

(二)森林旅游开发从"工业化模式"向"生态化模式"转变

许多森林旅游景区在规划设计时,往往刻意添加太多人工造景的痕迹,而没有依托当地植被品种和林地风貌顺势取景。森林作为景区,完全具备"步移景异"的潜质。森林旅游开发应坚决防止被工业文明思维绑架,坚决杜绝工业化的手段和模式。

在森林旅游基础设施建设上,无论是住宿、餐饮、娱乐等基础建筑,还是标识、健康、科教等设施,其建设都要遵循不破坏自然生态的原则,不搞大挖大建,尽量少占林地或不占林地,并做到与自然环境融为一体。

在科学合理开发的前提下，吸引社会资本参与森林旅游开发，明确森林旅游必须坚持生态保护优先的原则，利用相互优势合作开发森林旅游。

（三）森林旅游经济从"单一门票"向"综合产业"转变

森林旅游已成为城镇居民常态化的消费行为，其产业成为人民喜爱的健康产业和幸福产业。开发森林旅游时要摒弃"单一门票"做法，把森林旅游与森林种植业、森林养殖业、森林采集业结合起来，大力发展观光式林下经济。既向游客提供参与式的旅游项目，丰富其旅游生活，又为游客提供绿色森林食品，满足其健康饮食需求。

此外，要提高森林旅游产品的有效供给水平，加大森林旅游新业态、新产品的引导。把体育、文化、教育、医疗等产业与森林旅游结合起来，大力发展山地运动、生态文化、自然教育、健康养生等新兴康体和教育项目，向游客提供丰富多彩的旅游产品，进一步发挥森林旅游的综合带动功能，鼓励各类森林旅游地把带动贫困人口增收作为优先任务。

（四）森林旅游管理从粗放型向精细化转变

"细节决定成败"已经成为管理界的共识，而如今我国的旅游景区管理还处在"大一统"的粗放型管理模式，景区建设和管理以满足观赏性需求为主，服务以标准规范化为主，服务对象以团队旅游为主，这种标准化的管理模式已不能适应当今休闲型旅游时期的需求。以度假为主的森林旅游要逐步向舒适型、人性化、散客化方向转变，让精细化的管理成为景区管理的主流。

知识拓展

与森林旅游密切相关的林下经济

"吃、住、行、游、购、娱"是旅游的六要素，丰富多样的林下经济是森林旅游"吃""游""购"三个要素中必不可少的。

林下经济主要是指以林地资源和森林生态环境为依托发展起来的林下种植业、养殖业、采集业和森林旅游业，既包括林下产业，也包括林中产业。它是充分利用林下土地资源和林荫优势从事林下种植、养殖等立体复合生产经营，从而使农、林、牧各业实现资源共享、优势互补、循环相生、协调发展的生态经营模式。发展林下经济，对提高土地产出率，缩短林业经济周期，增加林业附加值，促进林业可持续发展，开辟农民增收渠道，发展循环经济和绿色经济，巩固生态建设成果等，都具有重要意义。

林下经济的主要模式有：林粮模式，如林下种植小麦、绿豆、豇豆、甘薯等农作物；林油模式，如林下种植大豆、花生等油料作物；林药模式，如林内间种乌药、铁皮石斛、金银花、白术、板蓝根等药材；林菌模式，如林下间种香菇、黑木耳等食用菌；林菜模式，如林下种植菠菜、辣椒、甘蓝、洋葱、大蒜等蔬菜或鸭儿芹、山马兰、紫萼、败酱、三脉紫菀等山野菜；林茶模式，如林中套种茶树等；林苗模式，即在林中间种造林绿化苗木；林草模式，如林下种植假俭草、黑麦草等牧草或保留自然生长的杂草；林畜（禽、蛙、蜂）模式，如林地放养肉猪、奶牛、山羊或鸡、鸭、鹅等家禽及林蛙、蜜蜂等；林游模式，即依托森林发展森林旅游休闲养生产业。

认知森林旅游

1. 要求

查找国内外森林旅游开发模式的相关资料并进行对比研究,借鉴国外经验,提出国内发展森林旅游的建议,制作PPT进行汇报。

2. 方法与步骤

(1)学生分组:5~6人为一小组,确定组长,实行组长负责制。

(2)收集资料:通过网络、报纸、杂志等查找并收集国内外森林旅游发展相关资料。

(3)课堂汇报:对收集的资料进行整理和分析,制作PPT进行课堂汇报。

3. 考核评价

根据表1-2-1对上述实训的结果进行评价。

表1-2-1 评价表

评价项目	评价标准	分值	教师评价得分（占70%）	小组互评得分（占30%）	综合得分
材料收集	资料收集全面,内容翔实	30			
	建议中肯,具有可操作性	20			
	体现生态文明和森林旅游可持续发展	10			
课堂汇报	语音、语调准确,词语清晰准确,语言表达流畅、生动	10			
	汇报内容全面,重点突出	20			
	有礼貌,礼节适当,仪容仪表方面整洁得体、自然大方	10			
合计		100			

 自测题

一、单项选择题

1. 根据第九次全国森林资源清查成果《中国森林资源报告(2014—2018)》,中国森林覆盖率达(　　)。
　A. 20.63%　　　B. 21.63%　　　C. 23.04%　　　D. 22.96%

2. 风景名胜区是中国森林旅游载体的一个特殊组成部分,最高主管部门是(　　)。
　A. 住建部　　　B. 林草局　　　C. 文旅部　　　D. 自然资源部

3. 2014—2018年的全国森林资源清查是第(　　)次全国森林资源清查。
　A. 七　　　　　B. 八　　　　　C. 九　　　　　D. 十

4. 中国的第一个自然保护区是（　　）自然保护区。
　A. 鼎湖山　　　B. 卧龙　　　C. 长白山　　　D. 武夷山
5. 湿地公园是指以（　　）为主体的公园。
　A. 水　　　B. 湿地　　　C. 沼泽　　　D. 草原

二、多项选择题

1. "地球之肺"和"地球之肾"分别是指（　　）。
　A. 森林　　　B. 湿地　　　C. 沙漠　　　D. 海洋
2. 林分是指内部的结构特征基本相同，而与周围森林有明显区别的一片森林。以下属林分内部的结构特征的是（　　）。
　A. 树种组成　　B. 林冠层次　　C. 疏密度　　D. 郁闭度　　E. 起源
3. 植物一般指能够通过光合作用制造其所需要的有机物的生物总称。以下属于植物的是（　　），包含了乔木、灌木、藤本类、草类、蕨类、苔藓类及地衣等。
　A. 苔藓类　　　B. 藤本类　　　C. 草类　　　D. 蕨类
4. 风景名胜区主要分成山岳型、湖泊型以及（　　）六大类型。
　A. 河川型　　　B. 瀑布型　　　C. 海岛海滨型　　　D. 森林型
5. 按照保护的主要对象来划分，自然保护区可以分为（　　）3类。
　A. 生态系统类型保护区　　　B. 生物物种保护区
　C. 自然遗迹保护区　　　D. 历史人文保护区

三、填空题

1. 林分常常作为森林旅游＿＿＿＿＿和＿＿＿＿＿的依据。
2. 森林面积是指郁闭度在＿＿＿＿＿以上的乔木林地面积和竹林面积。
3. 1971年第七届世界森林大会决定将每年的3月21日定为＿＿＿＿＿。
4. 世界上最早开始森林旅游的国家是＿＿＿＿＿。
5. 中国的自然保护区内部大多划分成＿＿＿＿＿、＿＿＿＿＿、＿＿＿＿＿3个部分。

四、判断题

1. 在森林旅游中，主林木是指森林旅游价值较高的主要树种，次要林木是指森林旅游价值较低的次要树种。（　　）
2. 灌木一般为针叶植物。（　　）
3. 森林清查的"最小起算面积"是1hm²，也就是说林木连续覆盖1hm²才计入森林面积。（　　）
4. 自然保护区的核心区禁止任何单位和个人擅自进入，也不允许任何人进入从事科学研究活动。（　　）
5. 树木是木本植物的总称，包含乔木、灌木和木质藤本，树木主要是种子植物，蕨类植物中只有树蕨为树木。（　　）

项目二 森林旅游接待服务

数字资源

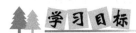

>> **知识目标**

(1) 了解森林旅游接待服务主要流程；

(2) 掌握森林旅游接待服务主要内容。

>> **技能目标**

(1) 能够在森林旅游活动中结合各种实际情况规范地做好接待服务工作；

(2) 能够结合森林旅游过程的实际做好接待服务的培训。

>> **素质目标**

(1) 培养良好的规范服务与文明服务意识；

(2) 培养吃苦耐劳的精神；

(3) 帮助塑造健康、积极、乐观的良好心态；

(4) 激发战胜接待服务中各种困难的勇气。

任务一 森林旅游接待行前服务

随着我国森林旅游业的高速发展，其对从业人员的综合素质提出了越来越高的要求。做好森林旅游接待服务工作，应切实落实森林旅游的各项服务规范。

一、行前形象准备工作

个人形象不仅代表本人，更是所在企业的形象代表，甚至会影响游客对目的地城市乃至目的地国家的印象。因此，森林旅游接待工作者应注重个人形象，要做到着装得体，举止规范，争取给游客留下良好的第一印象。

(一) 仪容礼仪

仪容主要是指人们的容貌，它是与人的生活情调、思想修养、道德品质和文明程度相关的。在现代社会，仪容作为人的一种外在表现形式显得格外重要。因此，为了体现良好的森林旅游景区及森林旅游接待人员形象，有必要适当修饰仪容。修饰仪容时需注意以下事项。

1. 仪容应干净整洁

森林旅游接待人员应坚持勤洗澡、勤洗脸，清洁脖颈、手、足、耳及耳后、腋下等部位，并经常注意去除眼角、口角及鼻孔的分泌物，始终保持干净整洁。勤换衣服，消除身体异味，如果有狐臭，要搽药品或及早治疗。

2. 仪容应注意卫生

讲究卫生，是每个公民的义务。森林旅游接待人员作为服务人员，更应注意各方面卫生工作。保持口腔卫生，早晚刷牙，饭后漱口，不当着客人的面嚼口香糖；指甲常剪，头发按时理，不蓬头垢面、体味熏人。

3. 仪容应当简约

仪容既要修饰，又忌讳标新立异，简练、朴素最好。森林旅游服务人员的仪容强调自然美，但要精神饱满，容光焕发，具有青春活力。

4. 仪容应当端庄

森林旅游接待人员在进行接待工作时化妆应淡雅自然，不浓妆艳抹，发型朴实大方。若需染发，不适宜染各种怪异的色系，如紫色、白色等。在森林旅游景区内，应避免头发散落，要尽量盘起或者束起。

（二）仪表礼仪

仪表礼仪是指一个人的服饰要与其年龄、体形、职业和所处场合吻合。服饰反映着一个人的社会形象、文化水平和道德修养，是人的体形的外延，对形体美起着修饰作用，得体的服饰能满足人们的审美要求。

1. 与年龄、体型相协调

不同年龄的人有不同的穿着要求，年轻人应穿着鲜艳、活泼、随意一些，体现出年轻人的朝气和蓬勃向上的青春之美。中、老年人的着装则要注意庄重、雅致、整洁，体现出成熟和稳重。对于不同体型、不同肤色的人，应扬长避短，选择合适的服饰。

2. 与职业相协调

职业的差异性使得仪表也存在不同差异。比如，教师担负着以身作则的教育职能，因此，简洁的西装套裙是教师的最佳选择，同时，配点有流行感的饰物，既端庄，又无过时之感。而对于森林旅游接待人员来说，穿着既要装扮得体，又要便于服务，不能太过邋遢以免怠慢客人。不同的工种有不同的制服，它既是职业责任的要求，也是表示尊重的需要。

3. 与色彩相协调

暖色调（红、橙、黄等）给人以温和、华贵的感觉；冷色调（如蓝）使人感到凉爽、恬静、安宁、友好；中和色（白、黑、灰等）给人平和、稳重、可靠的感觉，是最常见的工作服装用色。在选择服装、饰物色彩时，应考虑到各种色调的协调与肤色，选定合适的着装、饰物。在森林旅游景区内，为方便游客识别，森林旅游接待人员一般着浅色及中和色系服装。

4. 与所处环境相协调

根据不同的场合来进行着装。在森林旅游活动中，登山、森林瑜伽、森林浴等不同场合着装有所不同。如登山过程中，森林旅游接待人员应着宽松舒适的运动服；而在做森林瑜伽时，则应着相应的瑜伽服对客人进行动作指导。

（三）仪态礼仪

仪态是指人在行为中的姿态和风度。良好的仪态既是体态美的展示，可以向游客表达欢迎、尊重、真诚等意愿，又是内在修养和心理状态的自然流露，能给人和谐、高雅的感觉，调节人际关系，增进合作友谊。良好的仪态来自人们优良的品质、高尚的情操、广博的学识和独到的思辨能力。仪态中所表现出的美，必须是人们的内在美和外在美的和谐统一，必须是优良品质、高尚情操、广博学识和正确的站姿、雅致的步态、恰当的手势、真诚的表情、和蔼的态度、优美的动作等的和谐统一。仪态的要求主要如下。

1. 坐、立、行

主要指站姿、坐姿、步态等。"站如松、坐如钟、走如风、卧如弓"是中国传统礼仪的要求。森林旅游景区内，虽然整体客观条件比较艰苦，但接待人员也应随时保持良好姿态，充分体现严谨的职业精神。

2. 面部表情

目光和蔼、面带微笑。首先，微笑时应注意口与眼的结合，即在微笑时，不仅口在笑，眼也要笑。眼睛是心灵的窗户，有传神送情的特殊功能，口到、眼到、神到的微笑才能打动人。其次，微笑时要注意与感情、气质的结合，即微笑时要做到情绪饱满、神采奕奕，笑出感情、笑得亲切，微笑时还要笑得有"气质"，做到稳重、大方。最后，微笑时要注意与语言结合，语言与微笑都是传播信息的重要符号，要做到二者有机结合，声情并茂、相得益彰，微笑才能发挥出其特殊的功能。

二、行前业务与知识准备工作

（一）业务准备

1. 熟悉接待计划

接待计划是组团旅行社委托各地方接待社组织落实旅游团活动的契约性文件，是旅游接待人员了解该团基本情况和安排活动日程的主要依据。旅游接待人员接受任务调派后，应在指定时间领取接待计划。

上团前，旅游接待人员应认真查阅旅游团接待计划及相关资料，熟悉旅游团的全面情况，注意掌握其重点和特点，以确定基本接待要求和接待方案。

需掌握的旅游团的基本信息包括：团员的性别和年龄构成、职业、客源国（地）、民族、宗教信仰；因旅游目的地的特殊性，应先确定团内有无特殊游客，特别是残疾人、儿童、高龄老人等，在吃、住、行、游、娱等方面是否有特殊要求等；旅游线路的信息，包括海外团队的入、出境地点；交通工具的信息，包括所乘航班（火车、轮船）的抵离班次、时间、地点；交通票据的信息，如该团去下一站的交通票据是否已按计划订妥、有无变更及更改后的情况、有无返程票、机场建设费的付费方式（是游客自付还是全陪或旅行社垫付）等。

2. 落实接待事宜

①落实旅游活动日程各项事宜　核对、落实该旅游团在森林旅游景区的活动日程表内

容。根据旅游接待计划，接待人员应对各项内容与接待计划逐项核实，如出发时间、游览项目、就餐地点、风味品尝、购物、晚间活动、自由活动时间等内容。若发现不妥，应立即与接待社有关人员联系，确认情况后，做出必要调整。

②落实交通工具　与为该团提供交通服务的车队或汽车公司联系，问清、核实司机的姓名、车号、联系电话、出发地点等。如果是大型旅游团，提前准备醒目标记。

③落实接待酒店　接待人员应熟悉该团所住酒店的名称、位置、概况、服务设施和服务项目，如与森林旅游景区的距离、附近有何购物商店及娱乐场所、交通状况等；与酒店销售部或总服务台联系，核实游客所住房间数目、级别，了解房间楼层、房间号码、房内设施，用房时间是否与旅游接待计划相符合，房费内是否含早餐等；向酒店提供该团抵店时间。

④落实用餐安排　接待人员应提前与各有关餐厅联系，确认该团日程表上安排的每一次用餐的情况，包括日期、团号、用餐人数、餐饮标准、特殊要求等。

⑤落实行李运送　如果是配有行李车的旅游团，森林旅游接待人员应落实为该团提供行李服务的车辆和人员，提前与之联络，使其了解该团抵达的时间、地点、下榻的酒店。

⑥掌握不熟悉景点的情况　对森林旅游景区新的景点或不熟悉的参观游览点，接待人员一定要事先了解景点概况，明确其开放时间、最佳游览路线、卫生间位置、休息场所、停车场位置、注意事项等，以免工作失误造成游客在森林旅游景区走丢或者发生其他意外。

(二)知识准备

1. 相关专业知识准备

根据旅游团的类型和实际需要准备相关知识。了解和充实客源国(地)历史、政治、礼仪等方面的知识，掌握森林旅游景区相关急救等安全知识。

2. 话题性知识准备

准备好当前的热门话题、国内外重大新闻、游客可能感兴趣的话题等内容，以便与游客有更多的谈话内容。

3. 沿途各站的相关知识准备

如果对该团所经各站不太熟悉，一定要提前准备各站的基本知识，如主要景观、风俗习惯等。

三、行前物品与心理准备工作

(一)物品准备

根据《导游服务质量标准》要求，上团前，导游接待人员应做好必要的物质准备，带好接待计划、导游证、胸卡、导游旗、接站牌、结算凭证等物品。

1. 领取必要的票证和表格

按照旅游团人数和活动安排的实际需要，领取门票结算单和旅游团餐饮结算单等结算凭证，领取与该团有关的表格(如游客意见反馈表等)。注意在填写各种结算凭证时，具体数目一定要与该团的实到人数相符，人数、金额要用中文大写。

2. 备齐上团接待必备的证件和物品

①证件　携带身份证，佩戴导游证。

②导游服务用品　携带计划书，10人以上团队必须携带本社导游旗，配齐记事本、名片、接站牌，有时还应准备旅游车辆标志。

③自己的生活用品　换洗衣物、洗漱用品、太阳镜、帽子、雨伞等。

④防护物品　防蚊虫喷雾、药物等。

(二)心理准备

森林旅游接待人员在行前的心理准备主要有两个方面。

1. 准备面临艰苦复杂的工作

在做准备工作时，因森林旅游景区一般条件较艰苦，接待人员不仅要考虑按正规的程序要求给游客提供热情的服务，还要有充分的思想准备，考虑对特殊游客如何提供服务，以及在接待工作中发生问题和事故时如何处理。

2. 准备承受抱怨和投诉

由于接待对象的复杂性，有时接待人员已尽其所能热情周到地为游客服务，但还会有一些游客因景区的客观条件如蚊虫较多、毒蛇出没、山路陡峭等各种原因挑剔、抱怨、指责，甚至提出投诉。对于这种情况，接待人员也要有足够的心理准备，要冷静、沉着面对。

四、行前其他准备工作

森林旅游接待人员在进行准备工作的时候，还应确保整个接待过程中通信顺畅，应备齐并随身携带与有关接待社各个部门、行李员、车队、餐厅、饭店、剧场、商店、机场、车站等单位联系、问询的电话号码。在进行团队接待前要检查自己的手机等通信设备是否好用，电力是否充足，以保证与旅行社及旅游景区等之间的联络畅通。

 实训

森林旅游接待行前服务

1. 要求

以校园为森林旅游目的地，接待新生参观校园。

2. 方法与步骤

(1)选取角色：旅游目的地的接待工作岗位包括多种，选取森林导游员或者游客服务中心接待人员的角色进行行前准备工作。

(2)进行物质、知识及形象准备。

(3)任务展示：根据要求展示准备工作成果。

3. 考核评价

根据表2-1-1对上述的文本材料进行评价。

表 2-1-1　评价表

评价项目	评价标准	分值	教师评价得分（占70%）	小组互评得分（占30%）	综合得分
知识准备	收集的信息准确无误，相关知识(校园景区特色、景观介绍等)全面，覆盖旅游六大要素，实用性强	30			
物质准备	接待计划、通信设备、身份证、导游证、导游旗等准备齐全	30			
形象准备	仪容整洁，着装干净舒适，仪态得体规范	30			
实训态度	资料收集过程中积极主动，收集内容健康向上	10			
合计		100			

任务二　森林旅游接待行中服务

前往森林旅游景区参观游览是森林旅游的主要目的，也是游客消费森林旅游产品的主要环节，因此带领游客参观游览是森林旅游接待人员服务工作的中心环节。为了使游客参观游览的全过程安全、顺利，森林旅游接待人员必须认真准备、精心安排、热情服务、主动讲解。

一、森林旅游接待原则

1. 尊重原则

现代旅游业强调游客至上，要求把游客放在首位，一切为游客着想，主动、热情地满足游客各种合理需求和愿望。而在游客所有的需求和愿望中，对尊重的需求是最强烈和最敏感的，同时也是正常的、合理的和起码的要求，是游客的权利。尊重游客，是顺利进行一次森林旅游活动的基本前提。

2. 一视同仁原则

服务工作中的一视同仁指所有的游客都应该受到尊重，绝不能厚此薄彼。具体运用礼仪时，可以因人而异，根据不同的交往对象，采取不同的礼仪形式，但是在对游客表示恭敬和尊重的态度上要一视同仁。

3. 热情原则

能否积极主动解决客人的各种要求、满足客人的各种心理需求，是衡量森林旅游服务质量的一个重要标准。

4. 合宜原则

现代礼仪强调人与人之间的交往与沟通一定要把握适度性，注意社交距离，控制感情尺度，应牢记过犹不及的道理。因此，要特别注意在不同情况下，礼仪程度、礼仪方式的区别，坚持因时、因地、因人的合宜原则。

5. 宽容原则

宽容原则，指不过分计较对方礼仪上的差错过失。在森林旅游服务中运用礼仪时，既要严于律己，更要宽以待人，要多理解他人、体谅他人，切不可求全责备、斤斤计较，甚至咄咄逼人。面对游客提出的过分甚至是无理的要求，工作人员应冷静耐心解释，绝不要穷追不放，把游客逼至窘境，否则会使游客产生逆反心理，引起纠纷。当游客有过错时，要得理也让人，学会宽容对方，让游客体面地"下台阶"，保全游客的面子。在游客提出批评意见时，本着有则改之、无则加勉的态度，认真倾听。

6. 自律原则

礼仪的最高境界是自律，即在没有任何监督的情况下，仍能自觉地按照礼仪规范约束自己的行为。森林旅游工作者不仅要了解和掌握具体的礼仪规范，而且要在内心树立起一种道德信念和行为修养，从而获得内在的力量。在服务中从自我约束入手，时时检查自己的行为是否符合礼仪规范，严格按照礼仪规范接待和服务宾客，而且做到有没有上级主管在场一个样，客前、客后一个样，把礼仪的规范变成自觉的行为、内在的素质。

二、森林旅游接待要求

在森林旅游过程中，接待礼仪是在接待工作过程中形成的尊重宾客的礼节仪式，表现在迎客、待客、送客的各个环节中。接待过程中应该体现宾客至上、礼貌服务的接待礼仪，目的是让游客有受到尊重、宾至如归的感觉，从而更好地树立旅游从业人员和组织的良好形象，以便于增进友谊，加强合作。

森林旅游接待主要分为两部分。

1. 导游人员接待

森林旅游导游人员在接待过程中应做到以下几点：

- 服装要整洁、大方，选择休闲装或运动装。若是康养团队，则可着瑜伽服等。另外，森林旅游景区内，女性导游员不化浓妆、不穿裙子、不涂抹香水。
- 表情自然亲切，态度和蔼热情，语言文雅而不失幽默。
- 接到游客后，先问候大家，然后致欢迎词。
- 尊重每位游客特别是不同国家、地区或少数民族游客的风俗习惯，尊重其宗教和民族信仰。
- 提前到达接团地点或集合地点，并将导游旗或其他标志向游客展示。
- 见到游客应主动、热情地招呼，游客上、下车时，站在门口协助。上车时，在车门前迎候，等所有游客都上车后，自己再上车；下车时，导游人员先下车。
- 清点游客人数时，应默数，切忌不礼貌地用手指点游客。
- 在车上或森林旅游景区内做讲解时，使用语言讲解的同时可辅助以手势，正确的手势应该是手自然伸出，手心向上，五指自然并拢。与游客说话切忌使用命令口吻。
- 结束旅游，欢送游客，应提醒游客带好自己的证件及行李物品。致欢送辞时，应感谢游客对自己工作的支持与合作，表达惜别之情，希望下次再为大家服务。

2. 景区工作人员接待

森林旅游景区工作人员在接待过程中应做到：

- 着装工整，佩戴工牌，注意仪表整洁。
- 接待电话咨询时，应注意铃声三响之内接起电话，对游客的问询耐心细致地解答。
- 游客服务中心工作人员应主动地为走入大门的游客提供咨询服务，并提供宣传资料。
- 对来访游客的咨询不论是出于何种目的，工作人员都应礼貌作答。
- 在接待游客过程中如果需接听电话，应向游客表示歉意。
- 游客较多时，与晚到的游客打过招呼后，可让其坐下等候，然后按先后顺序接待。
- 为游客办理旅游手续时，应提醒游客一切填写事项和细节，并在验证后将证件双手交还游客。
- 接待游客投诉时，应边倾听边记录，并及时安慰游客，能当面答复的尽量答复，不能当面答复的应告知游客会尽快向上司汇报，调查处理后向游客答复。
- 游客离开时，应礼貌向游客送别。

三、森林旅游接待服务流程

（一）出发前的服务

1. 提前到达出发地点

森林旅游接待人员至少提前 10min 到达集合地点，提前到达的作用包括：这是接待人员工作负责任的表现，会给游客留下很好的印象；接待人员可利用这段时间礼貌地招呼早到的游客，向他们征询服务的意见和建议；在时间上留有余地，以身作则遵守时间，提前做好出发前的有关工作，应付可能出现的突发情况，如天气突变、山体滑坡等。

2. 核实实到人数

若发现有游客未到，森林旅游接待人员应向领队或其他游客问明原因，设法及时找到；若有的游客想留在酒店或不随团活动，要问清情况并妥善安排，必要时报告酒店有关部门。

3. 提醒注意事项

森林旅游接待人员要在出发前向游客报告当日的天气情况，讲明游览点的地形、行走线路的长短等，使游客心中有数。必要时提醒游客带好衣服、雨具和换鞋等。

4. 准时集合登车

游客到齐后，森林旅游接待人员应站在车门一侧，一面热情地招呼游客上车，一面帮助老弱者登车。待游客全部上车坐好后，要再次清点人数，并检查游客的随身物品是否放置妥当，以免山路颠簸时掉落。待所有游客坐稳后，再请司机开车出发。

（二）赴景点途中的服务

1. 重申当日活动安排

开车后，森林旅游接待人员要向游客重申当日的活动安排，包括参观景点的名称，至游览点途中所需时间，午、晚餐时间和地点等，还要视情况介绍当日重要新闻。

2. 沿途风光导游

前往景点途中，森林旅游接待人员应介绍沿途的主要景物，并向游客介绍当地风土人情、历史典故等，以加深游客对目的地的了解，并回答游客提出的问题。讲解中要注意所见景物与介绍同步，并留意游客的反应，以便对其中的景物做更为深入的讲解。

3. 介绍旅游景点

抵达景点前，森林旅游接待人员应向游客介绍该景点的简要概况，尤其是其形成原因、价值和特色。介绍要简明扼要，目的是满足游客想事先了解景点有关知识的心理，激发其游览该景点的欲望，同时也为即将开始的游览活动做一个铺垫。

4. 活跃气氛

如果前往景点的路途较长，森林旅游接待人员可同游客讨论一些他们感兴趣的热点问题，或组织适当的娱乐活动，如猜谜语、讲故事等，以活跃途中气氛。但因森林旅游景区的特殊性，在进行娱乐活动时，一定要注意安全工作。

（三）抵达景点后的服务

1. 交代游览中的注意事项

森林旅游景区一般面积较大且地势复杂，抵达景点时，接待人员在下车前一定要讲清和提醒游客记住旅游车辆的颜色、标志、车号和停车地点以及开车时间。尤其是下车和上车不在同一地点时，接待人员更应提醒游客注意。在景区示意图前，接待人员应讲明游览线路、游览所需时间以及集合时间和地点等。另外，接待人员还应向游客讲明游览过程中的注意事项，如禁止吸烟、陡峭处禁止攀爬等。

2. 游览中的讲解工作

抵达景点后，森林旅游接待人员要对景点有关景物进行讲解。这是传播当地文化和丰富游客知识的主要途径，因此讲解前应对讲解的内容预先有所构思和计划。讲解的主要内容应根据游客的情况和计划的游览时间长短来确定，但是应包括森林旅游景区的历史背景、特色、地位和价值等。此外，接待人员还应结合有关景物或展品宣传环境和文物保护知识进行讲解。讲解语言要生动优美、富有表现力，不仅使游客增长知识，而且能得到美的享受。在景点导游过程中，导游人员应保证在计划的时间与费用内，使游客充分地游览、观赏，注意做好游览与讲解的结合，适当集中与分散的结合，劳逸结合，以及对老、弱、病、残游客的关照。

3. 游览活动过程中随时注意游客安全

在景点讲解中，应时刻观察周围的环境和注意游客的动向，使游客自始至终环绕和跟随在自己周围或前后，防止游客走失和治安事故的发生。为防止游客走失，游览服务过程中，要与领队、游客密切配合，随时清点人数。

（四）回程中的服务

一天的旅游活动结束后，在返回酒店的途中，森林旅游接待人员应做的主要工作有：

1. 回顾当天活动

返程中，森林旅游接待人员要将当天参观、游览的内容用画龙点睛的方法做简要小结，必要时可做补充讲解，并回答游客的有关问题，以加深游客对当日活动的印象。

2. 进行风光导游

为了让游客能看到更多的景物，应尽量避免旅游团由原路返回。在返回途中要对沿途的景物做必要的介绍。如果游客经过一天的游览活动显露出疲惫之态，森林旅游接待人员可在做完一天旅游活动的简要回顾之后让其休息。

3. 提醒注意事项

若当晚旅游团无活动安排且游客住在森林旅游景区，游客可能会自行外出活动，森林旅游接待人员事先一定要提醒游客最好结伴同行，且防止被毒蛇、毒虫叮咬，绝不出入景区未开发建设区域。

4. 宣布次日活动日程

到达酒店后，下车前，要向游客宣告当日晚上和次日的活动日程，以及出发时间、集合地点等。提醒游客下车时带好随身物品，并率先下车，站在车门一侧协助游客下车，随后将游客送回酒店。

5. 安排叫早服务

如果旅游团需要叫早服务，森林旅游接待人员应安排妥当。

四、森林旅游接待服务注意事项

自觉遵守《公民国内旅游文明行为公约》，创建宜居、宜游的文明环境。倡导和践行"文明旅游、文明出行"的绿色理念，是提高社会文明程度、促进社会和谐、凝聚发展合力、形成良好社会风尚的有效途径。作为森林旅游工作者，无论是森林导游员还是景区工作人员，都必须引导游客文明旅游。在森林旅游接待过程中，应时刻提醒并要求游客做到：

1. 言行文明

- 懂礼貌，知礼仪，重礼节，举手投足得体大方，谈吐文雅礼貌，多用"请""谢谢""打扰了""对不起""请原谅"等文明语言。
- 不随地吐痰和口香糖，不乱扔废弃物，不随地大小便，不在别人面前抠挖鼻孔、剔牙、咳嗽、打喷嚏。
- 在森林旅游景区内，不能随便砍伐、狩猎、野外用火、遗弃垃圾等。不在森林旅游景区禁烟场所吸烟，不在有禁止拍照标识的地方拍照，不攀爬禁止攀爬的物体，不涉足禁止涉足的场所，不穿越踩踏不宜穿越踩踏的绿地。
- 在公共场所守秩序，不拥挤抢先，不喧哗吵闹，排队遵守秩序，特别是在山势较为陡峭的地带。
- 不强行与人合影，不长期占用公共设施，尊重服务人员的劳动，尊重各民族宗教习俗。
- 服饰整洁美观，不敞胸露怀，不蓬头垢面，根据旅游项目和旅游场所选择适合的衣着。
- 注意展示文明素养，理解并尊重目的地的宗教信仰、风俗禁忌，避免无知冒犯引发冲突。

2. 食宿文明

- 在入住酒店时注意秩序，不争抢，不大声喧哗，不在禁烟大堂吸烟。
- 尊重服务员，服务员问好时友善回应，注意维护客房和公用空间的设施、设备及整洁卫生。
- 就餐时注意文明礼貌，谦让老人、残疾人和妇女，照顾儿童。
- 吃自助餐时选用食品适量，不熟悉的先少取，尽可能将所取餐饮品食用完，不高声说话，注意维护餐饮品卫生。
- 不在禁烟餐厅或其区域吸烟，在可以吸烟的餐厅吸烟时要注意其他人的感受。

3. 交通文明

- 乘坐飞机、轮船、火车等交通工具时，按要求提前抵达办理相关手续，积极配合安全检查，不携带禁带物品；遵守秩序，不大声喧哗，注意维护环境。
- 乘坐交通工具时，礼让照顾老、弱、病、残、幼、孕妇和抱小孩者，主动让座和请他人让座。
- 遵守交通规则，不在陡峭狭窄的山路上停留、交谈。
- 乘观光游览车时，不迟到，以免让他人等候耽误行程计划；年轻游客尽量坐到车厢后面，把前面的座位让给老人和妇女、儿童。

4. 观光文明

- 注意保护生态环境，不随意踩踏绿地、攀折花木和果实，不追捉、投打和随意乱喂动物。
- 保护文物古迹，不随意涂刻、攀爬、触摸文物，拍照、摄像遵守规定。
- 要把果皮、纸屑、杂物等废弃物丢进垃圾桶，不要弃置在地上或抛入水池中，并注意垃圾分类投放。
- 在景区拍照时，要主动谦让，不要争抢，也不要妨碍他人拍照，请他人帮助拍照要道谢。
- 多为他人提供方便，如行经曲径小路或小桥山洞时，要主动为老、弱、妇、孺让道，不争先抢行。
- 参观景区寺庙、教堂等建筑时，要遵守禁烟、禁食、禁饮等规定。

5. 娱乐文明

- 提倡健康娱乐，抵制封建迷信活动，拒绝黄、赌、毒。
- 观看景区演出时，提前进场；因故迟到，可请导座员协助就座；注意保持安静。
- 不乱发议论，尊重演员，节目完毕应鼓掌致谢，整场演出结束演职员谢幕时要起立鼓掌；演员出现失误，要谅解，不起哄、吹口哨和喝倒彩。
- 观看体育比赛时，尊重比赛双方和裁判，遵守赛场规定和秩序，不失态、失控狂呼乱叫，不辱骂裁判和运动员，不往比赛场地投掷杂物，禁止闯入比赛场地。
- 食物及饮料包装等废弃物品自行带离场馆并投入垃圾箱。

森林旅游接待行中服务

1. 要求

以校园为森林旅游景区，以宿舍楼区为宾馆，以食堂为餐厅，以校园超市为购物点，针对校园的特色景观，模拟森林旅游接待流程，设计一次新生游校园活动。

2. 方法与步骤

(1)学生分组及角色选取：各小组同学分别轮流扮演森林导游员或景区内宾馆、餐厅等工作人员。

(2)以校内各自然景观为景点进行森林导游服务。整个森林旅游接待流程应完整且符合规范。

3. 考核评价

根据表2-2-1对上述实训的结果进行评价。

表2-2-1 评价表

评价项目	评价标准	分值	教师评价得分（占70%）	小组互评得分（占30%）	综合得分
仪容仪表	接待过程中仪容、仪表、仪态符合岗位要求，体现岗位特色	15			
服务程序	严格按照森林导游人员接待服务程序进行各项接待工作	20			
讲解内容及技巧	讲解服务过程中讲解内容全面切题、正确无误、有层次，知识新颖、有创新，形体姿势恰当，思维清晰，反应敏捷	30			
语言表达能力	语言表达流畅自然，富有逻辑性、生动性、幽默性，语调准确	15			
精神风貌	接待过程中精神饱满，服务意识强，实训过程中能体现出一定的沟通技巧	20			
合计		100			

任务三 森林旅游接待行后服务

俗话说"行百里者半九十"，这是在提醒人们要特别重视最后一段路程的艰难。森林旅游接待人员接待游客，越是到了游程快要结束的时候，越是要警惕各种麻痹心理，要兢兢业业、善始善终，认真做好送别游客和收尾的各项工作。

一、森林旅游接待尾声准备工作

1. 掌握好时间节奏

掌握时间节奏要从掌握游客的心理入手。游程临近结束的时候,游客的心理已经悄然发生了变化,开始更多地专注于归途的各种准备,对于接待人员的引导和提示往往没有先前那样重视,因而容易引发各种失误,影响预定计划的实施。接待人员要适应和掌握游客的心理变化,有针对性地做好工作,并且要将集合离开的时间、地点和注意事项准确、完整地告诉游客。

2. 确认行李、协助客人结清账目

森林旅游接待人员在返程的工作计划中,要把协助游客确认行李和与酒店结清账目两件大事列为重中之重,予以高度重视。游客的行李托运之前,要集中放置到酒店大堂中;行李集中之后,接待人员要请游客查验一遍,在游客对自己要托运的行李逐一进行确认的时候,同时请领队进行确认。清点过游客的行李之后,接待人员要将行李与司机进行交接。在行李装车的时候,接待人员要到现场,再一次清点并核实行李的数目,以保证不出差错。游客在离开酒店之前,要与酒店结清个人消费的账单。接待人员应在前一天晚上提醒游客检查一下自己有无未结清的账单,协助游客在离开饭店之前提前结清。要注意在酒店和游客之间进行沟通,及时提醒游客,避免临行前由于游客结账而耽误了出发的时间。

3. 提醒客人随身带好贵重物品和护照等证件

森林旅游接待人员应要求自己把送别游客的工作做得细致入微。在交代注意事项的时候,除了提醒游客注意准确掌握集合的时间、结清酒店的账单以及查验托运的行李之外,还要特别提醒游客将护照等证件、机票(车、船票)随身携带,妥善保管。尤其是针对一些缺乏旅游经验的游客,要予以强调。接待人员要特别注意防止出现个别游客由于不明情况或粗心大意而将护照等证件、机票与行李一起托运走的情况。为此,在带领游客离开酒店之前,要有意识地来一个"回马枪",再一次提示游客认真检查一下自己是否带齐了所有的物品,有没有遗忘什么。要防范游客因百密一疏而遗忘了重要的物品,要把用"回马枪"的战术变成自己的职业习惯。对于有些习惯随身携带贵重物品的游客,要特别提醒他们提高警惕,妥善保管好自己的财物。

二、森林旅游接待总结欢送工作

森林旅游接待总结欢送工作中最重要的就是致欢送辞。接待人员准备欢送辞要做到大方得体、认真细致,避免虎头蛇尾、功亏一篑。要使自己的欢送辞能给游客留下深刻的印象,收到满意的效果,森林旅游接待人员要对它的内容、结构和语言做一番精心设计。

1. 欢快愉悦地进行游览回忆

在进行游览回忆时,接待人员可以选择森林旅游景区游览过程中最精彩动人的场面进行回顾,重提和游客一起度过的那些值得回忆的宝贵时光,把游客的思绪重新拉回那一幅幅美好的画面之中,勾起他们的美好回忆,营造出依依惜别的感情氛围。游客不同,感兴趣的事情也不同,要尽可能照顾到游客的不同兴奋点,使每一位游客都能体验到参加这次旅游活动获得的成就感,都能在欢送辞中感受到那份针对自己的回忆和祝福。游客此时将

踏上归途，他们可能有着不同的心情，对这段旅游时光以及森林旅游接待人员的接待服务工作可能有着不同的认识和评价，接待人员要有效地利用致欢送辞的形式，表达自己的送别之情，用积极友善的感情气氛感染游客，演奏好此时此地客我关系的主旋律，使感觉满意的游客能够留下更深一层的美好记忆，使感觉不满意的游客能够增加一份谅解和宽容，使留有遗憾的游客能够暂时抛开苦恼，使大家在归途中能够拥有一个好心情。

2. 真实诚恳地进行工作总结

欢送辞要使用浪漫主义和现实主义相结合的手法来表述，除了要营造与送别相适宜的感情氛围，还要简要回顾和总结几天来的旅游活动，与欢迎辞进行对照。在欢迎辞中对游客所做的各项承诺兑现与否，旅游接待计划中安排的各项活动的实际执行情况，此时此地都需要面对游客坦率真诚地做出陈述。森林旅游接待人员在带团过程中出现一些问题是在所难免的，要积极、正确地面对这些问题。对于自己在接待服务工作中的不足之处，以及由此可能给游客带来的种种不便，接待人员要利用致欢送辞的机会向游客表示由衷的歉意，恳请游客的谅解。同时，接待人员要以自己和司机的名义，对全体游客在几天的游程中对接待工作所予以的理解和支持，对从游客身上学到的品格和知识以及所受到的启发，表示衷心的感谢。

3. 真实详尽地进行自我评价

森林旅游接待人员的欢送辞既是为游客做的，也是为自己做的，它包含着接待人员对自己的接待服务工作的自我评价，是一份应该认真做好的职业记录。对致欢送辞，不仅要重视效果，也要重视准备过程。欢送辞做得好不好，不只是经验和技术的问题，还反映出接待人员整体的职业水平和工作效果。森林旅游接待人员的接待服务工作如果做不好，欢送辞是不好做也是无论如何也做不好的。因此，森林旅游接待人员重视欢送辞，要从今后更好地做工作的高度着眼，总结过去，开辟未来。

三、森林旅游接待后续工作

在送走游客后，森林旅游接待人员应抓紧处理好以下有关的事项。

1. 办妥客人委托之事

游客离开之前，委托森林接待人员为自己办理一些未了之事，这是游客对工作人员的信任。倘若能遇到这样的委托，一定要认真办好，不负委托。

2. 上交完结各类材料

（1）上交《意见卡》

下团之后，要将游客填写的《意见卡》上交各部门。要坦然面对游客在《意见卡》上对自己做出的评价，也要正确对待各部门对自己的表扬和批评，汇报带团情况。

（2）结清账目

下团之后，要尽快将带团过程中的各种票据整理出来，及时到相应的财务部门结清所有账目。

（3）汇报工作

森林旅游接待工作者应该养成按时填写日志的好习惯，将带团每一天中发生的事情（特别是重大的事情）记录下来，以备日后的核查和参考。送走旅游团以后，接待人员要将日志整理出来,就带团过程的基本状况采用电子文档形式向部门做出汇报。如果旅游团中发生过比较大的问题,接待人员要向主管领导做出详细的专门汇报。

3. 准备迎接下一个旅游团

(1)调整心理

森林旅游景区接待工作复杂且琐碎,工作人员全神贯注于游客和接待服务工作,承担着多种压力,体力和精力消耗较大。如果遇旅游旺季,各接待工作者将得不到充足的休整时间。因此,接待人员应利用工作的间隙,充分休息,恢复体力,学会高效率自我调整。

(2)总结经验

森林旅游接待工作的总结工作应该从两个方面着手:一要学会自我点评;二要找行家做咨询。要对接待服务工作中遇到的重要事情进行分析,辨明主要原因,对症下药。接待人员做总结要主动和多听取同行的意见,要善于从别人的评价中找到问题的症结,发现自己的不足。

(3)开启新征程

森林旅游景区的接待工作总是周而复始的,接待人员要树立连续作战的精神,当工作需要的时候,能够做到连续工作。

总之,森林旅游接待过程正是由这样的行前、行中、行后的服务规范程序来组成的。服务规范的运用保证了森林旅游接待服务的质量,通过推进森林旅游接待标准化建设,使得森林旅游接待服务更加规范,接待服务质量不断提升。

实训

森林旅游接待行后服务

1. 要求

以校园为森林旅游景区,为参观校园的人员撰写欢送辞,并拍摄讲解视频。

2. 方法与步骤

(1)学生分组:根据班级人数进行分组,以2~3人一组为宜。

(2)撰写欢送辞:在认真研讨后,以小组为单位撰写一份具有特色的欢送辞。

(3)拍摄视频:根据欢送辞的内容,小组共同拍摄并制作讲解视频。

3. 考核评价

根据表2-3-1对上述实训的结果进行评价。

表2-3-1 评价表

评价项目	评分标准	分值	教师评价得分 (占70%)	小组互评得分 (占30%)	综合得分
欢送辞撰写	欢送辞紧扣主题,内容完整,情感丰富	20			
讲解过程	语言流畅,表达生动准确,讲解内容准确,仪容仪表得体大方,服务意识强	30			

(续)

评价项目	评分标准	分值	教师评价得分（占70%）	小组互评得分（占30%）	综合得分
视频制作	视频结构完整、流畅，能合理使用视频特效、字幕等工具	30			
实训态度	实训过程中能发现并积极解决问题，具备克服困难的决心和勇气	20			
合计		100			

自测题

一、单项选择题

1. 森林旅游接待人员的欢送辞要使用（　　）和现实主义相结合的手法来表述。
   A. 写实主义　　　B. 现代主义　　　C. 浪漫主义　　　D. 古典主义

2. 森林旅游接待人员要有效地利用（　　）的形式，表达自己的送别之情，用积极友善的感情气氛感染游客。
   A. 礼品　　　B. 致欢送辞　　　C. 歌声　　　D. 赠言

3. 抵达景点前，森林旅游接待人员应向游客介绍该景点的简要概况，尤其是其形成原因、（　　）和特色。
   A. 价值　　　B. 地貌　　　C. 民俗　　　D. 工艺品

4. 森林旅游接待人员应该养成按时填写（　　）的习惯。
   A.《导游周志》　　　B.《导游月志》　　　C.《导游年志》　　　D.《导游日志》

5. （　　）是森林旅游接待人员服务工作的中心环节。
   A. 购物　　　B. 带领游客参观游览　　　C. 用餐服务　　　D. 住宿服务

二、多项选择题

1. 仪态包括（　　）。
   A. 坐姿　　　B. 走姿　　　C. 服饰　　　D. 妆容

2. 以下森林旅游接待人员可以穿着的服装有（　　）。
   A. 运动服　　　B. 休闲服　　　C. 工作服　　　D. 职业套裙

3. 森林旅游接待人员在赴景点途中的服务主要有（　　）。
   A. 重申当日活动安排　　　B. 沿途风光导游　　　C. 介绍旅游景点　　　D. 活跃气氛

4. 抵达景点前，森林旅游接待人员应向游客介绍该景点的（　　）。
   A. 地理位置　　　B. 成因　　　C. 主要资源　　　D. 价值

5. 带团结束后，森林旅游接待人员的总结工作应该从（　　）着手。
   A. 游客反馈　　　B. 自我点评　　　C. 找行家做咨询　　　D. 计调反馈

三、填空题

1. _____是指人在行为中表现出来的姿势，主要包括站姿、坐姿、步态等。

2. 森林旅游接待人员在接待游客时必须引导游客文明旅游，倡导和践行_____、_____的绿色理念。

3. 在景点示意图前，森林旅游接待人员应讲明_____、游览所需时间以及集合时间和地点等。

4. 森林旅游接待人员至少提前_____min到达集合地点。

5. 森林旅游工作者在引导游客参观森林景区寺庙时，要遵守_____、_____、禁饮等规定。

四、判断题

1. 在景点示意图前，接待人员应讲明游览线路、游览所需时间以及集合时间和地点等。（   ）

2. 森林旅游接待人员还应向游客讲明游览过程中的注意事项，如禁止吸烟等。（   ）

3. 为了让游客能看到更多的景物，森林旅游接待人员应尽量避免旅游团由原路返回。在返回途中不必对沿途的景物做介绍。（   ）

4. 在送别游客的前一天下午，森林旅游接待人员要妥善安排好游客的活动，晚上也可以安排活动。（   ）

5. 如果旅游团中发生过比较大的问题，森林旅游接待人员要向旅行社主管领导做出详细的专门汇报。（   ）

模块二
实务篇

项目三　森林旅游产品类型

数字资源

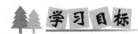

>> **知识目标**

(1) 了解森林旅游产品的概念；
(2) 掌握森林旅游产品类型的划分；
(3) 掌握各类森林旅游产品的特点、内容及活动开展方式。

>> **技能目标**

(1) 能准确进行森林旅游产品的类型划分；
(2) 能根据不同的森林旅游产品类型设计并开展不同的森林旅游活动。

>> **素质目标**

(1) 充分认识绿水青山就是金山银山，增强生态文明意识；
(2) 充分利用自然，保护森林，实现人与自然的和谐共处。

森林旅游产品是指森林旅游区内依托森林旅游资源或森林旅游环境开发的、能够满足某种森林旅游需求的旅游产品。森林旅游产品可以是直接利用森林旅游资源的活动，也可以是间接以森林为背景的参与性活动，具有生态性、季节性、生命周期可持续性的特征。本书综合国内专家、学者对森林旅游产品类型的分类观点，把森林旅游产品分为森林观光类、森林体验类、森林康养类、森林研学类 4 种类型。

任务一　森林观光

森林观光旅游又称自然观光类旅游，是我国发展最早、最成熟的旅游活动形式。森林观光旅游的一个主要的形式就是看风景，注重旅游地的景观类旅游资源给游客带来的视觉感受，游客是自然景物的旁观者和欣赏者。

森林旅游中的观光产品是满足人们视觉审美功能需要的森林旅游产品形式，是不会因为游客的消费而被消耗掉的、非独占性的产品。观光产品是森林旅游产品体系中的基础，不仅因为观光产品是森林旅游最为实在的"物"，而且它也是各种休闲、运动产品的前提条件，森林旅游中几乎全部的游憩方式都是围绕着观光来展开的。

日本美学家今道友信认为，无论是谁，都有美感和对于美的思索。把这种美感和对于美的思索称为美的体验。人们对美的感觉与追求，是由内心自发的一种情感，是一种自由的感觉。对美的感知是一种视觉上受到的刺激，从而产生种种印象、感受和体悟。游客感受到的美主要是通过对森林旅游的产品反映到游客视觉上的感知，是游客在森林旅游过程享受森林旅游环境给予的一种审美体验。

本书根据前面对森林旅游资源的分类标准，主要从景观资源角度介绍以下几类森林旅游观光产品。

一、生物景观观光产品

生物景观是指以生物群体构成的总体景观和个别的具有珍稀品种和奇异形态的个体。生物景观具体又可以分为植物旅游景观和动物旅游景观两大类。

（一）植物旅游资源观光产品

该类观光产品的主要观赏对象有：

①珍稀植物　珍贵而稀少的植物。如子遗植物银杏、水杉、珙桐。

②观赏植物　主要可分为观花植物、观果植物、观叶植物、观干植物、观姿植物。著名的观花之地有苏州赏梅胜地，洛阳神州牡丹园，杭州玉帛玉兰林，云南奇花异卉大观园，最大杜鹃花观赏胜地贵州"百里杜鹃"林。

③风韵植物　名花贵木。如中国十大名花：花中之魁——梅花、花中之王——牡丹花、凌霜绽妍——菊花、君子之花——兰花、花中皇后——月季花、繁花似锦——杜鹃花、花中娇客——茶花、水中芙蓉——荷花、十里飘香——桂花、凌波仙子——水仙花。

④森林景观　具有独特的美学价值和功能的野生、原生以及人工森林形成的植被景观。如：湖南张家界国家森林公园（中国第一个国家森林公园）、云南西双版纳原始森林（"植物王国"和"动物王国"）、东北长白山原始森林（温带生物自由基因库、红松之乡）。

⑤草原景观　主要指大面积的草原和牧场形成的植被景观。如：内蒙古锡林郭勒草原、呼伦贝尔草原、新疆巴音布鲁克草原。

⑥古树名木　是指古老名贵的树木。如：黄山迎客松（图3-1-1）、陕西黄帝陵的"轩辕柏"、泰山"五大夫松"、大理无为寺前植于唐朝的杉木（图3-1-2）等。

（二）动物旅游资源观光产品

该类观光产品的主要观赏对象有：

①珍稀动物　现存数量较少或者濒临灭绝的珍贵稀有动物。如：中国"四大国宝"人熊猫、金丝猴、白鳍豚、白唇鹿。

②观赏动物　体态、色彩、运动和发声等方面的特征能引起人们美感的动物，具有很强的观赏价值。如：孔雀开屏就极具有观赏价值。

③表演动物　动物园中的动物在驯兽师的长期训练下会模仿人的一些行为。如：猴子骑车，鹦鹉算数，狮、虎表演等。

④迁徙动物　深秋时节北方的燕子、鸿雁等动物会迁徙到温暖适宜的地方过冬，春季再飞回北方，给游客一场视觉盛宴。

图 3-1-1 黄山迎客松

图 3-1-2 大理无为寺前的唐杉

二、水域风光观光产品

水域风光观光产品即为景观水体观光产品，主要以天然形成或人工建造的、给人以美感的旅游景点的水体为观赏对象。可以是湖泊、湿地、山泉或溪瀑，在森林旅游资源里更多的是与山形地貌一起，表现为峡谷溪沟的形式。水体本身平淡无奇，但当它与周围森林旅游环境结合，就会表现出或幽远宁静，或热情昂扬，或天真质朴，或灵动飞扬的意境。水按照状态，分为静水和动水两种。静水宁静安详，能倒映出周围的景物，给人以轻松、温和的享受。动水活泼灵动，令人感受欢快、兴奋、滚动的氛围。

水域风光观光产品按水体性质、基本形态、旅游功能及审美价值，划分为江河类、湖泊类、瀑布类、泉水类等类型。

（一）江河观光产品

河流在我国的文化背景里是重要的审美寄情的载体，也是旅游中的重要观光资源。我国的江河景观根据地段地势的不同，又分为上、中、下游景观。我国河流上中游多为山地，海拔高、平地少；而河流中、下游则一般是浅丘和冲积平原，地势平坦。河流上游落差大，水资源丰富，高山、峡谷地貌多，河流水系形态多样，瀑布、深潭、溪涧等各有特色，生态观光类的旅游资源会多些。河流中游水量较足，河道比降变缓，河床比较稳定，河槽逐渐拓宽和曲折，两岸有滩地出现，居民点增多，农业发达，农业观光、体验类旅游产品会偏多。河流下游多为河谷冲积平原，地势平坦，河床宽、河流较浅，流速缓慢，水上游乐项目会更多。

（二）湖泊观光产品

湖泊是陆地表面洼地积水形成的比较宽阔的水域。湖泊观光产品以湖盆的形态、分布状况，湖水的透明度、颜色，以及湖中发生的奇异现象等为观赏点。在我国，青海湖、喀纳斯湖、长白山天池、滇池、洱海以及经过人工改造的杭州西湖、浙江千岛湖等都是重要的旅游资源,清澈的湖水倒映着蓝天,水天一色,从远处观望,与周边的森林景观融为一体,美不胜收。

喀纳斯湖坐落在新疆阿尔泰深山密林中,由高山、河流、森林、湖泊、草原等自然景观及人文景观构成景区。景区内的千米枯木长堤,是因喀纳斯湖中的浮木被强劲谷风吹着逆水上漂,在湖上游堆聚而成,给人一种震撼感;湖中有巨型"水怪",常常将在湖边饮水的马匹拖入水中,也有人认为是当地特产的一种大红鱼(哲罗鲑),给喀纳斯平添了几分神秘色彩;雨过天晴时才有的奇景——喀纳斯云海佛光,更是给来喀纳斯湖观光的游客带来一种神秘感,喀纳斯湖景观也被誉为"人间仙境""神的花园"(图3-1-3)。

图 3-1-3　新疆喀纳斯湖

（三）瀑布观光产品

瀑布是极具魅力的自然观光资源,主要特点是山水的有机结合,使其局域形、声、色三要素的组合产生变化。瀑布景观的造型最能给游客留下深刻印象,瀑布的高度、宽度、水流量大小缓急、层叠次数等都影响着人们对瀑布的观光感受。我国最大的瀑布是贵州的黄果树瀑布,徐霞客曾描写黄果树瀑布道:"透陇隙南顾,则路左一溪悬捣,万练飞空,溪上石如莲叶下覆,中刻三门,水由叶上漫顶而下,如鲛绡万幅,横罩门外,直下者不可以丈数计,捣珠崩玉,飞沫反涌,如烟雾腾空,势甚雄厉;所谓'珠帘钩不卷,飞练挂遥峰',俱不足以拟其壮也。"在他看来,黄果树瀑布是他游历众多山川河流所见的瀑布中,"高峻数倍者有之,而从无此阔而大者",黄果树瀑布也因徐霞客而逐渐被世人所知。每当盛夏季节,雷雨初过,河水上涨时,像一条发怒的银龙,从半空中猛扑下来,直捣潭心,桥颜震颤,雨雾升腾,艳阳之下道道彩虹从潭地拱出,尤为壮观。而在河水小时,瀑布分三五条从悬崖坠落,如仙女秀发披肩,不乏妩媚娟秀。在晴朗的冬日,则瀑流从半空中飘落而下,如丝如雪,阳光照时,七彩斑斓,如长虹吸水,景色壮丽。瀑布对面崖上建有观瀑亭,沿山而下,瀑布背后有一个134m长的水帘洞,置身其间,万顷瀑水从头顶飞落,简直是"水烟云雾难分辨"。

（四）泉水观光产品

在适宜的地形、地质条件下,潜水和承压水集中排出地面成泉。泉水多出露在山区沟谷、河流两岸、洪积扇的边缘和断层带附近。按泉水涌出的水动力条件,可分为上升泉、下降泉;按泉水涌出的地质条件,可分为侵蚀泉、接触泉、溢出泉、悬挂泉、断层泉、岩溶泉等;按泉水的奇异特征与功能,有间歇泉、多潮泉、喊泉、笑泉、羞泉、鱼泉、火泉、冰泉、乳泉、甘泉、苦泉、药泉和矿泉等;按泉水温度,可分为热泉(高温蒸汽泉)、温泉、冷水泉等(图3-1-4)。

图 3-1-4　念青唐古拉温泉

三、地文景观观光产品

地文景观是指地球内、外应力综合作用于地球岩石圈而形成的各种现象与事物的总称。地文景观是地球内、外动力地质作用的综合产物，是大自然的杰作，主要观赏点为地形地貌和一些地质资源。

地形地貌是指地势高低起伏的变化，即地表的形态。地形地貌旅游是以山形地貌为主要的旅游环境载体，以复杂多变的山体、各种山地水体、丰富的动植物、山地立体气候、区域小气候等自然资源，以及山地居民适应山地环境所形成的社会文化生活习俗、传统人文活动流传至今形成的特定文化底蕴等人文资源为主要的旅游资源，以山地攀登、探险、考察、野外拓展等为特色旅游项目，兼山地观光、休闲、度假、健身、娱乐、教育、运动为一体的一种现代旅游形式。

地形地貌景观是最丰富的景观类型，其中观光资源占据了很大的比例。奇峰怪石、平湖深涧、宗教建筑、生物景观等对游客具有很大的吸引力。张家界国家森林公园就是以其独一无二的砂岩峰林地貌景观为核心、以岩溶地貌景观为衬托构成的独具特色的砂岩峰林地貌组合景观。张家界国家森林公园内岩块宽广，岩质坚硬，周围山坡都是由直立节理面构成的峭壁，形成高入云霄、顶端开阔平坦、气势雄壮的山寨，给人以寨高台平的壮美之感（图 3-1-5）。红河哈尼梯田也是以其独特的地形地貌风光与森林结合在一起形成的独特森林旅游观光资源。红河哈尼梯田是以哈尼族为代表的人民世世代代留下的杰作，是他们在生活过程中利用当地独特的"一山有四季，

图 3-1-5　张家界砂岩峰林地貌

十里不同天"的地理气候条件创造的农耕文明奇观。红河哈尼梯田规模宏大，气势磅礴，景观壮丽，连绵不断的梯田从山脚延伸至海拔2000m以上的高山之巅，近万亩的梯田宛如一片波海，泛着粼粼波光，景色十分壮观。镶嵌在陡坡上的梯田，远看如天落碧波，侧看像天梯凌空，俯瞰似大地版图，独具风韵，美妙绝伦，把山梁深谷组成一幅变幻莫测的天然画卷。森林、村寨、梯田、江河、共同构筑的良性农业生态系统是当地人民利用当地特殊地理气候，变自然生态为农业生态的独特创造，是人类活动与自然生态完美结合的范例，是人与自然和谐相处的典范，也是地形地貌旅游观光产品的典型。

地质环境资源是指地质环境内可供人类利用的一切物质。常见的地质景观有火山、地震遗迹、典型地质构造遗迹等。

四、气象景观观光产品

大气层中各种物理现象和物理过程与其他景观叠加在一起时，就会形成或美丽、或壮观、或奇特的奇妙现象，产生独具特色的美，这种现象称为气象景观。气象景观其常见的观光产品形态由千变万化的天气现象以及不同地区的气候资源与岩石圈、水圈、生物圈旅游景观相结合，加上人文景观的点缀而构成。包括可用来避暑或避寒，并能满足身心需要，使游客心情愉悦、身体健康的宜人气候资源；由大气降水形成的雨景、雾景、冰雪等大气降水景观；具有偶然性、神秘性、独特性等特征的极光、佛光、海市蜃楼、奇特日月景观等天象奇观。如：黑龙江雪乡国家森林公园的雪景，被藏民誉为神山的南迦巴瓦峰的冰雪景观(图3-1-6)，以及具有偶然性、神秘性、独特性等特征的极光、佛光、海市蜃楼、流星雨等。气象景观造型美、色彩美，具有较强的观赏价值，再加上其瞬息万变、虚无缥缈的特点，更添加了几分魅力。

图 3-1-6　南迦巴瓦峰

五、文物古迹与建筑观光产品

文物古迹与建筑观光产品的观赏对象是具有历史价值、科学价值、艺术价值，遗存在社会上或埋藏在地下的历史文化遗物和遗迹，是常见的人文景观观光资源，常见的有名胜古迹、古典园林、民居建筑等。如江西婺源古村落的建筑(图3-1-7)。

六、民俗风情城乡风貌观光产品

民俗风情城乡风貌资源的形成，最基本的条件是地理环境的地域差异性。在这个条件下，形成了人种、民族、籍贯、城乡风貌的区别，并由于各自不同的历史传统、文化积淀和生活方式，形成了丰富多彩的民俗风情城乡风貌旅游资源。常见的民俗风情城乡风貌观光对象有：田园风光、庙会与民间集会、宗教礼仪等。如广西龙脊民众会选择一个好日子，在寨老的带领下，全寨村民敲锣打鼓，放起鞭炮，把刚收割的金灿灿的禾把放在田埂上晾晒。远远望去，一排排禾把连绵不断，像一条条游动的金龙（图3-1-8）。

图3-1-7 江西婺源古村落

图3-1-8 龙脊古壮寨梯田（晒禾把）（景区 供图）

七、求知娱乐购物观光产品

求知娱乐购物观光对象主要有动物园、植物园、度假区等。

八、生态环境观光产品

生态环境是指由生物群落及非生物自然因素组成的各种生态系统所构成的整体，主要或完全由自然因素形成，并间接、潜在、长远地对人类的生存和发展产生影响。在森林旅游资源分类中，生态环境资源是重要的旅游资源。

森林旅游观光产品对游客在森林旅游过程中的整体感官体验具有独特的作用。森林旅游观光过程中，游客视觉捕捉事物的颜色、外形、大小等客观情况，产生包括体积、重量和构成等有关物理特征的印象。据统计，人类获得的外部信息中有83%是通过视觉获得，森林旅游观光产品是游客能够最直观感受到的信息，也最直接地影响着游客的情绪和感触。

森林观光

1. 要求

选择当地的一处森林旅游景区，对景区内的森林旅游观光资源类型进行记录，根据所学知识对记录的观光资源进行分类，并对其景观特性进行分析，最后形成调研报告。

2. 步骤
(1) 设计景观资源调研线路，制订观光资源产品分类表。
(2) 准备好相关工具，如拍摄工具、记录本等。
(3) 整理调查结果，形成调研报告。

3. 考核评价
根据表 3-1-1 对上述实训的结果进行评价。

表 3-1-1　评价表

评价项目	评价标准	分值	教师评价得分（占 70%）	小组互评得分（占 30%）	综合得分
线路设计	调研线路设计合理	10			
分类表制订	分类表中景观资源类型齐全	20			
调查情况	观光产品种类收集较为齐全	20			
调查情况	观光产品分类合理	20			
调查情况	观光产品景观特性分析到位	20			
调研报告	逻辑性强，语言流畅	10			
合计		100			

任务二　森林体验

传统的森林旅游主要是游客通过视觉来感受森林旅游资源带来的美的感受，主要是从美学角度欣赏景色。随着森林旅游的快速发展，森林旅游的消费已从单纯的观光游览向多元化、多层次、多领域发展，游客更注重于享受自然、感受自然、体验自然，森林旅游中的森林体验由此应运而生。

一、森林体验的定义

森林体验是依靠丰富的森林资源，引导人们通过各种感官感受森林、认识森林，了解森林与人类活动之间的关联，从而使游客在放松身心的同时，提高生态保护的意识，主动参与到保护森林的行动当中，最终实现林业可持续发展的一种实践方式（程希平等，2015），《国家林业局关于大力推进森林体验和森林养生发展的通知》中也指出，森林体验是人们通过各种感官感受、认知森林及其环境的所有活动的总称。

森林体验是对传统森林旅游形式的一种升华，各地根据地方的特色推出具有地域性的形式多样、特色鲜明的体验性产品，通过引导游客调动自身的各种感官来感受森林、融入森林，与森林资源互动，让游客在森林清新自然的环境中释放压力、愉悦身心，在积极的参与体验中回归自然，感悟生命。

二、森林体验的兴起

随着生活水平的提高，仅仅物质上的富足已经无法满足人们的需要了，人们开始着眼寻找精神上的满足。森林旅游作为回归自然、感悟生命的重要形式之一，森林体验以其清新自然的独特环境和有效参与的全身心感受，促使着人们不断地走进森林、了解自然从而促进森林旅游的发展。

森林体验更注重人的参与性，把人的听觉、触觉、味觉、嗅觉、视觉全面调动起来，通过增加体验的趣味性与刺激性，激发生理上的舒适感、快感，使森林旅游不仅是欣赏自然美景，更是一种生活情趣的返璞归真，让游客得到全方位的身心享受。

2013年9月14日，在陕西牛背梁国家级自然保护区北沟森林体验基地，启动了我国首个森林体验活动。体验基地野外体验线路全长3km，设有主要树种识别区、岩石认知点、植物大类群感知点、鸟巢体验区、高负氧离子体验点、运动能力测试点、亲水互动点、土壤认知点、休憩游戏创作区、森林药房、根系展示区、森林休闲区共12个体验区（点）。体验基地在活动中注重体验者的感受性、科学性和互动性，设有热身活动、森林筹算、大自然笔记、树脸朋友、纸魔方、寻找植物朋友、森林舞台剧、手工创意、水土保持实验等体验项目30余个。通过精心设计的体验项目，让体验者学会欣赏、享受、感受大自然的美妙与神奇，在体验过程中重新审视人与自然、人与人的关系，提升全社会的生态意识。

三、森林体验的类型

约瑟夫·派恩（美）和詹姆斯·吉尔摩（美）的《体验经济》中从消费者是主动参与还是被动参与及消费者与事件的互动关系两个角度把体验分为4种基本类型，即娱乐、教育、避世与审美。森林体验是人们在自己亲身经历实地实践过程中，通过各种感官如视觉、听觉、嗅觉、触觉等对森林资源进行感受、认知，以及在其环境中各种活动的历程。本书从娱乐、教育、避世与审美4个方面来阐述森林体验。

（一）娱乐体验

常见的娱乐性森林体验产品主要有运动健身型（如登山、攀岩、漂流等）、郊野游乐型（如野营、烧烤、采摘等），以及民俗参与型（如森林探险、烹饪、民族歌舞活动、制作民间手工艺等）等，人们通过参与体验，感受到过程的趣味、喜悦、放松、刺激等。如：森林探险、漂流等运动健身型森林体验产品，人们通过参与其中可以获得刺激、兴奋及舒畅的感受；通过参与登山、攀岩等，可以感受大自然，欣赏大自然，也可以激发人们不断挑战自我；野营、烧烤、采摘等郊野游乐型的森林体验产品，可以增加参与者之间的团体意识，使其感受到高压工作之余的一些轻松与愉悦，为生活减压。例如，四川玉屏山森林体验基地的树冠漫步由350m的空中吊桥和多个树顶平台连接而成，集漫步、探险、运动、娱乐、挑战于一体，在空中穿梭于丛林之间，能使人感受到与自然完美融合，体验树冠之上漫步的惊险刺激（图3-2-1）。此外，在泰国

图3-2-1 玉屏山森林体验基地的树冠漫步

清迈热带雨林中开展的丛林飞行户外活动,也很具特色。林中没有带电类设备,完全靠人力绳索穿梭荡漾,周围是被誉为"天然活化石"的大型树蕨,还有各种生长在千年古树枝丫上的奇异兰花,亦有大如手掌的蝴蝶、色彩斑斓的小鸟、体态奇特的变色龙在身边徜徉,让体验者感受到原始部落生活的刺激。

(二)教育体验

森林里优美的环境为游客认识自然提供了一个真实的场所,培养人们对自然的热爱与兴趣,同时游客可体验大自然的奇妙无穷、变化万千。森林里的教育体验与传统的以课本为主要知识载体的教育体验有所不同,是一种寓教于乐的体验教育方式。它以森林景观资源和自然资源为依托,参与者通过调动自身视、听、闻、触、尝、思等体验方式来感受森林、认识森林,在欣赏、感知、了解森林的同时,启发与思考人类活动的各种关联,在享受自然带来的美好的过程中,引导及帮助人们更好地了解自然及自然与人类生存与发展的关系,激发人们的创造性,并自觉培养起尊重自然、顺应自然、保护自然的生态情怀,提高保护森林、关爱自然的意识。森林可以说是开展自然教育、普及自然知识的最佳"课堂"。教育体验不仅是促进林业可持续发展的重要方式,也是促进人们身心健康、综合素质全面发展的重要举措。教育体验是一种非正式的社会化教育,是传统教育的完善和补充。

目前,森林体验中教育体验的呈现形式有:组织中小学生通过自然科普夏令营、假日野营等活动,认识食物链、生态系统的演替、野生生物的习性、生存条件和空间以及一些自然现象与过程。同时,游客也可以通过导游、牌示、文字材料、标本馆、宣传手册等解说服务,获得生物、地理、天象、水文、生态等自然知识。

1. 国外森林教育体验

森林教育萌芽于 18 世纪的欧洲,形成于 20 世纪 50 年代的斯堪的纳维亚半岛,之后在北欧挪威、丹麦等国发展起来。20 世纪 90 年代中期,丹麦森林幼儿园模式的思想传入英国。从此,森林教育在英国、美国、德国和日本得到迅速发展。在国外,自然体验教育在美国、加拿大、澳大利亚、新加坡等早已列入学生的必学课程,市场运作已经比较成熟。

德国林业发达,森林体验教育是德国"近自然林业"经营思想的体现,是实现森林永续经营的重要手段之一。1986 年,德国森林基金会首次提出"森林体验教育"的概念,开启了森林体验与教育的结合,德国还将森林教育纳入国家法律体系,使森林教育得到了有效的法律保障。德国森林教育体验的基本特点是能让各年龄段、各类人群参与进来,目的是通过教育体验充分调动参与者的感官来感知自然,激发人们爱护森林与环境的自觉性,引导人们积极保护森林,促进人与自然和谐相处。

德国森林教育体验主要通过森林体验中心和森林幼儿园来开展,并通过法律的形式规定必须将教育作为森林公园的一项基本功能服务于社会。德国巴伐利亚州在森林教育体验方面非常具有代表性,它有 9 个森林体验中心,各森林体验中心基本都由森林教育中心、森林之家、森林工作坊、森林学校等组成,充分满足各类教育体验的需求。德国的幼儿园提倡自然、互动和森林教育的精神,如果不是特别恶劣的天气,孩子们大部分时间都会在森林中度过。老师会教孩子用天然的材料制作各种有趣的物品、让他们观察森林中的各种自然现象。通过在森林中开展自然游戏教学的方式，不仅能让孩子与大自然密切接触，同时还能体验游戏的乐趣，更能培养孩子的环保意识、自主学习能力、协作能力以及积极乐观的性格，促进孩子综合素质的提高。在德国，森林幼儿园的形式多种多样，常见的有森林幼儿园（狭义的）、自然幼儿园、农场幼儿园等。德国的森林教育工作者在上岗前要参加培训活动，对于特定的森林教育工作者，不仅要获得相关培训证书，还要不断积累森林教育相关经验，并在州、联邦乃至整个欧洲的学术交流会或其他场合进行经验交流。

日本的教育体验的主要场所是青少年自然之家和森林幼儿园。1959年，日本政府成立了以开展青少年森林体验与教育为宗旨的国立中央青年之家。20世纪60年代，森林教育的思想由美国传入日本，在日本被称为"野外教育"。80年代，日本长野县创立了第一所森林幼儿园——"森林探险队"。森林幼儿园的主要目的是让儿童亲近自然，脱离应试教育体制，促进儿童综合素质发展。1996年，文部省提出"关于充实青少年野外教育"，随后，"野外教育"这一概念被广泛使用和认可，在政府部门的大力支持下，野外教育发展迅速，参与野外教育的组织机构、团体和个人也越来越多。在政府与教育科研机构及其他协会、团体的支持下，青少年自然之家的建设也卓有成效，它以森林体验为纽带，对青少年开展自然体验、环境教育等活动，通过这些活动，不仅让青少年能够走进森林，亲近大自然，放松身心，还能够提高青少年的生态环保意识，培养积极向上的人生态度，促进身心健康和综合素质全面发展。为了更加合理规范地开展森林体验活动，日本还制定了森林体验指导者培养与实训的标准，为开展高质量的教育体验活动提供了坚实的基础。

目前，韩国正在努力推动建立青少年森林教育的法律，要求小学生每学期有 5~6h 的森林体验活动时间。在韩国，约有 120 处休养林，其设施完善，为市民周末度假提供了方便。在自然休养林中，原木建造的森林之家、自助宿营场、休闲文化会馆、野生植物园，以及可以享受山林浴和体验丛林文化的天然学习场等设施价格低廉甚至免费提供。

2. 国内森林教育体验

相对国外森林体验的发展来说，我国森林体验教育基地建设发展比较滞后，中国早期的自然教育主要是通过呼吁民众热爱自然、与大自然和谐相处，在中小学通过课程教育、户外实践等方式进行。近年来，中国的自然教育机构也在森林旅游市场快速发展的浪潮的推动下呈现快速增长的趋势。目前，以北京、上海、广州等大城市较为集中，规模以中小型居多，工作领域以亲子、儿童教育和自然体验为主。自然教育机构利用森林公园、湿地公园、野生动物园等开展自然教育活动。在一些自然教育学校中，日志圈、生活圈、泥巴厨房、童话村庄、体能区、工具区是森林学校基地的标配，越来越多有条件的幼儿园也开始转型，将森林教育作为一个课程引进园所。相对于西方发达地区，我国孩子的自然教育是严重缺失的，我国的教育体验尚处于起步探索阶段，经验不足，方法简单，与人们的需求还有较大的差距。目前现有的教育体验项目，在数量上和质量上还远远不能满足社会的需求，而且我国森林教育体验发展还面临着教育体验人员不足、课程设置不够丰富完善、公众对森林体验了解不足、教育体验培训与考核机制缺失等方面的问题。

清涟智谷森林式教育体验中心设于山西五寨芦芽山景区内部。近年来，该森林体验中心以景区内的林地环境为依托，以孩子的教育成长为中心，充分利用景区内的森林资源，努力地为孩子创造与自然接触的条件，通过教育引导的方式，培养孩子独立、坚强、自信的性格，激发孩子求知、探索的欲望，让孩子在参与过程中学会尊重与关注自然，尊重生命、热爱生命。清涟智谷森林式教育体验项目基地分森林之家、清涟书院、宿营中心、原始森林、探索之旅等几个区块，参考英国的森林教育模式，分别设置有野外考察类、感觉体验类、野外生存类、工艺品制作类、环境保护类、体育游戏类、书单式读书、艺术类、爱的给予、禅学修习类等10余种课程，让孩子通过参与森林户外体验能够在风霜雨露中练就强健的身体，让孩子在变化万千的世界中体验自然和感悟生命，让孩子在释放、挑战、宁静、空旷中养成良好的性格，让孩子在与花鸟鱼虫的互动体验中浸润出独立的人格和能力。

（三）避世体验

森林能给人们提供足够的空间，人们在森林里能尽情奔跑、尽情欢跳、尽情呼喊、尽情欢笑，森林是人们在环境污染加重、生活压力加大以及雾霾导致的呼吸系统疾病急剧增加等背景下的一片净土。避世体验更侧重的是心灵的升华，将自身置身于山水之间，将自己的心灵和情感寄托于山水之间，远离城市的喧闹与世事的繁杂，通过大自然的力量使自己的身心得到解脱，体验到自由、超越的精神感受。

（四）审美体验

森林审美体验是由客观环境与主观感知人对客观环境的形式要素的感知共同构成的。人们对美的感觉与追求，是由内心自发的一种情感，是一种自由的感觉。审美体验同样是一个感知的过程，达到心灵深度的感动，从而产生种种印象、感受和体悟。

森林是地理景观要素，是大地艺术的重要组成部分，是人类在自然界的主要审美对象之一。人对森林的审美感观体验主要涉及形、色、声、嗅4个方面，审美趣味体验主要是节奏韵律、四季更替，审美情感体验有喜、怒、哀、乐，审美道德体验有真、善、假、丑等。森林在整体形态上具有远近高低不同的形态特征，从个体形态上看，分乔、灌、草三大分层，不同的植物，花、叶各具情态；在色彩上，森林异彩纷呈；在声音上，森林中有风雨雷电、虎啸猿啼、鸟叫虫鸣、泉咽瀑响；在气味上，森林散发出各种花香、果香、药香，当然，也不乏各种恶臭。森林给人的审美感观体验是立体、全方位的。

四、体验式森林旅游产品特点

1. 主题鲜明

主题是体验的基础，如果缺乏鲜明的主题，游客就不能整合所有感觉到的体验，也就无法留下长久的记忆。游客在旅游体验的整个过程中，接触到各个不同的景点和事物，参与各种类型的活动，这些景点、事物以及活动必须与既定的主题密切相关，从而使得旅游体验前后一致、清晰，帮助游客整合自己的体验感受，最终留下深刻的印象和回忆。

2. 需要游客参与和互动

任何一种体验都是消费者个人心智状态与那些有意识的筹划事件之间互动作用的结果，因此，体验的前提是参与。要让游客产生美妙的体验，作为体验提供者的森林旅游企业必须深入分析和把握能激发游客美妙感受的体验提供物，为游客提供集趣味性、娱乐性、教育性等为一体的动态旅游产品，充分调动游客参与的积极性。

3. 产品的差异性大

景区的环境、项目、活动与游客的日常生活要有差异。森林旅游体验差异化的途径有两种：首先是率先进入某一产品市场，即以市场先行者的身份出现，推出新产品、新项目；其次是推出的项目或产品难以复制，或有很高的进入壁垒，如技术要求、企业文化等，使其他潜在进入者无法进入，从而可以保持体验的唯一性。

4. 保持森林的原生态

游客在自然环境中品味森林旅游吸引物的内涵，并沉浸其中，获得真实体验。吸引人们进行森林旅游的是自然资源本身的特色，过多的人造设施会破坏森林旅游资源的特色。因此，在开发过程中要注意保持自然的原生态特色，不可有大量人为景观和人造设施，必要的基础设施的设计风格也要与森林景观相一致。

体验经济的到来为森林旅游业注入了新的活力和生机，为旅游业的发展提供了新的理念和思路，在很大程度上满足了现代社会背景下游客的个性化、情感化、参与化等的消费需求，在丰富旅游内容的同时，也增添了旅游的深刻内涵和意义。

实训

森林体验

1. 要求

以校园为旅游目的地，分小组完成校园景观审美体验摄影活动，发掘校园景点吸引力。

2. 方法与步骤

(1) 学生分组：5~6人为一组，确定组长，实行组长负责制。
(2) 对校园景观进行拍摄，在拍摄的过程中思考作品的美学特点。
(3) 对拍摄的作品进行展示，并讲述给人带来的审美体验。

3. 考核评价

根据表3-2-1对上述实训的结果进行评价。

表3-2-1 评价表

评价项目	评价标准	分值	教师评价得分（占70%）	小组互评得分（占30%）	综合得分
题材选择	题材选择有特色，符合校园景观主题	30			
成果展示	作品选择符合校园景观主题，作品体现旅游摄影技巧，讲解合理	50			
语言表达能力	语言表达流畅自然，富有逻辑性、生动性、幽默性，语调准确	20			
合计		100			

任务三　森林康养

《2018年我国卫生健康事业发展统计公报》数据显示，我国人均寿命为77岁，与发达国家的人均寿命相比短5年左右。世界卫生组织的报告指出，影响个人健康与寿命有四大因素：生物学基础（遗传）占15%，社会与环境因素占17%，医疗卫生水平占8%，生活习惯占60%。据相关研究，全球亚健康的人数超过60%，我国主流城市的白领亚健康比例高达76%，处于过劳状态的白领接近60%，真正意义上的健康人比例不足3%，相当部分人群出现了精神紧张、压抑、烦躁、高血压、高血脂等症状，中国处于亚健康状态的人数令人担忧。

康养的本质是将"治疗"前移到"预防、保健、治未病"，通过保健、康养，提高身体素质，消除亚健康，从对抗疾病转向呵护健康、预防疾病的新健康模式。大自然拥有众多保健效益因子，如富氧环境、高质量空气，对人体有着减压、调养等作用。自然资源与康养产品结合赋予了森林旅游新的热点，森林康养产品一经推出，就备受广大消费者青睐，不断召唤着人们"回归自然、走进森林"。

一、森林康养的定义

关于森林康养的定义，学者们有不同的界定。孙抱朴（2015）认为，森林康养就是借助森林天然资源的多维度功能给予人们的健康的新产业链，具有强烈的生命意义、生态意义和经济意义。邓三龙（2016）认为，森林康养是将优质的森林资源与现代医学和传统医学有机结合，开展森林康复、疗养、养生、休闲等一系列有益人类身心健康的活动。吴后建等（2018）把森林康养的含义分为广义和狭义两种：广义的森林康养是依托森林环境，开展促进人类健康的活动过程；狭义的森林康养以优质的森林资源和良好的森林环境为基础，以健康理论为指引，开展以保健为主，兼顾游憩的活动。

2015年7月，中国首届森林康养年会通过《玉屏山宣言》提出：森林康养是以森林对人体的保健功效为基础，依托优质的森林生态环境、丰富的森林景观、浓郁的森林文化、健康的森林食品等资源，结合健康养生理念，辅以相应的休闲养生和医疗服务设施，开展有利于人体身心健康的森林游憩、保健、疗养等服务活动。

2019年，国家林业和草原局联合民政部、国家卫生健康委员会、国家中医药管理局出台《关于促进森林康养产业发展的意见》，对"森林康养"做出解释，明确"森林康养是以森林生态环境为基础，以促进大众健康为目的，利用森林生态资源、景观资源、食药资源和文化资源并与医学、养生学有机融合，开展保健养生、康复疗养、健康养老的服务活动"。

二、森林康养的起源

森林康养的概念最早起源于德国。19世纪40年代德国创立了世界上第一个森林浴基地，形成了最初的森林康养概念，随之逐渐在欧美、日本、韩国等地也陆续开始了相关实践探索。1982年，日本林野厅长官秋山智英先生首次提出"森林浴"的理念，通过借鉴苏联先进的芬多精技术，结合德国的森林疗法，针对国民开展了大量森林健身活动，初步证实森林浴对人类健康的好处，日本的森林疗法开始蓬勃发展。同年，韩国提出了"自然康养林"的概念，随后，成立韩国森林疗法论坛研究小组，促进了韩国森林康养的发展。研究发现，通过森林徒步运动，可以有效提高人体的免疫功能，增强人体的抗癌机能。同时，此种运动还具有较强的情绪调节能力，使人感到愉悦。

我国森林康养研究最早出现在台湾。林文镇在1984年出版的《森林浴：最新潮健身法》一书中首次将森林康养引入我国大众的视野。1992年刘华豪编译了《森林浴：绿的健康法》，进一步推广和发展森林康养理念和活动。21世纪上半叶，森林康养的概念首次被引入中国大陆地区，北京于2012年首次提出"森林康养"理念，自2014年开始，国家林业局森林旅游管理办公室就把森林康养作为森林旅游重要新业态精心培育，并做了大量调查、宣传、解读等基础研究工作，形成了丰厚的舆论基础和理论铺垫。2016年1月，国家林业局印发《关于大力推进森林体验和森林养生发展的通知》，对"森林养生"做出解释，认为"森林养生是利用森林优质环境和绿色林产品等优势，以改善身体素质及预防、缓解和治疗疾病为目的的所有活动的总称"。这一定义明确了我国森林养生的利用主体和发展目标。2016年，国家林业局印发《林业发展"十三五"规划》，指出将森林旅游休闲康养产业作为林业工程建设重点，要求"大力发展森林康养和养老产业"。至此，"森林康养"这个词汇首次出现在林业重要文件中。四川、湖南两省是较早使用"森林康养"提法的省份，也是我国森林康养产业发展较早的地区，随之，河北、北京、陕西、黑龙江等地就森林康养相关建设进行了有益的探索与推广。

三、国内外森林康养产业发展情况

（一）国外森林康养产业发展情况

森林康养产业实践起源于发达国家，目前一些发达国家已经形成了较为成熟的产业模式与政策体系。

1. 德国森林医疗型模式

德国是世界上发展森林康养产业最早的国家，有着深厚的历史文化传统。早在19世纪40年代，德国就在巴特·威利斯赫恩创立了世界上第一个森林浴基地。发展至今，德国已经有350处获得批准的森林浴基地。

在德国，森林康养被称为"森林疗养"。德国一些科学家通过现代医学方式，论证了森林疗养的医学价值。如1962年，德国科学家K. Franke发现人体在自然环境中会自觉调整并平衡神经波动，恢复身体韵律，并认为清新的空气以及树木散发出来的挥发性物质对支气管哮喘、吸入灰尘引起的肺部炎症、食道炎症、肺结核等疾病疗效显著。

德国政府对森林康养提供了较为完善的医疗福利政策支持，如明确规定该国公民到森林公园的所有开支都可被列入国家公费医疗范围，以治疗国民日益多发的"文明病"。森林医疗的普及和推广，带动了当地就业的增长，巴特·威利斯赫恩镇60%~70%的人口从事着与森林康养密切相关的工作。森林康养产业的兴起，还大大地推动了该镇住宿、餐饮、交通等的发展。森林康养行业的发展还激发了市场对专业人才的需求，增加了市场对康养导游和康养治疗师等方面人才的需求。此外，德国还形成了一批极具国际影响力的产业集团，如高地森林骨科医院等。

2. 日本森林浴型模式

日本的森林浴起步较晚，但发展迅速。截至2013年，日本共认证了57处、3种类型的森林康养基地，每年约有8亿人次前往林区游憩和沐浴。为推动森林康养产业发展，日本新闻出版界还大造舆论，发行了如《劝君进行森林浴》《森林浴之歌》等书籍和唱片。在短短的几年时间内，日本成为世界上在森林健康功效测定技术方面最先进、最科学的国家之一。

日本森林康养产业的发展，经历了"由官入民"的不同阶段。自1982年起，日本陆续引进了德国的森林浴和俄罗斯的"芬多精科学"。在早期阶段，日本林野厅提出多用途开发林业资源以及"森林浴""进森林 浴精气 锻炼身心"等国民运动后，至2000年左右，"森林浴"构想取得初步进展。在2004—2009年，日本林野厅又逐步建立起了完善的森林康养政策体系，包括确定观光立国政策、推行森林疗法向导和森林理疗师资格考试等制度、对国有"休养林"给予资金支持等。为发展森林康养产业，日本还专门推动成立了森林医学研究会等团体协会。在之后的几年里，日本林野厅逐步退出了对森林康养产业的发展引导，转而主要由团体协会为主体作为森林养生主要促进力量，但是林野厅制定的诸多政策仍在全社会范围内发挥重要作用。

（二）我国森林康养发展现状

相较于发达国家，我国的森林康养产业实践起步较晚。目前，经过一段时间的发展，已经形成了一定的规模，政府也出台了一系列相关政策及产业规范性文件。在2016—2019年，中国已进行了5批次全国森林康养基地建设试点遴选，总计批复391个森林康养基地建设试点单位，其中涉及27个省份。国家提出，至2035年，建成国家森林康养基地1200处；至2050年，使森林康养产业普及化，人民享有更加完善的森林康养服务。

知识拓展

我国森林康养产业政策

自21世纪上半叶"森林康养"的概念首次被引入中国大陆地区，到2012年我国首次提出"森林康养"理念，再到2014年国家林业局把"森林康养"作为森林旅游重要新业态精心培育，国家对森林康养做了大量调查、宣传、解读等基础研究工作，为我国发展森林康养产业制定的相关政策打下了扎实的理论基础。

经过前期对森林康养产品理论的研究、产业的调查，自2016年以来，国家林业局等部委陆续发布了很多支持鼓励发展森林康养的政策文件：

2016年1月，《关于大力推进森林体验和森林养生发展的通知》强调：要在开展一般性休闲游憩活动的同时，为人们提供各有侧重的森林养生服务，特别是要结合中老年人的多样化养生需求，构建集吃、住、行、游、娱和文化、体育、保健、医疗等于一体的森林养生体系，使良好的森林生态环境真正成为人们的养生天堂。要加强森林体验(馆)中心、森林养生(馆)中心、森林浴场、解说步道、健身步道等基础设施建设，完善相关配套设施。

2016年2月，国家林业局森林旅游工作领导小组办公室下发的《关于启动全国森林体验基地和全国森林养生基地建设试点的通知》强调：把发展森林体验和森林养生作为森旅游行业管理的重要内容，要结合各地实际，统筹谋划，积极推进，以抓好、抓实森林体验和森林养生基地建设为切入口，充分汲取国内外相关领域的发展理念和成功经验，努力提高建设档次和服务水平，不断满足大众对森林体验和森林养生的多样化需求。

2016年5月，国家林业局印发的《林业发展"十三五"规划》指出：林业生态公共服务更趋完善。绿色惠民、公平共享、服务水平不断增强，优质生态产品和林产品更加丰富。森林年生态服务价值达到15万亿元，林业年旅游休闲康养人数力争突破25亿人次，国家森林城市达到200个以上，人居生态环境显著改善。生态文化更加繁荣，生态文明理念深入人心。

2017年中央一号文件强调：要大力改善休闲农业、乡村旅游、森林康养公共服务设施条件。

2017年7月，国家林业局发布的《国家林业局办公室关于开展森林特色小镇建设试点工作的通知》表示，全国选择30个左右特色小镇作为首批国家建设试点。充分发掘利用当地的自然景观、森林环境、休闲养生等资源，积极引入森林康养、休闲养生产业发展先进理念和模式，大力探索培育发展森林观光游览、休闲养生新业态，拓展国有林场和国有林区发展空间，促进生态经济对小镇经济的提质升级，提升小镇独特竞争力。

2018年中央一号文件强调：实施休闲农业和乡村旅游精品工程，建设一批设备完备、功能多样的休闲观光园区、森林人家、康养基地、乡村民宿、特色小镇。

2018年9月，《乡村振兴战略规划（2018—2022年）》进一步指出：要提升农村养老服务能力，鼓励集体用地优先发展养老服务，开发农村康养产业项目。

2019年3月，国家林业和草原局、民政部、国家卫生健康委员会、国家中医药管理局联合印发的《关于促进森林康养产业发展的意见》中表示：到2022年，建成基础设施基本完善、产业布局较为合理的区域性森林康养服务体系，建设国家森林康养基地300处，建立森林康养骨干人才队伍。到2035年，建成覆盖全国的森林康养服务体系，建设国家森林康养基地1200处，建立一支高素质的森林康养专业人才队伍。到2050年，森林康养服务体系更加健全，森林康养理念深入人心，人民群众享有更加充分的森林康养服务。

2020年11月召开的中国森林康养产业发展大会发布了《国家级森林康养基地标准》《国家级森林康养基地认定实施规则》《国家级森林康养基地认定办法》《森林康养基地命名办法》4项国家团体标准，发布《森林康养海口共识》。此次大会为发展健康产业提供了重要的战略指导，大会发布的相关标准和达成的共识对我国森林康养产业在新发展格局中发挥关键性、支撑性的作用，促进我国森林康养快速有序发展。

四、森林康养旅游产品

（一）森林康养旅游产品定义

Smith（1989）认为，物质基础是旅游产品最核心的部分。物质基础包括自然资源、建筑物、基础设施等。为了满足游客的需求，景区在提供物质的基础上，也应该提供游客所需的服务。森林康养旅游产品是以丰富多彩的森林环境、健康安全的森林食品、内涵浓郁的生态文化等为主要资源和依托，与现代各项产业有机结合，开展森林康复、疗养、未病治疗、养生、娱乐、旅游等一系列有益人类身心健康的活动的总称。

(二)森林康养旅游产品分类

本书采纳江波和张光辉(2017)的分类,即根据森林康养市场需求和功能需要,以不同实现形式为基础,将森林康养旅游产品划分为保健型养生产品、康复型养生产品、饮食型养生产品、运动型养生产品和文化型养生产品五大类。

1. 保健型养生产品

保健型养生产品是指依托森林中的空气负离子、植物精气、生物资源、水文资源、药材等,以改善身体状态、促进身心健康为目的,开展以保健、养生为主题的康养产品类型。

(1)泥浴

泥浴是指将森林中含有矿物质、有机物、微量元素的泥类,经过加温后敷于身上或直接在泥浆里浸泡以达到健身祛病的养生保健法。在温热、化学、机械刺激的综合作用下,能促进人体的血液循环,加快新陈代谢,调节神经系统的兴奋性和抑制过程,并具有良好的消炎、消肿、镇静、止痛和提高免疫功能等作用。适用于各种关节痛、腰腿痛、外伤后遗症等,同时,有助于保持皮肤健美。用于泥浴的泥并不是一般的泥土,而是含有铁、铝、硅、钙、镁、锰、磷等矿物质和植物分解形成的有机物质、胶体物质以及各种微生物的泥,种类有海泥、矿泥、淤泥、煤泥、火山泥、黏土泥、腐殖泥和人工泥等,最常用的是淤泥和矿泥,并多用矿泉水直接搅拌加热。我国大连、青岛、鞍山、兴城等地,都是蕴藏大量优质泥源的泥浴区。

(2)花浴

我国利用花卉治疗疾病的历史悠久,商朝就盛行利用香汤沐浴,用花香驱虫、除臭和调节心情。汉代名医华佗曾经用丝绸制作装有麝香、丁香、檀香等材料的香囊悬挂于室内,治疗肺痨、吐泻等疾病。明代李时珍的《本草纲目》记述了近千种花卉的性味、功能和主治病症。日本科学家研究发现,茉莉花的香味可以帮助键盘操作者减少30%的错误,柠檬的香味则可以使其减少50%以上的差错。花浴是借洗浴时浴水对身体局部的刺激作用和鲜花的药力作用,使腠理疏通、气血流畅,从而达到美颜悦色的目的。在洗浴过程中,一边吸入熏香,一边接受花卉药液浸泡和按摩,既可以治疗皮肤疾病,同时又可以补充皮肤的水分,营养肌肤,清除已死亡的表皮细胞,改善血液循环,增强皮肤弹性,防止皮肤过早松弛,还可以平衡情绪,提振心情,松弛神经,舒缓压力,调节内分泌。如广西贺州西溪温泉花浴(图 3-3-1)。

图 3-3-1　广西贺州西溪温泉花浴

2. 康复型养生产品

康复型养生产品是指利用自然生态资源及环境，配套医疗设施及康养技术人员，通过康复治疗、术后恢复、心理健康疏导等方式，满足游客身心康复需求的产品类型，如森林养老养生、森林美容美体、心理疏导、自然疗法等。

森林浴是沉浸在森林空气中进行的一种养生活动，主要是通过人的肺部吸收森林中植物散发出来的具有药理效果的植物精气和空气中相对含量较高的负氧离子，刺激植物神经，改善身体状态，清醒大脑，促进身心健康。上午阳光充沛，森林含氧量高，尘埃少，是进行森林浴的好时机。

森林浴有三个过程：一是林间步行，尽量出汗，以有疲劳感为最好。二是选择步行目标里程，走完2km后尽量快步行走，速度以能边走边与人正常交谈为宜。三是置身于幽林深处，或面对连接天际的森林，或仰望千年巨木，与大自然地无声对谈，这种自然而然的静思最舒松身心。从保健的角度来看，森林浴体现了森林旅游的本质。

3. 饮食型养生产品

饮食型养生产品是指利用大自然中的食品、药品资源，结合康养人群的实际需要，通过制订森林养生菜单的形式，开展以食疗、茶疗为主的养生产品类型。

中国传统膳食讲究平衡，提出了"五谷宜为养，失豆则不良；五畜适为益，过则害非浅；五菜常为充，新鲜绿黄红；五果当为助，力求少而数"的膳食原则。食疗养生是根据不同的人群、年龄、体质、疾病，在不同的季节选取具有一定保健作用或治疗作用的食物，通过科学合理的搭配和烹调加工，做成具有色、香、味、形、气、养效果的美味食品。这些食物既是美味佳肴，又能养生保健，防病治病，能吃出健康，益寿延年。

4. 运动型养生产品

运动型养生产品是指依托优质的自然环境，结合地形地貌情况，通过开展一些舒缓型的运动项目，来满足游客运动健身和放松身心的需要，如散步、慢跑、登山、瑜伽、劳动疗法等。森林旅游中，森林康养步道和足疗康健步道很受游客的欢迎。在森林康养步道里，玉屏山森林康养步道和江苏省农博园森林康养步道都很有特色(图 3-3-2)。

足疗康健步道采用天然溪流中的鹅卵石铺砌而成。让游客脱鞋光脚通过接触"地气"使足底与大地磁场相触，释放人体静电荷，调整人体电能平衡，并进行反复主动式按摩刺激足底穴位及足部反射区，通过经络传感到各器官，具有协调脏腑，促进气血流畅等功效，从而起到强身健体、增强免疫力等多方面作用。光脚走路还能改善脚跟部位的肌骨结构，不会对脚底皮肤造成磨损擦伤，能预防拇囊炎、脚跟骨

图 3-3-2　江苏省农博园森林康养步道

刺、脚部骨骼变形、脚癣、脚气病等多种脚部病变。

5. 文化型养生产品

文化型养生产品是指以自然生态环境为背景，以文化体验为特色，开展文化型、艺术型、知识型的项目及活动，以满足游客增长知识、修身养性的文化需要，如太极、禅修、森林冥想、阅读、自然教育等。

(1) 静养

森林里优越的自然环境最适宜净心调神自怡。传统中医认为，静养是医家摄生大法。心是万法之宗、一身之主、生死之本、善恶之源，可与天地相通，能主宰神志，也是健康与否之所系。心主血脉是指心气推动血液在经脉循环往复，使五脏六腑四肢百骸得以血液濡养，以维持生命活动；心主神态指心主宰人的思维活动和精神状态并维持其余四脏的生理功能。因此，人要健康，首先必须养心。人的体内存在许多有规律的振动系统，如脑电波运动、心脏搏动、肺的收缩、肠胃蠕动和自律神经活动，当人患病时，体内的节奏处于异常状态，而森林里的鸟语虫鸣、林啸瀑涛编织成一曲曲"交响乐"，这些美妙的"交响乐"具有特殊能量，传入人体后，使细胞发生和谐的同频共振，可直接对细胞起到一种微妙的按摩作用，加快细胞新陈代谢，促进内分泌系统释放各种生理物质，增强肌体免疫力，使人的心境平和安详，达到高质量的入静。同时，这些优美悦耳的"交响乐"作用于大脑，能提高神经细胞的兴奋性，通过神经及体液—神经调节促进人体内有益于健康的腺体更好地分泌，达到治疗疾病和强身健体的功效。

(2) 森林太极

太极是以中国传统儒、道哲学中的太极、阴阳辩证理论为核心思想，集怡养性情、强身健体、技击对抗等多种功能为一体，结合易学的阴阳五行之变化、中医经络学及古代的导引术和吐纳术形成的一种内外兼修、缓慢、轻灵、刚柔相济的中国传统拳术。当超高浓度的负氧离子和太极拳相结合之后，更容易达到意到身随、内外相合、身心皆修的状态，使身体进入无忧无虑、无我无他的境界，可消除人的心理紧张，使人乐观开朗、积极向上，从而达到强身健体的康养作用。

五、国内外森林康养基地案例

（一）国外森林康养基地案例

1. 日本东京都奥多摩町森林疗法基地

奥多摩町森林疗法基地是东京首个森林旅疗地。该基地距离东京中心城区车程为1.5~2h，以奥多摩湖为观光吸引物。湖畔森林里设有5条徒步小径，长度均在老年人活动强度范围之内，并可组合连通。游客可跟随持有"奥多摩町森林浴疗法协助者"认证的疗愈导游一同漫步森林，开启自然体验之旅。途中还有森林下午茶，可享用当地的香草茶及手工饼干，学习有益健康的奥多摩式森林呼吸法，并配合和缓步调徐行，用五感（视觉、听觉、嗅觉、触觉、味觉）充分体验森林乐趣。森林瑜伽是该基地最受欢迎的森林疗愈体验，可以获得舒缓身心的疗愈效果。芳香疗法也是选项之一，透过精油按摩消除疲劳。

此外，该基地还积极开创许多动手操作的手工体验活动。荞麦面制作即是一例，这是当地传统主食，除了学习自然食材运用及古法制作外，还能现场料理食用。通过陶艺体验，可制作独一无二的杯子或盘子。通过木工体验，可以深刻触摸木材纹理，感受木材香味，更可珍藏自己的木工作品。植物印染及手工艺制作，则是利用当地特有的植物染料印染手帕或围巾，也可利用植物种子串成项链或手环。

2. 荷兰 Groot Klimmendaal 森林医院

Groot Klimmendaal 森林医院位于荷兰东部阿纳姆，建筑占地面积不大，却通过悬挑获得了 14 000m² 的巨大空间。该建筑错综复杂——集透明性、连续性、层次感、多样性和光影于一体，可进行很好的大自然体验。

这是一个友好、开放、可在原生自然环境中活动的疗养之地。这家森林医院分为3层，包括办公室、诊所、体育馆、游泳池、餐厅和剧院等。这家森林医院也可以看作是一个公共景观，通透的玻璃与环境无缝连接，森林触手可及。天井和各种挑探形成多重空间，并使得自然光深入建筑 30m 进深。通过降低能耗、采用可持续材料和长寿材料等方式，严格遵循可持续发展的理念。

社区轻量体育设施齐全，病人可以利用这些设施做一些简单而有效的锻炼。一个浅木楼梯连接各层的建筑，心房和天井的空间可以让自然光穿透，做到节能且满足视觉上的体验，更利于病人疗养。

（二）国内森林康养基地案例

1. 玉屏山森林康养基地

玉屏山森林康养基地是国家首批森林康养基地之一，是国内森林康养基地的先行者。玉屏山森林康养基地位于四川洪雅县，因其山形似屏风而得名。玉屏山林海葱郁葱茏，一望无边，尤其是3万亩人工柳杉笔直挺拔，绿浪接天，森林覆盖率高达98%以上，拥有纬度神奇、温度适中、高度适宜、绿化度高、洁静度好、负氧度高、精气度足、优产度强的天然"八度优势"，被誉为"绿海明珠""天府花园"。独特的地理环境和丰富多样的资源优势推动了玉屏山森林康养基地的建设（图 3-3-3）。

玉屏山森林康养基地有森林旅游、森林休闲与养生、森林体验、森林自然教育、森林疗养等诸多项目，是集森林康养、休闲、度假、会议、拓展、露营、摄影创作、健身、娱乐为一体的多功能景区，适合不同年龄段的各类人群进行游憩、度假、疗养、保健、养老等服务活动。玉屏山野鸡坪营地，依托得天独厚的自然风光营造出集会议、游憩、健身于一体，兼容传统审美与现代理念为一脉的心灵空间，森林茶吧、森林影院、空中走廊、森林浴让游客尽享自然风情，远离城市浮华。玉屏山户外运动基地，开展无动力滑翔伞、动力三角翼、观光直升机，以及定向越野、山地自行车、攀岩等户外运动项目，尤其是作为国际滑翔伞基地，因玉屏山常年东风，

图 3-3-3　玉屏山森林康养基地

有利于滑翔，被业内人士公认为国内飞行条件最好的滑翔伞基地之一。森林康养客户服务中心，针对不同服务对象，推出了职场解压（政府机关和企事业单位员工）、减脂瘦身（美容院客户）、享受生态（老年客群）、慢病康复（健康机构客户）、产后恢复（妇女）等6个森林康养套餐和上百个森林运动项目。森林康养培训基地，承接各地林业干部森林康养培训、森林康养和乡村振兴宣讲等任务，把森林康养往纵深方向推进。

图 3-3-4　玉屏山森林生态博物馆

同时，基地依托内设的森林生态博物馆（图3-3-4），以自然为载体，以户外活动为中介，开展丰富多彩的自然教育活动，通过扮演角色、情景体验、认知澄清、行为训练、户外拓展等活动形式，引起青少年相应的心理体验，实现"森林课堂迈进校园第一步"。

2. 七曲山森林康养基地

七曲山森林康养基地位于四川梓潼县七曲山国家森林公园，是剑门蜀道风景名胜区的重要节点。基地依托优美的景观、优质宜人的气候、绿色健康的食品、浓郁深厚的文化，与现代医学的检测手段和传统医学的干预手段相结合，集休闲度假、旅游观光、疗养、养老、康复以及自然教育、森林运动体验等于一体。基地有完善的配套设施、丰富的娱乐活动，是中老年人休息养生的好去处。

基地康养产品包括：森林氧吧、医养结合、林海康养中心、林中漫步游道等。

3. 文成悦慢森林康养基地

文成悦慢森林康养基地位于浙江省文成县，该基地以国家级风景区刘基故里、铜铃山峡、百丈飞瀑和岩门大峡谷的森林资源为依托，集山、林、水、人文景观于一体，打造出环境优美、自然风光秀丽的康养场所。场所内有红枫古道、千年古樟，生态环境优越。基地内的森林康养指数较高，负氧离子浓度平均为2000个/cm^3，PM$_{2.5}$浓度平均为35μg/m^3，常年空气质量优良。基地内主要林分为香樟林，植物精气含量也非常高，对人体健康极为有利。

基地康养产品分为：分静态康养产品、动态康养产品、中医药康养产品和文化康养产品4种类型。a. 静态康养产品：体验者通过五感体验，认知森林及其环境、亲近自然和感受自然。具体产品有森林浴、森林冥想、森林食品体验、农事体验、森林住宿体验。b. 动态康养产品：游客通过在森林中进行健身运动，来增强体能、促进身心健康。具体产品有森林瑜伽、太极、健步走等。c. 中医药康养产品：利用中国博大精深的传统中医知识与森林环境资源相结合，将中医理疗、康复保健、健康管理等养生理念融入活动中。具体产品有森林康复、中医理疗、健康检查、健康咨询、健康档案管理等。d. 文化康养产品：游客通过参观、学习或互动的方式参与森林文化活动，从而提升自身文化内涵和文化素养，达到放松身心、愉悦情感的效果。主要产品包括艺术体验、参观地方文化、参与文化讲坛和文化沙龙、书法绘画作品鉴赏、乐器表演、森林文化体验以及生态科普等。

基地从四大维度丰富森林康养产品内涵：静态康养，重在优化林相、保护资源，形成疏密有致的森林网络；运动康养，重在修复森林古道、建设各类森林栈道以及在森林中融入户外体育项目；中医药康养，重在传统推拿、理疗、针灸、药蒸等的融入；文化康养，重在科普教育进森林，重在将禅修、太极等中华文化引进基地。

知识拓展

《关于促进森林康养产业发展的意见》解读

2019年3月，国家林业和草原局、民政部、国家卫生健康委员会、国家中医药管理局联合印发《关于促进森林康养产业发展的意见》。意见提出，到2022年建设国家森林康养基地300处，到2035年建设1200处，向社会提供多层次、多种类、高质量的森林康养服务，满足人民群众日益增长的美好生活需要。

意见指出，森林康养产业发展要坚持生态优化、因地制宜、科学开发、创新引领、市场主导五项基本原则。到2022年，建成基础设施基本完善、产业布局较为合理的区域性森林康养服务体系；到2035年，建成覆盖全国的森林康养服务体系；到2050年，森林康养服务体系更加健全，森林康养理念深入人心，人民群众享有更加充分的森林康养服务。

意见明确发展森林康养产业的主要任务，包括优化森林康养环境、完善森林康养基础设施、丰富森林康养产品、建设森林康养基地、繁荣森林康养文化、提高森林康养服务水平等。要建立健全森林康养基地建设标准，建设森林康复中心、森林疗养场所、森林浴场、森林氧吧等服务设施。积极发展森林浴、森林食疗、药疗等服务项目，大力开发中医药与森林康养服务相结合的产品。创建一批国家级和省级森林康养基地，打造生态优良、功效明显的森林康养环境。

意见提出，要科学制定森林康养产业规划，明确发展重点和区域布局，规范森林康养市场行为。要加大政策扶持力度，创新机制模式，探索建立政府引导基金，以融资担保、贷款贴息、项目奖补等方式，大力培育森林康养龙头企业。鼓励贫困地区发展森林康养产业，促进就业增收、脱贫致富。要加强用地保障，依法依规满足森林康养产业用地需求。要拓宽投融资渠道，鼓励各类林业、健康、养老、中医药等产业基金、社会资本以多种形式依法合规进入森林康养产业。要健全共建共享机制，鼓励地方推进森林康养与医疗卫生、养老服务、中医药产业融合发展，实现互促共赢。

森林康养

1. 要求

以小组为单位，设计森林漫步、森林采气、森林冥想、森林阅读、森林艺术创作等其中的一项森林康养活动，让每位同学既是活动的组织者，又是参与者。作为组织者，以森林康养师的身份引导体验者打开五感，亲近自然、减轻压力；作为参与者，积极参与其他小组设计的活动，体验康养产品，感受自然魅力。

2. 方法与步骤

（1）以小组为单位对活动场所进行全面的评估，熟悉植物资源的种类和分布、场地边界、气候、地形、道路以及必要设施等。

（2）每个小组根据本组的活动项目，准备线绳、眼罩、彩笔、剪刀、胶水、纸张等。

（3）以森林康养师的身份引导体验者打开五感，放松心态。

（4）以参与者身份，积极参与其他小组设计的康养项目，感受自然。

3. 考核评价

根据表3-3-1对上述实训的结果进行评价。

表3-3-1 评价表

评价项目	评价标准	分值	教师评价得分（占70%）	小组互评得分（占30%）	综合得分
前期准备情况	活动场所的评估全面；对植物资源的种类和分布、场地边界、气候、地形、道路以及必要设施等的了解准确、全面；活动项目的工具准备齐全	20			
活动设计情况	康养知识的运用准确；符合场地实际，符合康养主题；项目活动合理，具有趣味性	30			
分享交流	分别以森林康养师和森林康养活动参与者的身份，分享活动的组织情况以及参与康养活动的感受	30			
语言表达能力	语言表达流畅自然，富有逻辑性、生动性、幽默性，语调准确	20			
合计		100			

任务四　森林研学

森林作为陆地生态系统的主体，在实现全球绿色发展中承担着特殊的教育使命。以森林为主题的研学融合了教育、旅游、生态等元素，近年发展较快。2020年，全国关注森林活动组委会发布《全国三亿青少年进森林研学教育活动方案》，提出2025年基本建立"全国三亿青少年进森林"研学教育活动体系，湖北、黑龙江、广东、吉林等地纷纷响应，森林研学呈蓬勃发展之势。

一、森林研学的概念和内涵

森林研学源于"森林教育"理念。"森林教育"的概念起源于古罗马时代"为下一代着想"的思想根源,其实践萌芽于18世纪的欧洲,形成于20世纪50年代的斯堪的纳维亚。丹麦创办了世界上第一所森林幼儿园,自此森林教育在德国、英国和日本等国家迅速发展。1986年德国森林基金会首次提出"森林体验教育",开启了森林体验与教育融合的理念。国外非常重视森林体验教育,并逐步形成了较为完善的森林教育体系。森林教育是自然教育的一部分,是儿童和青少年认识自然、了解自然的有效方式,它以森林(大自然)为载体,让儿童和青少年通过在自然环境中进行一系列"有计划、有设计、有主题、有目的"的户外活动,提高自信心,并实现全面发展。森林教育是一种长期性教育方式,能最大限度地发挥大自然的优势,让儿童和青少年亲身体验森林,从而达到让他们热爱森林、亲近自然、保护环境的目的的一种系统、全方位的森林环境及森林可持续发展的教育活动。

森林研学作为自然教育中的重要一环,是依托森林生态资源开展环境教育的研学实践活动。森林研学有别于传统的课堂教育,将课堂搬到了大自然,促进书本知识与体验实践的深度融合,使中小学生能够更好地亲近自然、了解自然、热爱自然,形成尊重自然、顺应自然、保护自然的生态文明理念。从森林研学的定义可知:

1. 中小学生是森林研学旅行的主体

国家出台研学旅行意见和一系列措施明确针对中小学生,中小学生是森林研学旅行的主体和服务对象,是森林研学旅行存在的核心要素。根据教育教学计划灵活安排研学旅行时间,一般安排在小学四到六年级、初中一到二年级、高中一到二年级。当然,不同年级层次学生的特点和研学需求存在明显的差异性,这就要求森林研学服务应针对不同主体区别对待,有的放矢。

2. 集体出行是森林研学旅行的基本形式

以年级或班级集体出行的方式开展活动。通过集体出行,学生以团队方式一起集中食宿、旅行,一起完成研学课程项目,可以获得校外集体生活的体验,提高个人适应集体生活和周围环境的能力,还可有效培养其集体观念、团队精神及责任担当意识。

3. 教育部门和学校负责森林研学旅行组织管理

学校是森林研学旅行组织实施方,教育部门是森林研学旅行管理和监督方。各地教育行政部门和中小学要探索制定中小学生森林研学旅行工作规程,做到"活动有方案,行前有备案,应急有预案"。学校组织开展森林研学旅行可采取自行开展或委托开展的形式,提前拟定活动计划并按管理权限报教育行政部门备案。教育行政部门负责督促学校落实安全责任,审核学校报送的活动方案和应急预案。

4. 接受教育是森林研学旅行的目的

森林研学旅行是校外教育和学校教育衔接的创新形式,是教育教学的重要内容,是综合实践育人的有效途径。通过森林研学旅行活动让学生走向社会、走向自然,在社会和大自然的课堂中体验、探索和思考,有利于推动全面实施素质教育,引导中小学生主动适应社会,促进书本知识和生活经验的深度融合,从而实现森林研学旅行培养人才的根本目的。

二、森林研学的内容

森林研学活动让孩子树立敬畏自然、保护自然的意识，学会科学保护自然的方法。在森林研学探究过程中，还需要提升孩子的认知水平、自助探究能力，开阔学生心胸，培养乐观向上的精神。

1. 以自然探寻为主题的研学游

自然探寻主要以森林自然资源为研究对象，利用地理、生物、物理、化学等学科的研究方法，鼓励孩子学习森林知识，识别原始森林、原始次森林、人造林等；认识不同的动植物资源；探索场地内昆虫、动物、植物的生存条件，认识生态链；探究森林地理环境特征，结合气候、土地、河流等要素，勾勒地理生态环境；了解地理环境与自然生态之间的联系；探究自然灾害的形成原因，找寻自然灾害中自然地理与生态的关系等内容，旨在让孩子了解大自然，更好地理解人与自然的关系，并宣传可持续发展的理念。

2. 以自然科普为主题的研学游

孩子对自然界充满了好奇，围墙之内的学校教育已经满足不了孩子的科普需要。森林作为科普教育的重要载体之一，在这里可以趣味听音，培养孩子对鸟类音高、音色、音长等认知和护鸟、爱鸟意识；可以开展闻香识花活动，进行花粉收集、香料提取、芳香疗法等；通过舌尖森林，了解森林蔬菜（草本如蕨菜，木本如香椿）、森林粮食、森林水果、森林药材、森林坚果等（图3-4-1）；普及森林食物链、生态金字塔；年轮趣读，普及树木年轮与气候、环境等的关系；病虫害识别，通过拍照、测量、记录，学习病虫害常识及治理方法。由此，提高孩子的科学文化知识，激发青少年学习兴趣，提升青少年的科学素养。

图 3-4-1　森林研学

3. 以实践探究为主题的研学游

森林研学以培养孩子人格为出发点，表现形式是在大自然中开展不同的游戏，启发孩子的探索精神。以实践探究为主题的研学游其内容不仅包括户外拓展训练，如"蒙蒙毛毛虫""我的树""蒙眼识叶""植物连连看"等丰富有趣的自然游戏，让孩子闻植物的幽香，看树叶的形态，摸树皮的纹理，测树干的大小，听风吹树叶的声响，从而让孩子打开五感，卸下内心的防备和恐惧，学会与大自然和谐相处，享受大自然的乐趣和精彩，治愈"自然缺失症"。此外，还包括劳动生产、志愿者服务等，通过各项活动，提升青少年的身体和心理素质，加强团队协同，培育自我发展、集体荣誉、遵守纪律等意识和习惯。

三、森林研学的特点

森林研学旅行作为中小学阶段学校教育与校外教育相结合的重要组成部分，是对课堂教学的一种有效补充，是全面推进中小学素质教育的重要途径，它不同于一般的旅游，也不同于一般的校内课堂教学，有其自身特点。

1. 综合性

森林研学与一般的旅游最大区别在于它是学校课堂教学的补充，本质上属于多学科交叉的综合实践活动课程的范畴。它没有明确的学科之分，可以涵盖历史、人文、地理、科学技术、艺术文化等各学科领域的内容，强调多种主题、多种任务模式、多种研究方法的综合运用，体现个人与社会、自然的内在整合，培养学生认识、分析和解决现实问题的综合实践能力，全面发展学生的综合思维、创新精神，提升学生核心素养，以适应未来社会生活和个人发展的现实需要。

2. 体验性

"纸上得来终觉浅，绝知此事要躬行"，森林研学与传统课堂教学相比更大的魅力是体验性。学生通过在森林中的吃、住、行和课程项目的开展来亲身体验不一样的经历，让绿色发展理念根植心中。通过研学旅行，结合感官刺激，可以更深刻体验到认识提高、道德向上、探索创造、参与合作等带来的快乐和充实，实现认知过程和情感体验过程的有机结合，从形象的感知达到抽象的理性思考。

3. 教育性

根据研学课程要求确定研究主题，在研学活动中通过主动学习和创造性学习来获取知识和实践经验，提高发现问题、分析问题和解决问题的能力。研学旅行的研究性学习重点除了是让学生书面学习理解外，更强调身体力行，通过实践活动来体悟、搜寻和探究，其本质在于让学生亲历知识产生与形成的过程，真正实现知行合一，培育创新精神和实践能力，这也是研究性学习所要达到和追求的教育目标。

4. 趣味性

孩子走进森林开展研学活动，在这个没有围墙的教室，将学习过程融入轻松有趣的活动中，引发他们的探究兴趣，达到寓教于乐的目的。同时也能启发并强化平常怠速的感觉器官，重建与自然的链接，激发对自然的热爱、对生命的尊重；在轻松、和谐的氛围中，培养他们的沟通能力、领导能力、合作能力、生存能力，提高他们的社会适应能力、危机应对能力和独立思考问题的能力，从而在眼界、学识、情感、体能、生存智慧和社交能力方面得到全面提升。

四、森林研学的要求

当前，我国基础教育处于应试教育向素质教育和素养教育转变的关键时期，发展学生的核心素养成为中小学教育的核心话题。根据《全国三亿青少年进森林研学教育活动方案》，我国将逐步把青少年进森林研学教育活动融入中小学校教育，并从多方面对森林研学旅行提出了国家层面的政策要求和指导意见。

1. 坚持立德树人

立德树人是新时代发展中国特色社会主义教育事业的核心所在，是培养德智体美全面发展的社会主义建设者和接班人的本质要求。森林研学旅行是研究性学习和旅行体验相结合的教育活动，其开展要紧紧围绕我国教育事业的核心。在森林研学旅行的设计中，要以研学为目的、以旅行为载体，落实立德树人的根本任务。从德育角度看，要让学生在森林研学旅行中感受祖国大好河山，感受中华传统美德。

2. 打造研学体系

各地根据区域特色，因地制宜地打造森林研学旅行体系。将依托"关注森林活动"，加快普及青少年生态文明教育，推进国家青少年自然教育绿色营地建设，构建营地标准化运营体系和准入机制。以营地所在的各类自然保护地为基础，打造精品研学教育线路，并同步谋划营运模式，带动林区环境改善和百姓增收致富。加快开发精品课程，开展"绿色中国自然大课堂"等实践活动。构建以主管部门为主导、学校为主体、市场为导向、产学研深度融合的自然教育创新体系。

3. 规范组织管理

为保证森林研学旅行的顺利开展及保障各方权益，学校在开展森林研学旅行的过程中要注意明确学校、家长、学生及相关协同机构的责任和权利，以规范的管理、清晰的责任分工，确保研学旅行顺利开展。建立国家层面、地方政府层面或第三方机构性质的森林研学旅行网站，发布森林研学旅行的相关信息和课程、经验等介绍，促进森林研学旅行与学校综合实践活动课程的对接，推动学校与基地、书本知识与社会实践、校内外教师之间的对接，实现学校教育与校外教育的有效衔接。

4. 落实制度保障

全国关注森林活动组委会建立健全安全责任体系，制定青少年进森林研学教育活动安全保障方案和预案，建立安全责任落实、事故处理、责任界定及纠纷处理机制。积极发挥政府部门资源整合的优势，减免各类自然保护地门票。设立国家青少年自然教育绿色营地建设基金，专注于绿色营地建设和户外教育标准课程开发、促进地区和国际间交流等，保障青少年研学教育活动持续发展。此外，还将国家青少年自然教育绿色营地建设作为重要工程项目内容，融入各省份林草主管部门年度考核评价体系，把青少年进森林研学活动作为中小学生研学旅行重要内容，融入学校各阶段德育教育计划进行教学考核评估。将教师生态理念实践能力融入教师培训必修学时（学分），同时，融入学生学分管理体系和学生综合素质评价体系。

五、森林研学产品实例

1. "励志高原　博学少年 7 日游学营"研学产品

青海省"励志高原　博学少年 7 日游学营"线路在 2020 年成功入选"港澳青少年内地游学推荐产品"。该研学产品在课程学习中，专门针对中国香港、澳门的青少年以实地考察、现场体验、访谈等方式获得学科的知识。课程内容为：读行青海"山宗水源、圣境博纳"，认识青藏高原的自然生态系统；探秘神秘原子城；行走在青海湖国家级自然保护区壮美生态圈中，考察沙山、湟鱼洄游——沙柳河、泉湾湿地；到普氏原羚救护中心，了解青藏高原生态环境的变迁及保护生态环境的重要性；解读高原盐文化，在盐文化博物馆里探究青藏高原盐文化的发展史及采盐历程。

2. "神农架自然博物游学探秘"研学产品

神农架被教育部批准为"首批全国中小学生研学实践基地"，文化和旅游部批准为"中国十大研学目的地"，教育部港澳司批准为"港澳青少年内地游学基地"。其独特的地理位置，多样的生物物种，特色的民俗民风，丰富的游学内容，为研学旅行的开展提供了充足的条件，逐步成为中小学生研学旅行的目的地之一。其中，奥德曼神农架自然营地和官门山生态科普景区成为激发孩子探索自然、挑战自我的自然学校。在这里可以学习辨识神农架珍稀植被，了解其生活习性及在生态圈中的作用；野外采集植物样本，并亲手制作标本，加深对植被类型的认知，增强动手能力；深入金丝猴栖息地，了解金丝猴生活习性，学会如何保护珍稀动物；探秘原始森林，了解森林生态系统的特征及作用；进行地质科考，寻找亿万年前地质运动留下的证据，读懂岩石地层。

3. 鼎湖山自然保护区"探究大自然"研学产品

鼎湖山自然保护区"探究大自然"研学活动结合初高中的科学课程、地理课程和生物课程，将鼎湖山的自然资源和科学项目作为素材设计探究式研学课程。在原始森林开展野外探索，开设"大自然不说谎——水质指示物种"课程，通过观察水质指示物种来分析说明鼎湖山的水质情况，了解生物与环境的相互适应性和指示生物的科学应用。通过场景化教学的模式，引导学生从课本理论走向自然实践，通过野外学习、观察及小组讨论汇报等环节拓展思维，培养科学素养，让学生切身感受森林的重要性，了解生态保护的重要意义。

4. "长白山垂直景观带探秘"研学产品

长白山资源丰富，被称为"行走的地理教科书"。研学活动围绕火山、植物、动物、水资源等主题，进行综合认知，分学科主题学习。在亿万年的地质历史上，长白山地区经历了沧海桑田的变迁，学生在这里探寻地质痕迹，进行火山碎屑流的课题研究，通过火山碎屑流推算出当时火山喷发的高度（图3-4-2）。此外，长白山是欧亚大陆东岸的最高山，拥有完好的大片原始森林（图3-4-3），植被受到地形垂直变化的影响，从山脚到山顶，随着海拔的上升形成了由温带到寒带的多个景观带，这种自然多彩的垂直景观带是地球表面植被垂直分布的缩影。在原始森林中，科学地认知并记录植物，亲自采摘植物样本，观察植物不同叶片的形态特征，了解植物进行光合作用和蒸腾作用与叶片参数不可分割的联系。

图 3-4-2　长白山火山灰

图 3-4-3　长白山岳桦林

知识拓展

国外森林教育的实践

德国、英国、日本、韩国有关森林教育的研究起步比较早，具有较完善的森林教育体系。

1. 德国森林教育

德国森林教育的基本特点是能让各年龄段人群参与进来，目的是通过森林教育充分调动参与者的感官来感知自然，激发人们爱护森林与环境的自觉性，引导人们积极保护森林，促进人与自然和谐相处。其森林教育主要通过森林体验中心和森林幼儿园来开展，并通过法律的形式规定必须将教育作为森林公园的一项基本功能服务于社会。德国Panarbora森林公园将人性化的娱乐设施很好地融入森林。此外，在Panarbora森林公园经常会与很多温顺的小动物相遇，它们没有被关在围栏当中，可以随意走动。孩子可以去触摸它们、给它们喂食饲料，慢慢地，孩子就会树立起人与自然和谐共处的观念。

2. 英国森林教育

英国森林教育开始于20世纪90年代，森林学校是开展森林教育的主要基地。开设森林学校的主要目的是让儿童走进自然、感受自然，通过孩子与自然的全方位接触，在激发个体学习的内在动机和积极学习态度的基础上，为其提供冒险、选择和自我主动学习的机会。通常由老师将孩子带到森林后，孩子以小组为单位进行自由活动。到了21世纪，由相关政府部门倡导的"到绿地中去""从公园开始""积极的森林运动"一系列森林教育活动，促进了一些民间团体的产生，如"乡村青少年"等，这些民间团体对森林教育的普及和完善起到了良好的推动作用。

3. 日本森林教育

日本森林教育的主要场所是青少年自然之家和森林幼儿园。日本目前在全国不同区域共建有28所青少年自然之家，它们以森林体验为纽带，对青少年开展自然体验、环境教育等活动，通过这些活动，不仅能够让青少年走进森林，亲近大自然，放松身心，还能够提高青少年的生态环境意识，培养积极向上的人生态度，促进身心健康和综合素质全面发展。

4. 韩国森林教育

韩国森林教育主要依托丰富的森林资源建立国家公园、森林博物馆，并配备专业的森林体验、教育方面的人员来引导和组织自然教育活动的开展。当下，韩国共建立了20个国立公园，还建立了13个森林博物馆。树木园中通常设有森林浴场、学生教育区、盲人树木园、特别保护区、爱心林、游戏林等多个区域，为开展森林教育提供了丰富的场地条件。韩国的森林博物馆很有特色，一般都为原木建造，通过现代技术和传统工艺的结合来展示森林历史、各种动植物标本，不仅满足了人们的感官需求，而且让人们在轻松愉快的氛围中增长了知识。

森林研学

1. 要求

根据《全国三亿青少年进森林研学教育活动方案》及当地森林研学资源,设计森林研学旅行活动方案。

2. 方法与步骤

(1)以7~8人为一组,每组确定一个森林研学活动的主题。

(2)每组可任意选择某森林、草原、湿地、荒漠等自然生态系统或者某自然保护区、风景名胜区、森林公园、湿地公园、沙漠公园、自然遗产地、地质公园等各类自然保护地进行与所选主题相关的研学资源调查。

(3)在规定的时间内,每组完成森林研学活动方案设计。

(4)每组通过演示文稿(PPT)进行成果汇报,推荐最佳森林研学活动方案,并与第三方机构合作,开展森林研学活动。

(5)森林研学活动结束后,每位学生根据实践学习与体验,发现问题,对森林研学产品进行优化。

3. 考核评价

根据表3-4-1对上述实训的结果进行评价。

表3-4-1 评价表

评价项目	评价标准	分值	教师评价得分(占70%)	小组互评得分(占30%)	综合得分
知识运用	熟悉森林研学相关政策;熟悉森林研学的内容与特点	30			
技能掌握	能对国内森林研学资源进行整合并设计合理的森林研学活动方案;所设计的森林研学活动具有代表性,展示了较强的创新能力	35			
成果展示	符合学生研学需求,主题鲜明,特色突出;方案设计合理,具备较强的可行性;活动方案体现了良好的环保意识和安全意识,厚植生态文明理念,注重家国情怀教育	25			
团队表现	分工明确,沟通顺畅,合作良好	10			
合计		100			

 **自测题**

一、单项选择题

1. 旅游产品是（　　）的必然产物。
   A. 生活进化演替　　B. 旅游发展　　C. 物质发展　　D. 社会发展
2. 森林旅游产品是有形的，也是无形的，它能从（　　）和物质两个方面满足游客的需要。
   A. 社会需求　　B. 精神　　C. 生活需求　　D. 消费需求
3. 我国森林康养最早出现在（　　）。
   A. 北京　　B. 台湾　　C. 福建　　D. 江西
4. 森林研学源于"森林教育"理念，"森林教育"的概念起源于（　　）。
   A. 古罗马时代"为下一代着想"的思想根源
   B. 儒家的仁、义、礼、智、圣（信）、恕、忠、孝、悌等思想的分支
   C.《道德经》里的道法自然的思想
   D. 现代森林旅游兴起，体验经济到来后的衍生物
5. 森林研学作为自然教育中的重要一环，活动的开展旨在（　　）。
   A. 亲近自然　　B. 了解自然　　C. 热爱自然　　D. 保护自然

二、多项选择题

1. 生物景观可以分为植物旅游景观和动物旅游景观两大类，其中动物旅游观光产品有（　　）等几种形态。
   A. 珍稀动物　　B. 观赏动物　　C. 表演动物　　D. 迁徙动物
2. 森林旅游体验是人们在亲身实践过程中，通过各种感官如（　　）等对森林资源进行感受、认知，以及在其环境中进行各种活动的历程。
   A. 听觉　　B. 嗅觉　　C. 触觉　　D. 视觉
3. 最理想的森林浴季节是（　　）。
   A. 春季　　B. 夏季　　C. 秋季　　D. 冬季
4. 根据森林康养市场需求和功能需要，以实现康养的不同形式为基础，森林康养产品可以分为（　　）几种类型。
   A. 保健型、康复型　　　　　　B. 饮食型、运动型和文化型
   C. 休闲娱乐型、康复型　　　　D. 舒适型、体验型
5. 森林康养是以丰富多彩的森林环境、（　　）等为主要资源和依托，与现代各项产业有机结合，开展森林康复、疗养、疾病治疗、养生、娱乐、旅游等一系列有益人类身心健康的活动。
   A. 健康安全的森林食品　　　　B. 内涵浓郁的生态文化
   C. 丰富的森林康养活动　　　　D. 高质量的康养产品

三、填空题

1. _____可以说是开展自然教育、普及自然知识的最佳"课堂"。

2. 学者胡博将森林旅游产品定义为森林旅游经营者向_____和_____提供的一系列满足旅游消费者需求的基础要素集合。

3. 根据森林康养市场需求和功能需要，以实现康养的不同形式为基础，将森林康养产品划分为_____、_____、_____、_____和_____养生产品五大类。

4. 森林研学开展应本着_____的安全工作方针。

5. 森林研学的内容包括_____、_____、_____。

四、判断题

1. 游客服务中心也是旅游观光产品。（ ）
2. 观光产品是满足人们视觉审美功能需要的森林旅游产品形式，它是不会因为游客的消费而被消耗掉的、非独占性的产品。（ ）
3. 慢跑登山、瑜伽、打太极也算养生产品的形态。（ ）
4. 森林研学源于"森林教育"理念，其实践萌芽于18世纪的欧洲，德国创办了世界上第一所森林幼儿园。（ ）
5. 教育部门和学校负责森林研学的组织和管理。（ ）

项目四 森林旅游要素

数字资源

>> **知识目标**

(1) 了解旅游各要素在森林旅游中的地位与作用;

(2) 熟悉森林旅游交通、食品、住宿、购物、娱乐的类型与特点;

(3) 掌握旅游各要素在森林旅游景区的具体表现形式。

>> **技能目标**

(1) 能够给森林旅游者提供正确的讲解与周到的旅游服务;

(2) 能够从旅游六要素的角度为森林旅游景区发展森林旅游提供有效建议。

>> **素质目标**

(1) 通过介绍旅游六要素在森林旅游中的应用,增强生态教育、遗产保护、文化传承的使命感;

(2) 提高对专业的认同感、自信心和职业自豪感。

森林旅游以独特的资源优势,满足人们"崇尚绿色、回归自然"的愿望,是现代旅游发展的新趋势。森林旅游业的发展,促使森林旅游的六要素"吃、住、行、游、购、娱"配套服务体系日趋成熟,不仅创造了更多就业机会,更促进了经济的可持续发展。本项目将从这六要素入手,进一步了解森林旅游。

任务一 体验森林旅游交通

森林旅游交通是指森林旅游者利用各种交通设施,从旅游客源地到达森林旅游目的地的空间转移过程。森林旅游交通包括森林旅游区外部交通和内部交通两种方式。森林旅游区外部交通方式包括高速公路、高速铁路、航空运输等,如一些相对偏远的著名森林旅游风景区(西双版纳、扎兰屯、九寨沟、张家界等)都开辟了航空线路;森林旅游区内部交通方式包括"一路三道",即旅游公路、索道、栈道、游步道等。本书着重讲述森林旅游区的内部交通方式并介绍几种特色鲜明的森林旅游交通方式。

一、旅游公路

(一) 旅游公路的含义

旅游公路兼具交通与旅游双重功能,是绿色公路建设的重要内容。旅游与交通融合,实现双赢，是旅游产业发展的大势所趋。

近年来，随着越来越多的人拥有私家车，自驾游时代已经到来，公路成为个性出行和旅游消费升级的重要基础保障。各地旅游发展的实际也表明，许多风景优美的公路同样可以成为自驾游的游客向往的胜地。比如，国内北京延庆的百里画廊、河北张家口的草原天路、连接四川与西藏的川藏公路以及美国的1号公路等。

知识拓展

公路与旅游的融合发展

将"公路"与"旅游"两个关键词联结，很容易让人联想起被美国《国家地理》杂志评为一生中不可错过的50个景点之一、令无数自驾游爱好者和驴友心驰神往的无敌海景公路——美国1号公路。有人说：开车走1号公路，是一种享受，是一种生活态度，是一种人、海和阳光的融合。

近年来，中国政府屡屡发文，促进公路与旅游融合发展。2016年7月21日，交通运输部出台的《关于实施绿色公路建设的指导意见》提出，"着力拓展公路旅游功能"，要求实现公路与旅游的融合，使公路本身成为一道风景线。2016年12月7日，国务院印发《"十三五"旅游业发展规划》，提出以国家等级交通线网为基础实施国家旅游风景道示范工程。2017年7月18日，交通运输部联合国家旅游局等6部委发布《关于促进交通运输与旅游融合发展的若干意见》，明确要打造一批特色突出的旅游风景道示范工程。2017年11月，旅游公路示范工程开始申报，中国的旅游公路建设进入实质性的跨越阶段。

（二）旅游公路的特点

旅游公路的旅游特色突出，沿途具有地方代表性的旅游资源，一般可以与扶贫公路、绿色公路、红色旅游公路有机衔接。本书以交通运输部办公厅对旅游公路示范工程的标准要求来概述旅游公路的特点。

1. 公路主体工程综合服务水平高

路线和线位展现旅游公路的旅游价值，并通过支线等方式与沿线旅游资源相衔接，实现与大型旅游景区、旅游度假区、红色旅游区、扶贫重点村的公路连通。条件具备的路段增加车道、增设港湾式停车带等，结合地域环境特点和需求设置自行车道、步道等慢行系统，综合服务水平高。

2. 安全设施设置合理

按照公路工程技术标准和规范设置安全设施，充分考虑安全设施的景观影响，采用彩色标线、原石护栏等与自然融合度高的设施类型。设置慢行系统的路段，根据非机动车的安全性需要，尽可能采用自然式设计手法设置安全设施，保障非机动车安全。

3. 旅游服务设施趋于完善

旅游公路沿线按照布局合理、功能适当的原则，合理布设服务区、停车区、观景台、驿站、自驾车旅居车营地等旅游服务设施，提供游客集散、旅游资讯、餐饮住宿、风景观赏、休闲游憩、应急救助等服务。服务设施建设与周边旅游景区、村镇联合设置，通过挖掘旅游特色、展示地域文化、售卖土特产品等，带动当地旅游服务和特色经济发展。

4. 特色信息服务得到体现

"互联网+"思维在旅游公路建设上得到体现，在旅游公路沿线景区、乡村旅游点等重要旅游资源点设置标识标牌，方便游客获取旅游信息，使交通旅游大数据应用得以加强。

（三）特色森林旅游公路

1. 最美水上公路——湖北宜昌古昭公路

古昭公路于2015年8月9日通车，是我国首条水上生态环保公路，也是宜巴高速连接兴山县城的快速通道，位于王昭君的出生地湖北省兴山县，从兴山县古夫镇至昭君大桥。公路全长10.5km，宽12m，总投资4.4亿元。为保护生态环境，避免开山毁林，其中有4km建在峡谷溪流中，工程也因此多花了200万元。因这座特大桥架在河道中，故得名"水上公路"，又因夹岸风景秀丽，被人们称为"最美水上公路"。沿着这条公路行驶，除了可欣赏青山绿水的风景外，还可以到达白帝城、长江三峡、昭君故里、神农架、武当山等多个风景区。古昭公路所在的宜巴高速公路也被称为"湖北最美高速"。

2. 中国人的景观大道——318国道

318国道起点为上海，终点为西藏友谊桥，全长5476km（其中成都至拉萨全长2142km），是中国最长的国道。

318国道川藏南线是318国道最精华的部分，于1958年正式通车，被《中国国家地理》杂志称为"中国人的景观大道"。从雅安起与108国道分道，向西翻越二郎山，沿途越过大渡河、雅砻江、金沙江、澜沧江、怒江上游，经雅江、理塘、巴塘过竹巴笼金沙江大桥入藏，再经芒康、左贡、邦达、八宿、然乌、波密、林芝、墨竹工卡、达孜抵拉萨。318国道川藏南线在北纬30°线上，被誉为"中国人的景观大道"。平原、高山、峡谷、河流、草原、冰川、森林、野花、海子、雪山、湖泊、温泉、民居等迥然不同的景象，美到极致，触目可及。行走在这条路上，将翻越10余座海拔逾4000m的大山，跨过金沙江、怒江、澜沧江这三条大江，给人一种前所未有的空旷之感（图4-1-1）。

2006年第10期（总第552期）的《中国国家地理》杂志对318国道做了全面而深入的介绍：沿川藏公路进西藏，须翻高山、跨急流，路途艰辛且多危险，远山雪峰突立，阳光映照下，无数银光在蓝天下闪烁；接近峡谷处，山峦起伏跌宕，纵横交错，林海茫茫，层林尽染。从启程的那一刻起，便开始演绎让人一生难忘的美丽……是旅游探险爱好者和摄影师的极乐所在。

3. 国道227

国道227是《国家公路网规划（2013—2030年）》中的普通国道，是47条南北纵线中的一条，起点位于甘肃张掖，经青海、四川至终点云南孟连，路线全长3745km。国道最美段起于青海西宁，终于甘肃张掖，全程347km，连接了大通、门源、祁连3个美丽县城，横穿祁连山，沿途经青海湖、祁连山、门源油菜花、民乐扁都口、达板山观景台等著名景点。这条路比较适合七八月自驾游，沿路阳光、大山、油菜花（图4-1-2）、冰川、花海、河谷等都可以看到。同时这条路线也是丝绸之路的其中一段。汉朝霍去病攻打匈奴、张骞第一次出使西域，都从这条路上经过。

图 4-1-1　318 国道

图 4-1-2　门源油菜花

4. 秋天中最美森林公路——乌带公路

伊春市乌翠区有一条通往大箐山县的森林公路，全程约 100km，最早时是一条由原乌马河区通往带岭林业局的运材公路，"乌带公路"因此而得名。

从乌翠区车行大约 38km 处的宝宇（天沐）森林生态小镇，是国家级森林康养基地、省级旅游度假区，依山傍水，静谧雅致，处处彰显自然与人文之美。小镇有宝宇龙花温泉酒店、特色森林民宿群、国际医养中心、森林穿越基地和呦鹿农场体验基地，游客可以在这里的森林民宿小住、体验养生温泉、乘坐热气球观林海、体验森林康养步道、乘坐汽车越野穿越、观赏野生动物（寻找森林精灵——梅花鹿）等。

二、索道

（一）索道的定义

索道又称吊车、缆车，是由驱动机带动钢丝绳，牵引车厢沿着铺设在地表并有一定坡度的轨道上运行，用以提升或下放人员和货物的运输机械。索道是森林旅游中常用的一种交通工具，通常在崎岖的山坡上运载乘客或货物上、下山（图 4-1-3）。根据中国本领域专业命名规则，车厢和钢绳架空运行的缆车设备，定义为架空索道。

图 4-1-3　索道

（二）索道的特点

1. 安全保障要求高

当车厢在运行中发生超速、过载、越位、停电、断绳等事故时，要有相应的安全措施保证乘客安全。

2. 使用受到限制

由于索道对地形的适应性较差，建设费用高，长距离运输效率低，因此它的应用和发展受到限制。

（三）特色森林旅游索道

1. 天门山索道

天门山索道是世界最长的高山客运索道，位于张家界天门山。共有轿厢 98 个，索道支架 57 个（含 3 个救护支架），全部采用法国原装进口设备。索道全长 7455m，高差 1279m，是国内为数不多高差超过千米的索道之一，其中站到上站之间的局部斜度高达 38°，为世界罕见，是国内局部斜度最大的索道，同时也是支架最多的索道。

2. 华山索道

华山索道全长 1550m，索道从山脚沿当年"智取华山"的小道上空飞架，直达北峰，落差近 800m。华山索道使不同年龄、不同体质的游客都能领略到华山之美。

3. 黄山索道

黄山索道位于国家 AAAAA 级旅游景区黄山。其修建目的主要是减轻风景区的接待压力及物资运送压力。黄山索道共有云谷索道、玉屏索道、太平索道、黄山西海大峡谷观光缆车 4 条路线。

4. 太平山山顶缆车

太平山山顶缆车是香港的机动公共运输工具，它是与香港电车、天星小轮齐名的拥有百年以上悠久历史的交通工具。太平山山顶缆车是登香港太平山顶的最主要交通工具，来往中环花园道和太平山顶，路轨依山势而建，全长 1365m，车程约 8min，缆车最陡的角度达 27°。

5. 玉龙雪山大索道

玉龙雪山大索道全长 2914m，垂直高差 1150m，是我国海拔最高的旅游客运索道之一。从丽江古城北行约 35km，从甘海子雪山庄西行约 5km，便来到了雪山脚下的下部站。下部站是玉龙雪山大索道的起点站，海拔 3356m，是一片茂密的原始森林。索道由此往上运行，直至玉龙雪山主峰扇子陡正下方的上部站。上部站海拔 4506m。

三、国家森林步道

据相关部门统计，2015 年以来，我国户外长距离徒步群体已从 2000 余万人上升到 6000 余万人。2019 年国家林业和草原局组织的 4000 份问卷调查数据显示，89.4%的受访者野外徒步的动机是接触大自然，85.1%的受访者喜欢在森林中徒步，长距离徒步穿越自然荒野受到越来越多民众的青睐。面对大众日益高涨的回归自然以及荒野徒步的需求，国家已经积极引导与规范森林步道的建设，让游客获得更好的体验与配套服务。

（一）国家森林步道的含义和专用标志

国家森林步道是指穿越重要山脉和森林区域、具有不同的自然风光和历史文化特征、长度超过 500km、主要供人们以徒步形式深入体验大自然的带状休闲空间。国家森林步道是国家基础设施建设的重要组成部分，是国家形象的重要组成元素，是肩负着生态教育、遗产保护、文化传承、休闲服务、经济增长等诸多使命的自然与文化综合体。

国家森林步道专用标志由图形和文字构成（图 4-1-4）。图形主体是深绿与浅绿的剪影，分别代表森林和草原，中间留白既代表步道，也代表湿地，象征步道途经森林、湿

图 4-1-4　国家森林步道专用标志

地、草原等自然生态系统。标志文字由"国家森林步道"和"NATIONAL TRAIL"组成，位于图形正下方。标志整体采用印章的形式，元素完整，构图稳重，色彩简洁，传统文化内涵丰富。

（二）国家森林步道的意义和特点

国家森林步道大跨度跨越以森林为本底的名山大川，让人们有机会走入森林、荒野，欣赏自然之美，在塑造国家形象、建设生态长城、传承国家精神、拓展森林旅游发展空间上具有重要意义。

国家森林步道在建设中突出了以下特点：

保持自然荒野 通过有限度的建设，保留步道及其周边的自然荒野风貌，保持生态系统完整性和原真性。

塑造国家形象 展现具有国家代表性的地脉、林脉、文脉，塑造国家形象。

展现地域文化 步道穿越具有人文特色的区域，展现不同地域的文化内涵。

注重人地安全 森林步道的线路选择、建设与维护采取低影响措施，保护生态的同时考虑徒步者人身安全。沿步道设置道路指示牌，确保徒步者不会迷失方向。

提供有限服务 确保森林步道自然荒野特性的同时，最低限度建设服务设施和营地，解决长距离徒步的食物补给和阶段性休息问题，满足徒步者基本生存需求。

（三）我国已建国家森林步道

2017年6月，《国家森林步道建设规范》发布，当年9月开始实施。2018年，中共中央、国务院印发的《国家乡村振兴战略规划（2018—2022年）》要求，在贫困地区建设一批国家森林步道。2019年，新修订的《中华人民共和国森林法》明确把"森林步道"纳入林业建设范畴。截至2020年10月，国家林业和草原局先后公布了3批12条国家森林步道，分别是秦岭国家森林步道、太行山国家森林步道、大兴安岭国家森林步道、武夷山国家森林步道、罗霄山国家森林步道、天目山国家森林步道、南岭国家森林步道、苗岭国家森林步道、横断山国家森林步道、小兴安岭国家森林步道、大别山国家森林步道、武陵山国家森林步道，沿线途经20个省份，全程超过2.2万km。

1. 第一批国家森林步道

2017年11月13日，国家林业局公布了第一批5条国家森林步道名单，分别是秦岭国家森林步道、太行山国家森林步道、大兴安岭国家森林步道、罗霄山国家森林步道、武夷山国家森林步道。这5条国家森林步道位于我国东北、华北、中部、华东和中南地区，总长度上万千米，串起52处国家森林公园、27处国家级自然保护区、3处国家公园、19处国家级风景名胜区、15处国家地质公园、6处世界文化遗产地，以及众多古村古镇，是中华民族的地理地标、生态地标和文化地标。

（1）秦岭国家森林步道

列在了首批5条国家森林步道的首位，被命名为"国家一号步道"。它是全国第一条国家森林步道，是国家森林步道标准的诞生地。该步道是首批5条国家森林步道中唯一一条东西走向的步道，东起于伏牛山南麓的河南省镇平县，经商山进入陕西省境内，先后穿越了河南、陕西、甘肃3省，全长2202km。它是国家层面上的集文化、教育、旅游、运动、休闲、健身、环保、产业于一体，满足群众户外运动休闲需求的线状公共服务体系。这条步道将对区域经济发展起到重要的推动作用。

(2) 太行山国家森林步道

穿越华北地区，北端位于北京关沟古道，南端位于河南神农山，全长2200km。太行山是华北平原和黄土高原的天然分界线，温带天然林广泛分布，是华北民众走向自然荒野的最近的平台。中太行和南太行千峰耸立、万壑沟深，景观独特。穿越佛教圣地五台山、八达岭长城、抗日战争八路军总部所在地。该步道是目前全国12条国家森林步道中唯一一条直通首都北京的国家森林步道，步道济源段成为我国第一条正式向社会开放的国家森林步道。

(3) 大兴安岭国家森林步道

南起最高峰黄岗梁，北至我国北极点漠河，全长3045km。大兴安岭是内蒙古高原与松辽平原的分水岭，黑龙江的源头。步道北段的大兴安岭林区是我国保存完好、面积最大的国有林区，最北部仍然处于原始状态；中段拥有亚洲最完整、面积最大的火山地貌景观，森林景色壮美；南段疏林优美，是第四纪冰川遗迹的绝佳观赏地。该步道沿途森工文化、蒙古族文化氛围浓郁。

(4) 罗霄山国家森林步道

南端位于江西阳岭，北端在湖南五仙山，全长1400km。罗霄山脉是湖南、江西两省的天然分界线，湘江和赣江的分水岭。步道沿线群山巍峨、层峦叠嶂，千年鸟道从此经过。井冈山被称为"中国革命的摇篮"，幕阜山、武功山则是佛教、道教圣地。

(5) 武夷山国家森林步道

南端位于福建省梁野山，过江西上饶，经福建、江西、浙江三省交界的仙霞古道和廿八都古镇，向北延伸到浙江省九龙山，全长1160km。武夷山地势高峻雄伟，丹霞地貌典型，地带性植被为中亚热带常绿阔叶林。武夷山也是世界著名的理学名山以及客家文化聚集地。

2. 第二批国家森林步道

2018年11月26日，国家林业局公布第二批国家森林步道名单，包括天目山国家森林步道、南岭国家森林步道、苗岭国家森林步道、横断山国家森林步道4条国家森林步道。

(1) 天目山国家森林步道

该步道呈东北—西南走向，全长1130km。沿线有莫干山风景名胜区、竹乡国家森林公园、天目山国家级自然保护区、清凉峰国家级自然保护区、钱江源国家公园(试点)、婺源森林鸟类国家级自然保护区、鄱阳湖口国家森林公园、庐山世界遗产地、庐山西海国家湿地公园等多处自然保护地，有集儒、道、佛教于一体的三教名山和历史文化名山天目山以及世界瓷都景德镇、徽州古城等古镇、古城和历史文化遗迹，串联了徽杭古道、徽饶古道等著名的古道，全线森林占比80%。

(2) 南岭国家森林步道

该步道呈东西走向，全长3016km，途经九连山国家级自然保护区、仁化丹霞世界遗产地、九嶷山国家级自然保护区、大瑶山国家级自然保护区、桂林喀斯特世界遗产地、都庞岭国家级自然保护区、崀山世界遗产地、猫儿山国家级自然保护区和南山国家公园（试点）等自然保护地。步道串联起蒽茅岭"八卦围"、满堂客家大围等客家民居、瑶族古都千家峒、九嶷山舜帝陵、灵渠等古镇、古村落和历史文化遗迹，沿线有梅关古道、西京古道等，沿途多古桥梁、古凉亭等，全线森林占比65%。

（3）苗岭国家森林步道

该步道呈东西走向，全长1118km。沿线有万佛山-侗寨风景名胜区、黎平国家森林公园、雷公山国家级自然保护区、龙架山国家森林公园、黄果树风景名胜区、黄果树国家湿地公园、关岭化石群国家地质公园、黄果树瀑布源国家森林公园等自然保护地。步道途经"苗疆走廊"，囊括了苗族、侗族、布依族等多民族文化，沿线有肇兴鼓楼群、西江千户苗寨、滑石哨布依民族保护村等，全线森林占比61%。

（4）横断山国家森林步道

该步道呈南北走向，全长3302km。沿线有西双版纳国家级自然保护区、哀牢山国家级自然保护区、苍山洱海国家级自然保护区、三江并流世界遗产地、玉龙雪山冰川国家地质公园、贡嘎山国家级自然保护区、四姑娘山风景名胜区、卧龙国家级自然保护区及大熊猫国家公园（试点）等自然保护地。途经西双版纳橄榄坝、大理古城、丽江古城、泸沽湖摩梭村寨及藏族、羌族村寨等多处西南民族特色古镇和村寨，步道多处串联茶马古道、南方丝绸之路及红军万里长征之路等古道和线路，全线森林占比90%。

3. 第三批国家森林步道

2019年8月5日，国家林业和草原局公布第三批国家森林步道名单，包括小兴安岭国家森林步道、大别山国家森林步道和武陵山国家森林步道3条国家森林步道。

（1）小兴安岭国家森林步道

该步道呈西北—东南走向，全长1464km。沿线有黑龙江桃山国家森林公园、凉水国家级自然保护区、五营国家森林公园、丰林国家级自然保护区、伊春花岗岩石林国家地质公园、红星湿地国家级自然保护区、大沽河湿地国家级自然保护区、五大连池风景名胜区、胜山国家级自然保护区、中央站黑嘴松鸡国家级自然保护区等多处自然保护地，有瑷珲古城、西岗子老羌城等古城和历史文化遗迹，串联了墨尔根古道等著名的古道。步道全线森林占比82%，穿越温带针阔混交林和寒温带针叶林，主要路段由土路组成。

（2）大别山国家森林步道

该步道呈东西走向，全长840km。沿线有安徽花亭湖风景名胜区、天柱山国家森林公园、大别山（六安）国家地质公园、金寨天马国家级自然保护区、湖北大别山（黄冈）国家地质公园、河南连康山国家级自然保护区、鸡公山国家级自然保护区、湖北中华山国家森林公园、大贵寺国家森林公园、河南淮河源国家森林公园等多处自然保护地。有天堂寨、田王寨等古村寨，途经武胜关、平靖关、铜锣关等著名关隘。全线森林占比75%，穿越北亚热带森林和中亚热带森林，主要路段由土路、石板路等组成。

（3）武陵山国家森林步道

该步道呈南北走向，全长1162km。沿线有贵州石阡温泉群风景名胜区、梵净山国家级自然保护区、湖南南华山国家森林公园、矮寨国家森林公园、保靖酉水国家湿地公园、张家界国家森林公园、壶瓶山国家级自然保护区、湖北五峰后河国家级自然保护区、木林子国家级自然保护区、重庆长江三峡风景名胜区等多处自然保护地,有凤凰古城、芙蓉古镇、尧上仡佬族村寨、德夯苗寨等古城、古镇、古村寨,途经川盐古道等著名古道。全线森林占比70%,穿越中亚热带森林,主要路段由土路、石板路等组成。

大开眼界

国外国家步道的建设

长程(即长距离)步道建设在西方国家由来已久。具有划时代意义的是匈牙利的蓝色步道和美国的阿巴拉契亚步道,在20世纪20年代末建成。美国的长距离步道以《国家步道体系法案》的形式,于1968年纳入国家步道体系,由美国国会批准,正式定名为国家步道。按照美国国家公园关于自然保护地的分类,其国家步道类似于带状的国家公园。

第二次世界大战后,欧美国家相继开展了大规模的国家步道建设。美国国家步道的地位等同于国家公园、国家森林等高等级遗产地。步道及其周边土地受到法律的保护,有效地促进了国家步道系统规范化、规模化、快速化地发展。美国农业部林务局及内政部国家公园管理局和国土局负责步道的建设和管理,在数十年中,持续建设了一批具有鲜明特征的步道,步道总长超过8.7万km,跨越州域甚至连绵数个、十几个州。据统计,2014年有3630万人次参与到美国国家步道的徒步活动,阿巴拉契亚步道的徒步者有200万~300万人次。

英国官方设立的第一条也是最为重要的步道——奔宁步道于1965年建成,之后,又相继设立了其他14条国家步道,总长度超过4000km,纵横英格兰岛。加拿大的大步道于2017年8月建成,全长2.4万km,从大西洋到太平洋和北冰洋,穿越全国所有省份。澳大利亚的两百年国家步道全长5330km。新西兰的蒂阿拉罗阿步道全长3000km。

四、栈道

在中国,古栈道在军事防备、物资运输、民间生活等方面发挥了重要的作用。古栈道文化是一种宝贵的文化遗产,在森林旅游中应当认真做好古栈道旅游资源的发掘、整合与开发利用工作,充分延伸古栈道的资源价值。

(一)栈道的定义

栈道原指沿悬崖峭壁修建的一种道路,又称阁道、复道。人们为了在深山峡谷通行道路,且平坦无阻,便在悬崖峭壁上用器物开凿一些棱形的孔穴,孔穴内插上石桩或木桩,上面横铺木板或石板,可以行人和通车。为了防止这些木桩和木板被雨淋变朽而腐烂,又在栈道的顶端建起房亭(亦称廊亭),这就是阁(亦称栈阁)。相连贯的称呼就叫栈阁之道,简称为栈道。中国古代高楼间架空的通道,也称栈道。栈道是古代交通史上的一大发明。

(二)栈道的类型与作用

森林旅游景区内,栈道根据材质的不同可分为木栈道、钢筋混凝土修筑的水泥栈道,以及极富刺激震撼感觉的玻璃栈道等;依据连接对象不同,可以分为山体栈道(图4-1-5)和水体景观栈道。

图 4-1-5　江西三清山山体栈道

山体栈道一般分布在山区居民居住区和森林旅游风景区。山区居民居住区栈道主要起到交通枢纽的作用，是山区和山区之间、山里和山外的沟通桥梁；森林旅游风景区的栈道一般是丰富景区视觉景观的层次性，增加游客的游玩情趣，刺激游客的旅游欲望和对人们探索神秘空间的诱导。

水体景观栈道是介于水体和驳岸之间的一种景观构筑物，主要出现在旅游景区，起着围合、引导和疏散作用，或是为维护景区的自然生态环境，把人的路线隔离开来，给周边的生物预留一些活动的空间。

（三）国内惊险悬空栈道

1. 华山长空栈道

西岳华山历来被认为是五岳中最为险峻的一岳，而南峰万仞绝壁上的长空栈道，更是险中之险。长空栈道是"全球十大最恐怖的悬崖步道"之一，栈道边是悬崖绝壁，铁索横悬，由条石搭成尺许路面，下由石柱固定，在约2160m高的峭壁上凿出踏脚之处，脚下便是万丈深渊。游人面壁贴腹，安全带一头固定在峭壁一侧的铁索上，即使系上安全带，游人走在这样的栈道上还是胆战心惊，屏气挪步。由于栈道险峻，故当地人有"小心小心九厘三分，要寻尸首，洛南商州"之说。这里只是探险之道，并非登山必由之路，胆小的游客观望一下即可，体力和胆量没有把握则不要轻易冒险。因此，石刻上有不少警告之语等。

2. 张家界天门山玻璃栈道

天门山古称云梦山、嵩梁山，是张家界最早被记入史册的名山，为"张家界之魂"，更有"湘西第一神山"的美誉。天门山玻璃栈道长60m，最高处海拔1430m，全线都立于万丈悬崖之上，给人与悬崖共起伏、同屈伸的感觉（图4-1-6）。该玻璃栈道是天门山山顶的主打精华特色游道，这条看着就让人腿软的玻璃栈道给人带来的刺激震撼感可与举世闻名的美国大峡谷玻璃走廊"天空之路"媲美。为了让游客零瑕疵地透过玻璃桥看到美丽的风景，上桥的游客均要求戴上鞋套，以保持玻璃桥的透明和干净。

3. 保定涞源白石山玻璃栈道

白石山雄踞太行山最北端，而让白石山名扬天下的就是这段全国最长、最宽、海拔最高的悬空玻璃栈道。这条栈道海拔1900m，长95m，宽2m，步步惊心。虽然看起来惊险，但在游览风光带来别样体验的同时，也很有安全保障。

图 4-1-6　张家界天门山玻璃栈道（严慧琳　摄）

4. 山西宁武悬崖古栈道

这条栈道位于山西省忻州市宁武县，悬崖上的几座悬空佛寺始建于唐代，由总长 21km 的栈道连通，构成了我国佛教界罕见的水平帘洞式悬空古刹栈道群。悬崖栈道的攀爬较为艰险，"藏山峰顶接云天，栈道逶迤难登攀"。要上栈道，必须攀登 208 级台阶，越往上越陡，最后一段陡阶几乎直上直下，需要手脚并用。

5. 甘肃麦积山栈道

麦积山海拔 142m，麦积山石窟多凌空凿于 20~80m 的悬崖峭壁上，由崖阁、摩崖龛、山楼、走廊、小洞组成，栈道"凌空穿云"，其惊险陡峻为世间罕见，洞窟大多开凿在悬崖峭壁之上，洞窟之间全靠架设在崖面上的凌空栈道通达。游人攀登上这些蜿蜒曲折的凌空栈道，不禁惊心动魄。麦积山石窟艺术，以其精美的泥塑艺术闻名中外，历史学家范文澜曾誉麦积山为"陈列塑像的大展览馆"。如果说敦煌是一个大壁画馆，那么，麦积山则是一座大雕塑馆。这里的雕像，大的高达 16m，小的仅 10cm 有余，体现了千余年来各个时代塑像的特点，系统地反映了我国泥塑艺术的发展和演变过程。这里的泥塑大致可以分为突出墙面的高浮塑、完全离开墙面的圆塑、粘贴在墙面上的模制影塑和壁塑 4 类。其中数以千计的与真人大小相仿的圆塑极富生活情趣，被视为珍品。

五、森林旅游度假列车

（一）森林旅游度假列车的定义

目前国际上并没有森林旅游度假列车的说法，国内只是在 2017 年呼伦贝尔草原森林旅游度假列车项目开始启动时出现了"呼伦贝尔草原森林旅游度假列车"的字眼，而对于国外类似的列车，通常把它们称为豪华列车或奢华列车。1883 年，第一辆东方快车驶出巴黎站台，直通"近东"伊斯坦布尔，就此诞生"奢华旅行"概念并轰动西欧社会。

综合国际和国内关于森林旅游景区交通方式的相关描述，本书把森林旅游度假列车定义为：森林旅游度假列车是以高端化、跨空间、全季节为核心，集旅游观光、餐饮住宿、文化体验于一体的舒适便捷的慢旅行交通工具。目前，森林旅游度假列车已经成为突破季节限制、跨越大尺度空间的旅游度假产品，乘坐森林旅游度假列车出游是全景、全季候、高品质的生态旅行度假方式，在列车上就可以体验吃、住、行、游、购、娱六大旅游元素。

(二)森林旅游度假列车的特点

1. 沿线景观丰富独特

森林旅游度假列车深入景观腹地,沿线景观串联性强,且都融合了当地文化与风土人情。如呼伦贝尔草原森林旅游度假列车就将呼伦贝尔至兴安盟的沿线草原、森林、湿地等景观串联进行展现,推出"六天五晚"精品旅游线路,带领旅客穿草原、越林海、观湿地、赏湖泊、跨河流、品民俗,全方位领略壮美神奇的呼伦贝尔。

2. 酒店式旅行体验

森林旅游度假列车就像一个带着车轮行驶的五星级酒店,美食餐厅、酒吧和休息室、套房浴室、全景式观景台都是它的特色,游客在列车中就可以享受到酒店式的旅行体验,品尝到当地具有特色民族风味的美食。如加拿大落基山之光列车(Rocky Mountaineer),不单有全景式观景台,在中文车厢还提供全中文服务。

3. 提供贴身管家服务

列车上给游客提供高素质、高水平管家式服务,照顾游客出行起居,还可以针对不同游客群体定制不同年龄需求的专属服务。

4. 娱乐活动丰富多彩

如呼伦贝尔森林旅游度假列车上有传统民歌、蒙古演绎、民族文化为主题的特色活动,还有马头琴大师、蒙古乐团等在车厢内进行蒙古草原故事、小型蒙古风音乐表演等,游客还可以参与互动。

森林旅游度假列车还具有平均时速较慢(瑞士的冰川快车平均时速仅30km)、搭乘游客不多的特点。此外,为了让游客更好地观光,一般还会有中途下车游览的安排。国外一些森林旅游列车为了更有时代感,对游客的着装也会有要求,如男士至少身着夹克、佩戴领带,女士身穿小礼服等。

(三)特色森林旅游度假列车——呼伦贝尔草原森林旅游度假列车

2019年12月,中车唐山公司为呼伦贝尔草原森林旅游线路量身打造的"呼伦贝尔号"旅游列车正式上线运营。这是国内首列由25G型铁路客车升级改造的旅游专列,填补了国内铁路高端旅游市场的空白。

与普通25G型铁路客车不同,"呼伦贝尔号"旅游列车更加舒适、安全、便捷。列车采用低碳环保的LED光源,配备宽敞包间、带淋浴系统的独立卫生间及高端座椅,全列车的卫生间配备真空集便系统,游客在列车上可享受到酒店式的旅行体验。列车包含高级商务车、高级软卧车、高级软座车、儿童主题车、多功能车、普通软卧车、休闲娱乐车、民族文化餐车和文化沙龙车等10种车型,每次载客200余人(图4-1-7)。

图 4-1-7 呼伦贝尔草原森林旅游度假列车

呼伦贝尔草原森林旅游度假列车把海拉尔、满洲里、阿尔山、完工、巴日图包含的白音哈达草原营地、诺干湖草原营地、满洲里国门与套娃景区、阿尔山国家森林公园等典型的草原、森林、湿地、人文景观串联起来进行充分展现，游客在列车上就可以观赏到呼伦贝尔的美景，同时品尝当地特色美食，体验各地特有的文化娱乐活动。

大开眼界

铁轨上的豪华游轮——非洲之傲

在非洲大陆的南端，南非共和国的行政首都比勒陀利亚坐落着一座具有优雅的维多利亚时代建筑风格的私家火车站，这里就是"非洲之傲"Rovos Rail 的家。

"非洲之傲"的诞生，源于英裔南非富商罗罕·沃斯(Rohan Vos)先生的一次经历。他本是做汽配生意的，在一次古董蒸汽火车旅行后，一发不可收拾地爱上了这项活动。几年后的1989年，他创办列车公司并将其命名为"非洲之傲"。如今"非洲之傲"已经成为顶级豪华列车的代名词。Rohan Vos 也已经将自己的其他产业悉数转让，把全部精力用于打造自己的火车帝国。有"铁轨上的豪华游轮"之誉的"非洲之傲"以其遍布南非以及非洲南部的10余条经典旅行路线赢得了无数名流显贵以及浪漫情侣的青睐。

"非洲之傲"共有3列，列车的每一节车厢都是Rohan Vos从世界各地收集而来，很多车厢都有150多年历史，经过重新装饰，变成了维多利亚风格的流动五星级酒店。火车的平均时速只有70km，一列火车最多只搭乘72名乘客。车厢为全木结构，地板加热，有独立空调系统，在每间十几平方米的套房里面，5 扇大窗可以随时开启，一张特大号床固定在房间一侧，房中还有一张小桌和两个沙发，以及装有电子保险箱、浴袍和常用旅行用品的大号衣橱。每个包厢内均有独立的卫生间，而且有水量充足的24h热水，超大淋浴房摆放带有维多利亚式爪足的大浴缸，还有全套卫浴设施。游客甚至可以享受到在飞驰的列车上躺在浴缸内欣赏落日余晖的无比美妙的感觉。

包厢内有小型迷你酒吧，包含多种酒精类和无酒精类软饮等，全程免费饮用。火车上还有丰盛的自助早餐及顶级西餐和南非特色食品，也都是包含在车票内。车上还有小型图书馆和小邮筒。休闲区车厢提供下午茶。

列车的尾部为全景展望车厢，车厢后端是甲板式眺望台，站在那里极目远眺，非洲原始而自然的景色尽收眼底，经常会有羚羊、鸵鸟等野生动物出没在铁路两侧的原野上。游客并不总是待在火车上，中途会下车，参观当地著名的一些景点，如南非著名的钻石之城金伯利、荒原古镇马杰斯方丹。如果坐长途列车，还可以感受火车从维多利亚大瀑布上穿行的场景。

森林旅游交通

1. 要求

选择当地著名森林旅游景区，对其旅游可进入性进行调研，并根据景区资源特点对其旅游交通提出进一步的规划建议，制作 PPT 进行汇报。

2. 方法与步骤

(1)学生分组：按 7~8 人一组，确定组长，实行组长负责制。

(2)收集资料：通过访谈、实地调研、上网查找等方式收集景区交通资料。

(3)课堂汇报：对资料进行整理和分析，提出进一步的规划建议，制作 PPT 进行课堂汇报。

3. 考核评价

根据表 4-1-1 对上述实训的结果进行评价。

表 4-1-1　评价表

评价项目	评价标准	分值	教师评价得分（占 70%）	小组互评得分（占 30%）	综合得分
成果内容	资料收集全面，内容翔实	30			
	建议中肯，具有可操作性	20			
	体现生态文明和森林旅游资源保护	10			
课堂汇报	语音、语调准确，语言表达流畅、清晰、生动	10			
	汇报内容全面，重点突出	20			
	有礼貌，礼节适当，仪容仪表方面整洁得体、自然大方	10			
合计		100			

任务二　品味森林旅游美食

森林旅游除了有不可错过的美景，还孕育着不可错过的美食。可食用的根、茎、叶、花和菌类是重要的食品资源，这些资源是大自然赋予人类的珍贵"自然遗产"，它们营养丰富，口味独特，没有污染，有些还可以防治多种疾病，具有一定的保健功效。在森林旅游过程中，游客不但可以大饱口福，还可以购买自己需要或喜爱的森林食品，这已经成为森林旅游活动的一个重要环节。

森林旅游食品主要分为以下几类。

一、森林野菜

森林野菜也称山野菜、长寿菜，是指生长在森林地段或森林环境中，可作蔬菜食用的森林植物，是一类重要的可食性植物资源。我国可以食用的野菜有 400~500 种。

森林中这些数量众多的野菜，大多数处于野生状态，它们以营养丰富、味道鲜美、洁净无污染并兼有药用和保健价值而备受人们的青睐。

（一）森林野菜的特点

被称为"天然绿色食品"的森林野菜具有以下几个特点。

(1)适应性强，成本低

野菜多生长在林下、林缘、山坡、河岸、田边，由于长年受自然界风雨的洗礼，对自然环境的适应力强，抗逆性强，少病虫、无污染、鲜嫩度高。

(2)营养价值高

野菜多清香可口，富含人体所必需的糖、脂肪、蛋白质、矿物质及多种维生素，部分营养成分含量甚至超过栽培蔬菜。长期食用能起到增进健康的作用。

(3)医食同源

野菜不仅可食用，而且大部分还具有药用价值，可防老抗衰和防病、治病。如牛蒡、蒲公英等能缓解和治疗热性疾病，具有清热、解毒平肝的功效。

(4)部分有毒，食用前需进行预处理

野菜并非所有的都可食用，部分野菜因含有生物碱、苷类和毒蛋白等物质而具有毒性，故食用时，需经开水冲烫、水洗或盐水煮等，以减少毒性。

(二)森林野菜的分类

森林野菜种类繁多，有多种不同的分类方法。按其生长形态的不同，可分为：木本类，如香椿、省沽油、黄连木、合欢、刺槐等；草本类，如大野豌豆、鱼腥草、蕨菜、马齿苋等；真菌类，如香菇、羊肚菌、蘑菇等。根据其可供食用的部位和器官的不同，可分为：茎菜类，如毛竹、枸杞、蕨菜等；叶菜类，如香椿、刺龙芽、马齿苋等；花菜类，如槐花、黄花菜等；根菜类，如魔芋、桔梗、野百合、玉竹等；菌菜类，如猴头、黑木耳、香菇等。

本书介绍两种生活中常见的可食用森林野菜。

1. 糯米团

又叫捆仙绳、糯米草，为荨麻科糯米团属多年生草本植物。根粗壮，肉质，圆锥形，有支根；表面浅红棕色；不易折断，断面略粗糙，呈浅棕黄色。茎黄褐色。叶多破碎，暗绿色，粗糙有毛，气微、味淡(图 4-2-1)。通常生长在溪谷林下阴湿处、山麓水沟边。中医记载糯米团清热解毒、健脾、止血。糯米团不光是一味清热解毒的草药，还是一道美味菜肴，无论炖煮还是煎炒，都味道微苦，回味甘甜，尤其配合肉类炖煮味道奇佳。

2. 马齿苋

马齿苋为马齿苋科马齿苋属一年生草本植物，广布全世界温带和热带地区，在中国南北各地均有。喜肥沃土壤，既耐旱，也耐涝，生命力强，生于菜园、农田、路旁，为田间常见杂草(图 4-2-2)。全草供药用，有清热利湿、解毒消肿、消炎、止渴、利尿的作用；种子明目；嫩茎叶可作蔬菜，味酸，也是很好的饲料。

二、森林野果

森林可谓是天然的"水果仓库"。目前对于森林野果尚无明确定义，本书采用王晓鹏(2001)对野果植物资源的定义：野果植物资源是指处于野生状态，未经人类驯化栽培，其种子或果实具有一定食用价值的一类植物资源。

图 4-2-1 糯米团

图 4-2-2 马齿苋

森林野果营养丰富，口味独特，而且没有污染，有些野果还可以防治疾病，具有一定的保健功效。野果不仅可以直接食用，还可以制成水果罐头、果酱、果汁、果茶等，有的还能熬糖或提取维生素、食用色素等。随着社会的发展，科学技术的进步，越来越多的野果资源被人们发现和开发利用，不断地为食品、保健饮料加工业等提供新的原料，开发出多种野生保健食品。

本书介绍几种生活中常见的可食用森林野果。

1. 酸浆

酸浆有很多美好的别称，如红姑娘、挂金灯、洛神珠、蓝花天仙子等，在我国南北均有野生资源分布，但北方人多称其为"菇茑"或"姑娘儿"，皖北和苏北的农村地区则多称其为"香泡泡"或"泡泡草"。酸浆为茄科酸浆属多年生草本，多生于林间、路缘，也可盆栽观赏，果枝可制作干花。浆果为圆球形，光滑无毛，成熟时呈橙红色或黄色，宿存花萼在结果时会增大，厚膜质，膨胀如灯笼，疏松地包围在浆果外部（图4-2-3）。

酸浆果实味道酸甜，可生食、糖渍、醋渍或制作成果酱、果脯，也可用来制作酸浆果焖青虾等各种佳肴。除了外形可爱、味道酸甜等优点之外，酸浆果实的营养极为丰富。它富含维生素C、胡萝卜素以及20多种矿质元素和十几种人体所需的氨基酸，对治疗再生障碍性贫血有一定疗效。而且酸浆的根、宿萼也可药用，可谓全身是宝。

2. 林中野草莓——覆盆子

覆盆子为蔷薇科悬钩子属木本植物，果实形状与山莓、草莓相似，所以也有人称其为"野草莓"（图4-2-4）。《别录》记载："南土覆盆极多。悬钩是树生，覆是藤生，子状虽同，而覆盖色乌赤，悬钩色红赤，功亦不同。"

覆盆子果实味道酸甜，药用价值极高，是补肾良药。《药性论》言其"主男子肾精虚竭，女子食之有子"；《日华子本草》对其功效的介绍为"安五脏，益颜色，养精气，长发，强志"；《开宝本草》说它可以"补虚续绝，强阴健阳，悦泽肌肤，安和脏腑"；《本草述》《本草衍义》《别录》等著作也对其补肾治虚的功效进行了介绍。

图 4-2-3　酸浆

图 4-2-4　覆盆子

3. 拐枣

拐枣学名为俅江枳椇，又名万寿果、鸡爪子等，为鼠李科枳椇属枳椇的变种。果序轴肥厚，含丰富的糖，因此有"糖果树"的盛名（图 4-2-5）。果实含有丰富的有机酸、苹果酸钾等无机盐类，多种维生素和 18 种人体必需的氨基酸，以及铁、磷、钙、铜、锰、锌等营养微量元素和一些生物碱。可生食、酿酒、熬糖，民间常用以浸制拐枣酒。拐枣能治风湿，种子为清凉利尿药，能解酒毒，适用于热病消渴、酒醉、烦渴、呕吐、发热等症。

4. 桃金娘

桃金娘是桃金娘科桃金娘属灌木，高可达 2m，生长在红黄壤土丘陵坡地，是酸性土的指示植物。在我国主要产于台湾、福建、广东、海南、广西、云南、江西、贵州及湖南最南部。夏日花开，绚丽多彩，灿若红霞，边开花边结果。成熟果呈紫黑色，可食用，也可酿酒，是鸟类的天然食源（图 4-2-6）。全株供药用，有活血通络、收敛止泻、补虚止血的功效。

图 4-2-5　拐枣

图 4-2-6　桃金娘

> **大开眼界**
>
> ### 君子谷野果世界
>
> 君子谷野果世界创建于1995年，位于江西省赣州市崇义县罗霄山脉诸广山区的江西君子谷山区，是一个集生态资源保护、现代生态农业和农产品生态加工、生态科普旅游于一体的"三产"融合发展综合体。基地面积5000多亩，主要由野果保护区、野果种质资源圃、野生刺葡萄选优品系生态种植园、生态食品厂（野果酒庄等）、农民学校、森林公园等组成。先后获得国家环保科普基地、全国科普惠农兴村先进单位、江西省优秀科普示范基地、江西省休闲农业示范区等荣誉。
>
> 君子谷保护区设立以后，从1995年开始，除了保护君子谷山区本地的野果、山花和生态环境，还把其他地区在林业生产时要炼山烧毁的野果树植株移栽到了保护区进行保护性种植。经过长期的努力，君子谷收集和保护了大量的野果种质资源，成为名副其实的野果世界。
>
> 君子谷野生水果世界经历了从野果保护到野果资源圃的建立、从野生水果品种的选优到选优品种的生态种植、从野果生态特性的研究到野果深加工工业化的创新发展历程。谷内除了有世界唯一的野果种质资源库，还建有野生选优品系刺葡萄标准化栽培示范基地，以及依托野果资源库而建立的野果酒庄。利用野生选优品系刺葡萄酿造的君子谷刺葡萄酒在第五届亚洲葡萄酒质量大赛上荣获金奖。

三、森林油料

森林油料植物是指能榨油的森林植物。其植物体内（果实、种子或茎叶）含油率在8%以上。我国木本油料有400余种，含油量在15%~60%的有200余种，含油量在50%~60%的有50余种。我国木本油料植物中大面积人工栽培的主要有乌桕、油茶、油桐、油橄榄、核桃等，乌桕为中国特产的木本油料树种，油茶林是我国分布面积最大的木本油料林。含油量很高的野生木本油料植物有山核桃、山桐子、翅果油树、胡桃、黄连木、文冠果、元宝枫、接骨木、榛子等。核桃、乌桕和油棕分别素有"面包黄油树""绿色原子弹"和"世界油王"的美誉。据分析，核桃油、油茶油、橄榄油等的亚油酸含量均比常用的菜籽油高很多，且更具营养价值。

森林油料中，山茶油是特别受游客欢迎的上等油料。山茶油又叫茶油，是从油茶（*Camellia oleifera*）种子中获得的，是我国最古老的木本食用植物油之一（图4-2-7）。清代医学家赵学敏在《本草纲目拾遗》中记载"润肠清胃，杀虫解毒"，清代王士雄《随息居饮食谱》记载"茶油烹调肴馔，日用皆宜，蒸熟食之，泽发生光，诸油惟此最为轻清，故诸病不忌"。

山茶油营养丰富，含脂肪酸（不饱和脂肪酸

图 4-2-7　油茶

含量93%，其中油酸含量82%，亚油酸含量11%）、山茶苷、茶多酚、皂苷、鞣质，并富含抗氧化剂和具有消炎功效的角鲨烯，角鲨烯与黄酮类物质对抗癌有着极佳的作用。山茶油还富含维生素E和钙、铁、锌等微量元素，被医学家和营养学家誉为"生命之花"的锌元素含量是大豆油的10倍，所含氨基酸的种类是所有食用油中最多的。山茶油能抗紫外线，防止晒斑及减少皱纹，对黄褐斑、晒斑很有效果。

多年前，德国的《妇女》双周刊曾以《茶树油的秘密》为题刊登了澳大利亚人用茶油防治感冒、支气管炎、嗓子痛、扭伤、割伤、毒虫叮咬引起的疮或疮疹等诸多病症，把山茶油说成了"灵丹妙药"。

大开眼界

朱元璋与山茶油

相传元朝末年，朱元璋被陈友谅军队追杀到建昌（今江西省吉安市吉水县冠山乡苑溪村）的一片油茶林，正在油茶林中采摘的老农见此状况急中生智把朱元璋装扮成采摘油茶果的农夫，幸免一劫。朱元璋深切的称老农为救命"老表"。

老农见朱元璋遍体是伤，赶紧用茶油帮他涂在伤口上。不几天，朱元璋就觉得身上的伤口愈合、红肿渐消，于是他高兴地称油茶果是"上天赐给大地的人间奇果"。后来，他在老农家休养一段时间，便秘又有好转，得知这是每天吃茶油的缘故。从此。朱元璋与茶油结下了不解之缘。

四、森林饮料

森林饮料主要是指利用森林植物的果、叶、花或花粉、汁液等为原料加工制成的具有天然营养成分、无污染兼有药用价值的天然饮料。近年来，随着人们保健意识的增强和不同消费者的特殊需要，饮料的种类也发生了较大变化，碳酸饮料的比例逐年下降，天然饮料呈不断上升趋势；特种饮料和保健饮料则是从无到有，发展速度强劲。我国的饮料资源极其丰富，目前发现的可作为饮料原料的森林树种有100余种。

根据所采用植物器官的不同，可将森林饮料植物分为以下几类：花类饮料植物，如鸡蛋花、杭菊、金银花等；果类饮料植物，如咖啡、罗汉果、芍药等；叶类饮料植物，如云南古树茶、苦丁茶、绞股蓝、桑等；根、茎类饮料，如甘草、牛奶树等。根据饮料植物的功效，可分为：常规饮料植物，如猕猴桃、桑、无花果等；保健饮料植物，如沙棘、茉莉花、枸杞等。

五、森林药用植物

森林药用植物是指生长在森林中，具有特殊化学成分及生理作用，并有医疗用途的植物，即中草药中的植物性药材。我国森林药物资源异常丰富，价值无比，素有"药用宝库"之美称。

药用植物是中医防治疾病和医疗保健的物质基础，含有能预防或治疗疾病的活性物质。按药用功效，可将其分为清热解表、祛风除湿、祛痰、理气活血、补益安神、泻下消导、驱虫杀虫、祛寒、收敛固涩、治疮肠肿瘤及其他共11类。

《中国药用植物志》《中药志》《药材学》《中药大辞典》《全国中草药汇编》《中华人民共和国药典》等多种药物专著中收载的药用植物达5000余种，其中木本药用植物有300余种。这些药用植物，除用于制药医治疾病外，也有相当一部分供食用，其中有的被制成各类营养液，有的已上了人们的餐桌，在多样化的菜肴中加上某种中草药配料而制成"药膳"。

本书介绍几种生活中常见的可食用森林药用植物。

1. 铁皮石斛

铁皮石斛（*Dendrobium officinale*）为兰科石斛属。茎直立，圆柱形，长9~35cm，粗2~4mm，不分枝，具多节；叶二列，纸质，长圆状披针形，边缘和中肋常带淡紫色，花期3~6月（图4-2-8、图4-2-9）。生于山地半阴湿的岩石上。主要分布于安徽、浙江、福建等地。其茎入药，属补益药中的补阴药，益胃生津，滋阴清热。

图4-2-8 铁皮石斛植株

图4-2-9 加工后的铁皮石斛

大开眼界

关于铁皮石斛

唐代开元年间的《道藏》中记载"中华九大仙草"，它们分别是铁皮石斛、天山雪莲、三两重人参、一百二十年何首乌、花甲茯苓、苁蓉、深海珍珠、深山灵芝和冬虫夏草。而铁皮石斛被誉为"救命仙草"，一直以来都是"中华九大仙草"之首，在我国古代民间早已得到广泛的应用。在这"中华九大仙草"之中，可调阴虚的只有铁皮石斛、一百二十年何首乌和冬虫夏草。因铁皮石斛生长缓慢、稀有，所以它的效果是最好的。而在历代的名医当中，如华佗、张仲景、孙思邈、李时珍等都用铁皮石斛入药。道家自古就有"吃铁皮石斛可以成仙"的说法，虽然夸张，但同时也说明了铁皮石斛对于保健有神奇的功效。

现代科学研究证明铁皮石斛里的石斛多糖等多种有效成分可以增加体内T细胞和B细胞的活力，从而提高身体免疫力。石斛多糖是其重要的药用成分，属于活性多糖的一种，具有增强免疫力、抗氧化、抗炎等多种功效。同时，铁皮石斛对稳定血糖、降血脂、缓解失眠和促进胃肠健康、缓解便秘、明目都有很好的效果，临床上主要用于癌症、糖尿病、心血管系统疾病等的治疗。尤其是女性常吃铁皮石斛，对美容养颜、延缓衰老有明显的效果。

野生铁皮石斛原生长于连鸟兽也难以涉足的悬崖峭壁上，且对温度、湿度、光照等小气候要求近乎苛刻，自身繁殖能力低。由于特殊的生长环境和自身繁殖极为困难以及人们的过度采挖，目前铁皮石斛的野生资源已日趋减少，被列为国家二级重点保护野生植物。

2. 黄精

黄精为百合科黄精属植物滇黄精、黄精或多花黄精的统称，其干燥根茎有"仙人余粮"的说法。植株一枝多叶，叶短似竹，地下茎块三年生根，每年只长一节，根状茎横生，肥大肉质（图4-2-10、图4-2-11）。根据原植物和药材性状的差异，其干燥根茎可分为姜形黄精、鸡头黄精和大黄精3种。姜形黄精的原植物为多花黄精，鸡头黄精的原植物为黄精，大黄精（又名碟形黄精）的原植物为滇黄精，三者中以姜形黄精质量最佳。其根茎具有补气养阴、健脾、润肺、益肾的功效，用于脾胃气虚、体倦乏力、胃阴不足、口干食少、肺虚燥咳、精血不足、腰膝酸软、内热消渴等症，对于治疗糖尿病疗效显著。除了入药、泡酒，还可以做药膳，如黄精炖瘦肉汤、黄精当归鸡蛋汤、黄精粥、黄精蒸鸡等。

图 4-2-10　黄精植株

图 4-2-11　黄精根茎

知识拓展

侧柏的药用功效

柏树的种类有很多，侧柏的特点是小枝扁平，排列成一个平面；叶小，深绿色或黄绿色，呈鳞片状。侧柏具有凉血止血、生发乌发的功效。据《中药大辞典》记载：用鲜侧柏叶浸泡于60%酒精中，7天后滤取药液，涂擦毛发脱落部位，每天可见毛发生长，如能坚持连续涂擦并酌量增加药液浓度，则毛发生长可较密，同时也不易脱落。此外，民间还有侧柏叶治疗出鼻血的偏方。据《农村常用中草药》记载：取侧柏叶适量、青皮鸭蛋2个，一起煎水取汁，放入适量冰糖服用，连服三五天，也可以加入适量白茅根一起煎水。《本草汇言》记载："侧柏叶，止流血，去风湿之药也。凡吐血、衄血、崩血、便血，血热流溢于经络者，服之立止……"可见，侧柏叶煎剂能明显缩短出血时间及凝血时间。

六、森林香料

森林香料指富含香、麻、辣气味的森林植物体（如花椒、胡椒、八角等）及其制品。森林香料植物是指含有芳香成分或挥发性油的森林植物，这些挥发性精油可能存在于植物的全株或植物的根、茎、叶、花和果实等器官中。

我国天然香料植物共有400余种（其中木本有100余种），主要集中在芸香科、八角科、樟科、木兰科等。现已开发利用的天然木本香料植物有50余种，其中较重要的有八角、樟树、黄樟、肉桂等。香料植物在食品中具有调味调香、防腐抑菌、抗氧化等作用，还可以作为饲料的天然添加剂。根据食用香料植物的利用部位不同，可分为：根茎类香料植物，如姜、菖蒲等；茎叶类香料植物，如月桂、木兰、五味子等；花类香料植物，如菊花、桂花、金银花等；果实类香料植物，如花椒、柠檬、香橙等；种子类香料植物，如扁桃、胡椒、八角、茴香等；树皮类香料植物，如斯里兰卡肉桂、中国肉桂、川桂皮等。

七、森林蜜源

森林蜜源植物是指具有蜜腺，能分泌甜液并被蜜蜂采集、酿造成蜂蜜的森林植物，是养蜂生产的物质基础。我国森林蜜源植物资源可利用的达9857种，比较知名的有100余种，目前已被系统研究能生产大量蜂蜜的只有30余种，其中较重要的有椴树、刺槐、胡枝子、山乌桕等。

按养蜂价值的大小，可把森林蜜源植物分为主要蜜源植物和辅助蜜源植物，其中数量多、分布广、花期长、分泌蜂蜜丰富、蜜蜂爱采集并能生产商品蜜的植物称为主要蜜源植物，如刺槐、椴树、枣树、荔枝、山桂花等；而只能生产零星蜂蜜的则为辅助蜜源植物，如麻黄、毛白杨、桑、构树、悬铃木等。

八、森林昆虫食品

森林是各种动物种群的栖息地，其中也有许多可供人们利用的资源，如以昆虫作为食品，即人们常说的森林昆虫食品。

世界上的昆虫有100余万种，目前已知可食用的昆虫达3650余种。研究发现，几乎每一种可食昆虫都是一个微型营养库，昆虫虫体具有蛋白质含量高、氨基酸种类齐全、微量元素丰富等特点。可食昆虫的蛋白质含量比牛肉、猪肉、鸡肉、鱼肉都要高，在非洲南部的一些地区，居民摄入的动物蛋白质中就有2/3来自昆虫。此外，可食昆虫还含有许多生物活性物质，其血液中所含的游离氨基酸量是人体血液的数十倍，种类达20种左右，尤其以赖氨酸最为丰富。

我国向来有"北吃蝗虫南吃蝉"的习惯。居住在德宏的部分少数民族至今还保留着以昆虫为食品的习惯，如用蚂蚁蛋、竹虫、蜂蛹、花蜘蛛等来制作美味佳肴，听起来有点毛骨悚然，但吃在嘴里却是唇齿留香，绝对是道下酒的好菜。此外，傣族的蚁炒鸡蛋、知了背肉馅、蛐蛐酱、芭蕉叶烤蝌蚪等都是当地的名菜。

森林旅游中，除上述森林食品外，还有很多书中没列出来的，如森林矿泉水等。当然，更多的森林旅游食品有待大家进一步发现。

森林旅游食品

1. 要求

去当地森林旅游景区寻找可以食用的森林食品。

2. 方法与步骤

(1) 学生分组：5~6人为一组，确定组长，实行组长负责制。
(2) 收集森林食品：指导老师指导辨别；各小组成员运用形色App进行辨别。
(3) 成果整理：对收集的资料进行整理和分析，制作PPT进行课堂汇报。

3. 考核评价

根据表4-2-1对上述实训的结果进行评价。

表4-2-1 评价表

评价项目	评价标准	分值	教师评价得分（占70%）	小组互评得分（占30%）	综合得分
实训态度	遵守纪律，实训过程中积极主动、认真配合，团队意识强	30			
成果展示	包括野菜、野果、菌类等森林食品，每组不少于10种	20			
	汇报内容全面，重点突出，PPT制作简洁大方	30			
	有礼貌，礼节适当，仪容仪表方面整洁得体、自然大方	20			
合计		100			

任务三 享受森林旅游住宿

森林旅游中的"住"拥有极其重要的地位。森林旅游区内的住宿建筑样式关系到旅游区的整体形象，特色建筑可以增加地方旅游资源的吸引力；同时，住宿建筑物的类型也关系到森林旅游是否实现真正意义上的可持续发展，是否能满足游客的森林旅游体验，实现人与自然的和谐发展。

各国安排森林旅游住宿的形式大体上分为两大类：一类是固定且有屋顶的，如简易别墅、临时板房、林中小木屋，这类设施是只提供床位和早餐的简易旅馆、农牧场旅馆、汽车旅馆、饭店、家庭旅馆、各类度假村等；另一类是活动且无屋顶的，如吊床、帐篷营地、娱乐车等。在中国的森林旅游中，住宿设施可以归纳为以下7种类型。

一、普通宾馆或酒店

宾馆或酒店是指接待客人或供旅行者休息、住宿或餐饮的地方，有的宾馆或酒店规模较大，设备好、综合服务质量高，除了客房之外，还设有餐厅、酒吧、商店、商务中心、会议室等。商务宾馆和经济型连锁酒店一般只提供住宿，不提供一日三餐，但也有少数会含有早餐。

（一）住宿特点

价格方面 档次高、地理位置优越、综合服务质量好的宾馆或酒店价格会比较贵；设备比较简单的商务宾馆和经济型连锁酒店价格相对便宜。

安全性能方面 宾馆或酒店安全性能有较好保障，一般设有安保系统，配有24h工作的安保人员，入住客人也较多，会让游客感觉比较安心。

舒适程度方面 宾馆或酒店住宿舒适度好，价格高的大型宾馆或酒店舒适程度要比商务宾馆和经济型连锁酒店更高一些。

特色饮食方面 对于很多游客来说，出去旅游并不仅是为了看风景，也是为了体验当地的特色美食。森林旅游区地理位置相对偏远，所以更能保留一些民族性、区域性的特色美食，有的宾馆或酒店会在特色饮食这方面创建自己的品牌，这对森林旅游者来说无疑是极具诱惑力的。

（二）适合入住人群

对住宿价格不太在意的森林旅游者可以选择条件好一些的宾馆或酒店，而对住宿没有太多要求的年轻人可以选择价格比较亲民的商务宾馆或经济型连锁酒店入住。

普通宾馆或酒店住宿方式目前在森林旅游中仍然占主导地位。在中国，现有的森林旅游者大多对住宿的安全性和便捷性有较高的要求，而宾馆或酒店尤其是大型宾馆或酒店在这方面有可靠的保证，因此成为人们的首选。

二、当地特色建筑

在一些具有浓郁地方特色的民族森林旅游区，常常能见到具有当地风情的特色建筑，如湘西的吊脚楼、内蒙古的蒙古包、陕北的窑洞等。作为地方特色建筑，从森林旅游者的角度出发，它们具有鲜明的特色和吸引力。

（一）住宿特点

文化感强 建筑作为人类文明的最大承载体，是了解一个民族文化体系的捷径。传统建筑承载了大量地缘特征和文化记忆，通过观察一个地方的建筑物，可判断出其所处的地理和文化区域。

体验感好 旅游体验感是一种多方位的信息反馈给予游客的一种感官体验，也可以说是一种精神上的反馈,一种情绪体验,从精神上得到一种满足。游客在具备地方民族特色的住宿环境里,身临其境,精神上得到极大满足,体验感好。

价格适中　这些住宿设施充分利用当地资源,强调了森林旅游的价值,成本也不是很高,住宿价格适中,因此很受森林旅游者的欢迎。

普及性不高　这些住宿设施一般会受民族地域的限制,因而普及性不高。

(二)适合入住人群

当地特色建筑住宿方式适合对地方特色民俗文化感兴趣、追求较强体验感、比较文艺的森林旅游爱好者。

(三)常见地方特色建筑

1. 吊脚楼

吊脚楼也叫吊楼,为半干栏式建筑,是苗族、布依族、侗族、土家族等传统民居,在渝东南及桂北、湘西、鄂西、黔东南、滇西南等地,吊脚楼特别多。吊脚楼多依山靠河就势而建,讲究朝向,或坐西向东,或坐东向西。比如,西双版纳傣族的吊脚楼通常为单幢建筑,各家自成院落,各宅院有小径相通。对于平坝少、地形复杂的地区,尤能显露出其优越性。湘西吊脚楼建筑可临水,也可依山傍谷,或就建在田坝边,用上好木料支撑起一座座或者一排排的吊楼来,旁边饰以几丛茂林修竹,既省时,又省工(图4-3-1)。

2. 蒙古包

蒙古包是蒙古族牧民居住的一种房子,建造和搬迁都很方便,适于牧业生产和游牧生活。蒙古包呈圆形,有大有小,大的可容纳600多人,小的可以容纳几人到几十人不等。蒙古包的架设很简单,一般是搭建在水草适宜的地方,根据蒙古包的大小先画一个圈,然后便可以开始按照圈的大小搭建。蒙古包虽看起来外形小,但包内使用面积却很大,而且室内空气流通,采光条件好,冬暖夏凉,不怕风吹雨打,非常适合于经常转场放牧民族居住和使用(图4-3-2)。

图 4-3-1　湘西吊脚楼

图 4-3-2　蒙古包

3. 窑洞

窑洞是中国北部黄土高原上居民的古老居住形式。在中国陕甘宁地区,黄土层非常厚,有的厚达几十千米,当地居民创造性利用高原有利的地形,凿洞而居,创造了被称为

"绿色建筑"的窑洞建筑。窑洞一般有靠崖式、下沉式、独立式等形式，其中靠山窑应用较多。窑洞一般高3m多，宽3m左右，最深的可达20m。洞口都朝阳，这样便于阳光照射。窑洞是黄土高原的产物、陕北民居的象征，它沉积了古老的黄土地深层文化。

三、青年旅舍

青年旅舍联盟(Youth Hostel Association, YHA)常称为青年旅馆，是为旅客(主要是背包客)提供短期住宿的场所，又被称作"青年之家""背包客的乐园"。

(一)青年旅舍的特点

设施简朴 青年旅舍以4~8个床位的房间为主，室内设施简朴，使用上、下两层的大床，每床配硬床垫和被褥、带锁的个人储藏柜、小桌椅。有公共浴室和洗手间，有的还有自助餐厅、公共活动室等。客人可根据自身特点组织各种文体活动。

收费标准低 青年旅舍以床位论价，一般一个床位收费为当地买一份快餐的价格，为三星级酒店房价的1/10左右。但廉价不是青年旅舍的代名词，国际上对青年旅舍的选址有起码的标准：如旅舍要位于市中心或者中心商业区、旅游景区或度假区，交通便利。

自助式服务 青年旅舍不是经济型酒店，所以不提供酒店式的服务。很多青年旅舍的服务基本上是自助式的，管理人员少，用工灵活多样。如深圳的青年旅舍，客人可以自己租床单，自己铺床，结账时自己撤下床单交回总台，管理人员只有6人；番禺的青年旅舍甚至只有4个管理人员，逢旺季和服务忙时，还会招聘一些临时工、钟点工、学生实习工和义务工。

旅社形式多元化 除了位于大城市中心的现代旅舍，还有富有传统民族特色的民俗体验旅舍；有极具童话色彩的古堡旅舍，也有后现代风格的LOFT旅舍；有航行百年的海船旅舍，也有海滨和山地的小木屋旅舍。

(二)适合入住人群

青年旅舍的名称虽然有"青年"二字，对入住者的年龄大多也不设限制。根据国际青年旅舍联盟(IYHF)的宪章精神，青年旅舍是不分国籍、种族、年龄、性别、职业、宗教、政治立场，没有歧视的经济实惠的住宿设施。除了传统的学生和青少年外，青年旅舍的客人很多是二三十岁的自驾出行族和独自出游的背包一族。世界青年旅舍已经遍布各个国际旅游区的中心地带，已成为当今世界上最大的住宿连锁组织。

知识拓展

青年旅社的由来

青年旅舍的概念起源于德国。德国有一名教师理查德·希尔曼，他认为教育不应只在学校里，而应该走出校门，通过郊游旅行，培养独立自主的能力，并亲近自然，体验各地的文化传统。1909年，他带领班级学生出游，途遇大雨，只能在一个乡间学校里以稻草铺地当床，度过了艰难的一夜。彻夜未眠的理查德·希尔曼，萌发了建立专门为青年提供住宿旅馆的想法，为所有的年轻人提供一个交流思想、了解大自然的场所。

青年旅舍联盟致力于为全世界会员特别是青年和学生旅游者提供安全、卫生、友善、舒适、经济、环保的住宿服务，鼓励青年热爱旅游、热爱自然、广交朋友，从而达到促进青年间的文化交流和推广自助而健康的环保旅游的目的，帮助青年人"读万卷书，行万里路"，鼓励青年人从身边做起，从小事做起，实践环保，进而为社会培养青年的社会意识、自律意识、文化意识、多元化意识及环保意识等提供一个场所。

四、旅游民宿

旅游民宿是利用当地民居等相关闲置资源，民宿主人参与接待，为游客提供体验当地自然、文化与生产生活方式的小型住宿设施（图4-3-3）。世界旅游城市联合会首席专家、中国旅游协会休闲度假分会会长魏小安指出，乡村游1.0版是农家乐，2.0版是民宿，如今的3.0版是精品民宿，乡村度假村模式是乡村游进一步转型升级的未来。住宿作为乡村游获利的重要抓手，需要抓住当下的契机，与整个乡村游一起，共同从3.0版向4.0版升级，搭上从不成熟迈向成熟的快车道。

（一）住宿特点

地理位置相对优越　相比较于宾馆或酒店，民宿的位置要更接地气，出行更加方便。

规模较小　《旅游民宿基本要求与评价》(LB/T 065—2019)对民宿规模有明确要求：经营用客房不超过4层，建筑面积不超过800m²。

家庭氛围浓厚　民宿是一个家庭生活场景，游客可以与民宿主人同吃同住，可以感受到更多家的感觉。同时还可以与其他住宿者和民宿主人聊天，了解更多异地趣闻，获得一个难忘的旅途经历。

图4-3-3　旅游民宿

传承文化　民宿还具备承载传统、特色文化的功能，不论是建筑文化还是饮食文化，在民宿业态都有凸显。旅行不仅是看风景，相比看风景，去了解当地特色文化和生活方式，会更有趣，也更有意义。住民宿是真正快速融入当地人生活的一种方式。

价格较贵　民宿作为一种新兴的住宿方式，价格比较贵，一些民宿凭借自己的特色加以包装，价格相比宾馆或酒店而言就更贵了。

设施设备不够完善　民宿为了整体造型美观，可能出现屋内摆设漂亮但并没有实际作用的情况，而且可能会出现基础设施不完善的情况。

安全和卫生欠保障　民宿大多是独立经营，一般只有民宿主人一人进行管理和服务，没有专门的安保和保洁人员，相较于宾馆或酒店，其安全和卫生存在着较大不足。

（二）适合入住人群

民宿是近些年新兴的一种住宿方式，非常受年轻人群的喜爱。民宿更有家的感觉，不像酒店那样"板板正正"，在心理上使人更为放松，所以受到人们的欢迎和喜爱。数据显示，2019年民宿预订以女性消费者为主，占比55.7%。从民宿产品用户年龄层分布来看，40岁以下人群占整体消费者比例达到86.2%，可见国内民宿产品受众偏向年轻化。其中，

90后是民宿消费的主力军，90后消费者的订单量占比约58.9%，80后消费者的订单量占比约27.3%。

> **大开眼界**
>
> **民宿黄河·宿集**
>
> 黄河·宿集位于宁夏中卫市沙坡头区常乐镇大湾村，周边景点环绕，毗邻黄河，与腾格里沙漠隔河相望，被称为"中国版摩洛哥"。它依托独特自然资源，以大漠、星空作为切入点，是国内首个集观光、休闲、度假、娱乐、科普为一体的星空主题度假酒店，获2019年度"中国最佳旅游规划设计奖"。黄河·宿集由南岸、西坡、大乐之野、墟里和飞蔦集5家品牌民宿组成，整个村子透着一种古朴陈旧的气味，外部全都是土坯房，虽然是新建的，但绝不刻意造新，家具、装饰浑然一体。推开民宿的门就能看到黄河，对岸是广袤无垠的腾格里沙漠。在这里可以徒步穿越腾格里沙漠，可以乘羊皮筏在黄河漂流，在星空下散步……

五、森林小木屋

森林小木屋是生态型的小旅馆，在许多国家是非常流行的森林旅游住宿形式。森林小木屋一般建立在相对偏远的森林中或景区内部，它能让游客真正拥抱大自然（图4-3-4）。

图4-3-4 森林小木屋

在瑞典首都斯德哥尔摩通往内地的路旁，随处可见童话般精致的小木屋。瑞典的小木屋均为木质结构，造型各不相同：有的是圆木建造的，古朴得如同原始人的小屋；有的是红墙白窗竖木条；有的墙是原生态木质的本色；有的近似于茅草屋；有的是吊脚屋；有的是屋下装有轮子可以移动的小木屋。中国不少知名景区也都建有各类小木屋，但客源多为附近城市或本地区的游客。此外，在比较偏远和交通不便的旅游区，也能见到较多的各类森林小木屋。

（一）住宿特点

环境优美 森林小木屋周围都是郁郁葱葱的森林，空气质量好，负氧离子含量高。可以说，森林小木屋所处的环境既是动物生活的乐园，也是植物生长的乐土，更是人类诗意栖居的地方。

发展规模较小　森林小木屋一般比较矮，不超过3层，可容纳几人到十几人，经营规模较小。

设施简朴　森林小木屋的建筑风格与森林旅游景区的特色相符，显得生态朴素，符合环境友好型社会的建设要求。

游客停留时间不长，客流量较小。

(二)适合入住人群

适合喜欢大自然、喜欢原生态，渴望与森林亲密接触的森林旅游者入住。

六、帐篷和吊床

帐篷是在地上搭建的遮蔽风雨、日光并供临时居住的棚子。多用帆布做成，连同支撑用的东西可随时拆下转移。帐篷是以部件的方式携带，到达现场后才加以组装。森林旅游用的帐篷一般分为固定和可携带两种，户外旅行最不可或缺的就是帐篷。

吊床露营不同于打营钉、撑帐杆的扎营法，是将吊床绑于树干之间，以悬空的吊床为主要休息空间。吊床必须绑在树干够粗的树上，一般中高海拔的山区较适合使用，林荫遍布，露营环境舒适宜人。

(一)住宿特点

可移动性强　帐篷和吊床携带方便，可移动性强，因此在一些位置偏远、交通不便和条件简陋的森林旅游区经常可以见到，尤其是一些以探险和科考为主题的旅游，许多旅游者都会有居住帐篷的经历。

最纯粹地享受大自然　自带或租用帐篷、吊床在林间或草地过夜，这种经历更能让人体验到返璞归真和重归自然，能近距离地呼吸到大自然沁人心脾的新鲜空气，闻到花香、听到鸟鸣，最纯粹地享受大自然。

吊床露营更具特点　吊床的优点是不会被地上的动物(如蛇虫等爬行动物)袭扰，尤其在一些潮湿的地带很适合使用。丛林宿营用吊床时要在睡袋下垫防潮垫，并在吊床上方挂上防蚊虫的纱帐和防雨布或防雨篷。

(二)适合入住人群

帐篷和吊床这种住宿方式虽然不具有普遍意义，但对于爱好户外旅行的驴友而言，不在野外露营的旅行是没有灵魂的。帐篷和吊床适合热爱野外、崇尚自由的森林旅游爱好者；同时，因为野外自然环境条件较为严峻，吊床露营不像一般露营那样休闲有趣，要辛苦得多，而且没有水电的原始特质也因此劝退了许多对卫生条件要求较高的露营爱好者；此外，吊床露营适合喜欢露营但又害怕潮湿的地面以及各种虫类袭击的森林旅游爱好者。

七、旅游拖车与房车

房车也称旅居车，又称"车轮上的家"，英文全称 Recreational Vehicle(RV)，也为 Motorhome 或 Trailer。

RV 是由国外引进的时尚设施车种,跟缩小版的房子一样,大体可分为自行式与拖挂式两种。自行式房车又可分为 A 型、B 型、C 型,拖挂式房车则可分为 A 型、B 型、C 型、D 型、移动别墅。房车一般都有卧室,装了座厕、盥洗台、浴缸的卫生间,客厅,以及开放式厨房。客厅里两边都有大窗,方便随时随地欣赏路上的风景。房车里面还配备空调、液晶电视、VCD、冰箱、微波炉、煤气炉、热水器等电器。电器的启动完全依赖交流发电机提供电源,在有外接电源的情况下,就由外接电源取代。同时,车上还装备了许多安全设施,包括 LPG(液化石油气)检测器、CO 报警器、烟雾报警器、紧急出口、灭火器、安全带等。

(一)住宿特点

对停放位置无要求 房车可以随意停靠在远离城市的沙滩、湖岸、草地、山坡、森林中。不管停在哪里,还能同时拥有城市的生活方式:自己做可口的饭菜、洗个热水澡、睡柔软舒服的床、看电视、听音乐等。

住宿功能齐全 房车里面设备齐全,安全性好。可谓"麻雀虽小,五脏俱全",是集衣、食、住、行于一身,实现"生活中旅行,旅行中生活"的时尚产品。

(二)适合入住人群

在英国,很多退休的老年人干脆卖掉房子或者换一处便宜的小房子,买辆拖车,找一个喜欢的地方一住就是几个月,感觉腻了再换一个新地方,实现了家跟着人到处游走的悠闲自在生活。

在欧洲,拥有拖车的人越来越多,尤其是欧盟各国间游客通关不需要签证的便利,让拖车拥有者实现了真正意义上的冬天向南迁移、夏季向北回归。

房车旅游是一种新型的健康旅游方式,近年来,国家旅游部门对推进自驾车房车旅游做了积极探索和周密部署。尽管如此,中国房车的起步还是受到许多因素制约:开房车上路还很麻烦,私家车主驾驶房车需要具备驾驶大货车或大轿车的资格;在城市购买房车后停放困难;拖挂式房车还不允许上高速路,阻碍了旅游出行;与房车旅行配套的度假营地刚刚起步,开着房车度假还是件很困难的事;因房车销量很少,房车如何上牌照还没有明确。综合以上因素,目前房车旅游在中国普及性还不高(图 4-3-5、图 4-3-6)。

图 4-3-5 江西安远三百山房车营地

图 4-3-6 江西安远三百山房车大床房

大开眼界

亚龙湾鸟巢度假村

亚龙湾鸟巢度假村位于三亚市东南25km处亚龙湾热带天堂森林公园内,是一处优质森林度假村。鸟巢度假村伴山面海,有独栋别墅共210栋,每栋别墅如同鸟儿筑巢一样,巧筑木屋于热带雨林之间。度假村的建筑风格独具热带风情,采用进口马来西亚红木及天然材料构建。客房全部按照飞禽的名字命名,包括大雁区、孔雀区、老鹰区、喜鹊区、白鹭区及丹顶鹤区。度假村客房目前分布在人间天堂集结地、鸟巢西区、鸟巢东区、凤凰台及云顶度假区5个区域,客房装修古朴自然,贴近原生态环境。人间天堂集结地作为度假村内独特的代表,共有20间半敞开式帐篷房,无门无窗,热带植物环绕四周,让人感受与热带雨林的零距离接触,是户外运动爱好者聚会、拓展、度假的营地,晨听鸟鸣虫唱,夜宿树林深处,让游客体验到野外安营扎寨的"野奢"感受。

实训

森林旅游住宿

1. 要求

选定国内著名的3~5处不同类型森林旅游景区,对其住宿模式进行调研,形成不同类型森林旅游景区最佳住宿模式的调研报告。

2. 方法与步骤

(1)学生分组:5~6人为一组,每组确定调研对象,如森林公园、湿地公园、自然保护区等。

(2)收集资料:通过线上、线下对景区住宿模式进行调研。

(3)形成成果:整理资料,形成调研报告。

3. 考核评价

根据表4-3-1对上述实训的结果进行评价。

表4-3-1 评价表

评价项目	评价标准	分值	教师评价得分（占70%）	小组互评得分（占30%）	综合得分
实训态度	遵守纪律,实训过程中积极主动、认真配合,团队意识强	30			
成果内容	资料收集全面,内容翔实	20			
	建议中肯,具有可操作性	30			
	格式规范,逻辑性强	20			
	合计	100			

任务四　参与森林旅游购物

森林旅游景区不仅是人们体验自然风光、放松身心的绝佳场所，同时还提供了丰富的森林旅游商品资源。除满足食、住、行、游、娱等服务要求之外，购物也是森林旅游者旅途中的重要一环，因此，一些带有当地特色的"森林特产"就显得颇有分量。

一、森林旅游购物设施

（一）旅游购物商店

旅游购物商店为直接面向游客，为游客提供购物服务的重要场所，在社会经济和旅游业发展中起着重要作用。旅游购物商店属于零售经营领域，市场竞争较为激烈，主要类型有专营商店、兼营商店和附属商店等。一般在森林公园内均设有旅游购物商店，主要经营林副特产、特色工艺品和旅游用品及食品饮料等。

大开眼界

广州长隆野生动物园里的森林商店

图 4-4-1　长隆野生动物园森林商店

广州长隆野生动物园以大规模野生动物种群放养和自驾车观赏为特色，集动植物的保护、研究、旅游观赏、科普教育为一体，是全世界动物种群最多、最大的野生动物主题公园。园区占地2000多亩，拥有华南地区大面积原生态亚热带雨林，是目前国内最大的原生态动物园。

在动物园的各大馆区，都设有纪念品商场，可以选购精美可爱的动物玩具和礼品（图4-4-1）。根据区域的不同，主要有大象商场、熊猫商场、考拉商场以及金虎商场。每个商场都有自己的特色商品，金虎商场是名副其实的"虎穴"，形态各异的金虎、银虎、白虎玩具齐聚一堂，是整个园区老虎商品种类最多的商场。其中，动物玩具"小白虎"被列为广州十大手信之一。此外，根据镇园之宝——白虎的造型，已经开发出一系列的礼品，有白虎手套、白虎帽子、虎爪、虎玩偶等，这些栩栩如生的动物礼品，让动物可爱的模样深入人心。

（二）超市

超市即超级市场，又称自选商场，是以顾客自选方式经营的大型综合性零售商场。一些大型森林公园拥有为游客服务的超市，超市里销售的商品与旅游购物商店的商品类似，但品种更齐全，质量更有保证，而且能够保证明码标价和公平交易，一般是旅游购物的首选。

(三)大型购物中心

大型购物中心在欧美一些地方称为 Shopping Mall，是多在建筑群中或一个大型建筑物中，把一系列零售商店、服务机构组织在一起，提供购物、休闲、娱乐、饮食等各种服务的一站式消费中心，如张家界森林公园的购物中心。

大型购物中心具有营业面积大、店铺多、经营主题明确、购物环境好、服务功能全等特点，多数大型购物中心会包括两个以上大型百货商店——锚店，即像锚一样固定、支撑起整个商业城的商店。

由于建设大型购物中心占地面积大、耗资巨大，而且可能会影响到森林景观，因此，森林旅游景区不主张大规模建设大型购物中心。

(四)露天市场

由于森林旅游环境特殊，现代化的大型旅游商店不可能在森林旅游区遍地开花，因此，露天市场成为小商贩和林农销售林副特产及其他有关商品的首选。

露天市场的建立较大程度上方便了游客购物，特别是有利于游客购买鲜活的林副特产。但由于露天市场设施落后，产品质量不能够保证，甚至存在欺骗和欺负外地游客的现象，所以，游客在露天市场购物需谨慎。

二、森林旅游购物商品种类

(一)林副特产

林区除木材产品以外具有特殊利用价值的林产品通称林副特产品。树木的非木材部位(如根、叶、花、果、皮、树液等)、林木的寄生物、林下植物、动物、菌类等都是林副特产品的来源。森林旅游区的林副特产品主要有：野生干鲜果、油脂和蜡、精油类、野菜和食用菌类、野生药材、树胶和树脂类等。

1. 野生干鲜果

如香榧、板栗、榛子、枣、松树、猕猴桃、沙棘、越橘、刺梨、余柑子、山葡萄等的干鲜果实，具有特殊的营养价值。

2. 油脂和蜡

有一些植物(如核桃楸、榛子、山杏、文冠果、油桐、乌桕、油茶、月见草、沙棘等)的种子、果实、根、茎、花或叶中含有脂肪油，可供食用或工业应用。重要的植物蜡有虫白蜡、棕榈蜡及紫胶蜡等。

3. 精油类

有些树木或草本植物中含有挥发油，是香料和医药工业的重要原料。如松节油、樟脑、芳樟油、杉木油、柏木油、桉叶油、桂皮油、山苍子油、牡荆油、野玫瑰油、松针油、薄荷油等。

4. 野菜和食用菌类

一些树木的嫩芽或林下草本植物的茎、叶、花、根可以食用，是有名的山珍。如刺

图 4-4-2　牛肝菌

龙芽、蕨菜、黄花菜、桔梗、竹笋、升麻、苦荬菜、荠菜、香椿等。食用菌有松蘑、白蘑、桦菇、榛蘑、油蘑、牛肝菌（图4-4-2）、竹荪、木耳等。当前，将特色农产品打造为旅游商品已成为森林旅游景区农民增加收入的有效途径。

5. 野生药材

森林是我国中药材的主要产地，比较有名的有枸杞、杜仲、厚朴、黄柏、五味子、人参、党参、丹参、天麻等。

6. 树胶和树脂类

常见的树胶有桃胶、黄芪胶、刨花楠胶等。

（二）特色工艺品

由于森林资源丰富，一些林区从古代便流传了不少具有森林、民族和地域特色的工艺品，这些工艺品往往具有较高的艺术审美价值和实用价值，深受人们的喜爱。例如，木制工艺品因材质天然、朴实，类型多样，与历史文化结合紧密，能给人美的享受，此外，还具有一定的实用功能。

在大兴安岭地区，过去鄂伦春族民众常用白桦树皮和马尾线、皮条、皮筋缝制出各式各样的工艺品，如盒子、箱子、碗、盆、罐、刀鞘、烟盒、帽子、花瓶及采集贮存野果用的小桶等，上面绣着各种美丽的花纹图案，充分展现了他们狩猎文化的传统特色。目前，白狼林俗树皮画成为内蒙古自治区级非遗代表性项目。

知识拓展

购买黑蚂蚁的经验

黑蚂蚁是广西土特产之一，其中在南宁周边的十万大山、横县等地黑蚂蚁比较有名。蚁种为拟黑多刺蚁，也叫大黑蚂蚁，主要分布在少数民族地区，周身呈全黑，背部有棕色成对突刺，翅膀少，油亮。

黑蚂蚁闻起来有一股酸味，这种味道主要来自黑蚂蚁中的蚁酸。蚁酸是一种挥发性的带酸味的物质，冬季的蚂蚁比其他季节的蚂蚁蚁酸味道更浓。

选购黑蚂蚁时，如果打开盖时能闻到一股很浓的蚁酸气味，而且是看起来有点湿感，这种是比较差的黑蚂蚁，经过了人工炒制，这样黑蚂蚁肚子里的蚁酸就会流出来，气味就会比那些没有流出来的浓。所以这种黑蚂蚁最好不要购买，而且这种黑蚂蚁杂物很多。好的黑蚂蚁一样有蚁酸气味，但要淡得多，蚁身干爽，杂物也很少。

建议：小商贩的摊点虽然方便了游客，但是如果分辨不出产品真假和质量，建议不买或少买。买前要货比三家，最好到正规超市或商店购买，还要多听取他人的建议。

森林旅游购物

1. 要求

根据当地森林旅游资源特性,制作一些地方特色鲜明的森林旅游纪念品。

2. 方法与步骤

(1)收集材料:树叶、石头、树根、花、草等。
(2)作品展示:动植物标本、叶雕、石雕、根雕、压花、干燥花及其饰品等。

3. 考核评价

根据表 4-4-1 对上述实训的结果进行评价。

表 4-4-1　评价表

评价项目	评价标准	分值	教师评价得分（占 70%）	小组互评得分（占 30%）	综合得分
实训态度	遵守纪律,实训过程中积极主动、认真配合,团队意识强	30			
作品展示	取材不破坏原有生态	20			
	作品有创意,有美感	30			
	作品种类丰富	20			
	合计	100			

任务五　体验森林旅游娱乐

　　森林娱乐是森林旅游业与娱乐业融合产生的新业态。森林旅游娱乐是指游客在森林旅游过程中所观赏和参与的文娱活动,具有较强的娱乐性和参与性。"娱"作为旅游六大基本要素之一,不同于"吃、住、行"等旅游刚性需求。娱乐活动属于精神产品,横跨文学、艺术、音乐、体育等诸领域。森林旅游娱乐活动的特色是民族化、地方化、民俗化的体现,就是把丰富的文化内涵寓意在各种娱乐方式中,让游客得到独特的游乐享受。

一、森林旅游娱乐活动类型

本书按照活动内容对森林旅游娱乐活动进行划分,主要分为以下几种类型。

1. 自然观光类

利用当地森林旅游资源优势或将已有旅游资源产品包装成节日的形式。此类娱乐活动多与生态主题相关,满足游客回归自然的需求;具有较强的季节性,适宜配合应季旅游资源开展;游客的参与范围广,具有较强的趣味性。如春季赏花、冬季赏雪等。

2. 民俗文化类

民俗文化类森林旅游娱乐活动多以展现原生态的民俗文化为主题，活动内容丰富多彩，表现形式多样。配合景区文化特色，将民俗文化元素融入其中。如傣族的泼水节、广西国际民歌节、内蒙古的那达慕大会等。同时活动具有较强的参与性，游客在参与中得到尽情地释放和享受。

这些活动的开展有利于提升和传播景区文化内涵，增强景区吸引力，树立独特的旅游景区形象。如"淳安千岛湖秀水节"的标志性演出活动，融杂技、舞蹈、表演等多种艺术形式为一体，表演中较好地融入了当地民俗、戏曲文化，是当地民俗文化的现代演绎，起到了为景区聚集人气、提升景区文化内涵的良好作用。

3. 参与体验类

此类娱乐活动具有很强的参与性和互动性，游客就是参与者。通过参与，游客可以全方位地感受到森林旅游的乐趣，体验到当地文化，如漂流、丛林探险等。

这些娱乐活动对森林旅游发展具有引导作用。从简单的观光旅游到深层的体验旅游，不仅可以指导游客更好地参与旅游活动，加深对森林旅游景区的了解和感受，而且提高了游客的旅游意识，加深了对景区文化内涵的理解，对旅游目的地产生很好的品牌带动效应。

二、代表性森林旅游娱乐活动

近年来，森林旅游娱乐活动蓬勃发展，各地纷纷举办形式多样的森林旅游娱乐与节庆活动。代表性的森林旅游娱乐活动有以下几种。

1. 鄱阳湖国际观鸟节

鄱阳湖是我国最大淡水湖和国际重要湿地，这里生态优良，湿地广袤，水草丰茂，食源丰富，是亚洲最大的候鸟越冬地。每年11月到翌年3月，鄱阳湖水落滩出，各种形状的湖泊星罗棋布，吸引了大批来自内蒙古大草原、东北沼泽地和西伯利亚荒野的候鸟来此越冬，包括白天鹅、灰鹤、白鹤、大雁、野鸭在内的越冬候鸟达300余种、60余万只，白鹤、东方白鹳种群数量分别占全球总数的98%和95%以上（图4-5-1）。

图4-5-1　鄱阳湖越冬候鸟

鄱阳湖国家湿地公园从2019年12月起，每两年举办一次鄱阳湖国际观鸟节。

大开眼界

2019鄱阳湖国际观鸟周

2019鄱阳湖国际观鸟周活动于12月6~10日在江西举办。活动由国家林业和草原局为指导单位，江西省人民政府、中国野生动物保护协会主办。此次观鸟周全省共设13处观鸟点，其中南昌6处，九江4处，上饶3处，上饶3处观鸟点均位于鄱阳湖国家湿地公园内。活动主会场设在南昌。活动期间，还举行了候鸟保护宣传骑行、救护候鸟联合放飞、候鸟乐园开园揭牌等活动。

活动邀请了一大批重量级嘉宾参加。国际方面出席这次活动的嘉宾超过100人，其中包括联合国粮食及农业组织、国际湿地公约秘书处、世界自然基金会、保护国际基金会、国际鹤类基金会、世界自然保护联盟等国际机构代表，俄罗斯、韩国、日本等国家的相关政府要员及地方代表团，以及候鸟国际迁徙路线上有关国家的保护机构代表。国内方面邀请了来自资源与环境、生态学、地理学、城乡规划、水文、林学等10多个领域的20多名"两院"院士和专家、学者，长期关注湿地候鸟保护的多名知名企业家，候鸟国内迁徙路线相关省市的相关负责同志，40多家自然保护机构负责人，还有志愿者和中小学生代表。还特别邀请了10支国际、20支国内专业观鸟队伍前来参加观鸟节。

据悉，鄱阳湖素有"白鹤王国"的美称，白鹤在地球上已经生活了6000万年，堪称鸟类中的活化石，被列入国际濒危物种的"红皮书"里。每当鱼肥菊黄之时，白鹤陆续从北方飞来，在11月上、中旬基本到齐。这是世界上仅有的一大群白鹤。这时的白鹤因长途飞行，已精疲力竭，急于觅食恢复体力，观鸟或拍鸟者可以靠近到100m左右。秋高气爽，透明度很好的天气，是一年中观鸟、拍鸟的最佳时机。

2. 武功山国际帐篷节

武功山高山草甸延绵不绝，云海缭绕，可谓真正的户外天堂，吸引了来自全国各地的游客。武功山户外营地位于江西省萍乡市AAAAA级风景区武功山观音宕和金顶，是全国大型的户外帐篷营地。

图 4-5-2 武功山帐篷节（右图：熊艳 摄）

武功山国际帐篷节由江西省萍乡市政府2008年创办，至2021年已连续举办14届。帐篷节是以露营为媒介，融旅游休闲、文化娱乐、户外赛事于一体的大型户外节庆活动。期间包括负重徒步、露营、山地车赛、篝火狂欢、山居电影、高山拔河比赛、营地嘉年华等丰富的线下活动；线上活动有美文大赛、摄影大赛等，由户外网平台进行支持。武功山帐篷节以驴友为主要参与对象，通过一系列户外活动、赛事、篝火晚会，达到推广和普及户外活动，加强户外群体交流的目的。一年一度的国际帐篷节已成为驴友亲近自然、相互交流的一个重大节日。2013年，武功山国际帐篷节照片还被入选美国《时代》杂志年度全球"最惊奇照片"。

经过14年的积累和深耕，武功山景区在对帐篷节等户外活动不断深化的同时，还融合了音乐、摄影、美食等多样化的文化元素，让帐篷节更具有活力和参与性。

3. 泰山国际登山节

1987—2021年泰山国际登山节已连续成功举办了35届，是泰安市改革开放的重大举措，登山节的成功举办促进了泰安经济和社会事业的全面发展。登山节一般为9月6日开幕，按照"旅游盛会、经贸长廊、竞技摇篮、绚丽舞台"的活动主题，共安排庆典、经贸、旅游、体育和文化五大板块、20项活动。

历年节日内容包括登山比赛和大型古帝王封泰山仪式表演。登山比赛分国际、国内组，设男队、女队，各组比赛起点均在岱宗坊。老年组终点在中天门，海拔800m，591个台阶，长5km；中年组终点在南天门，海拔逾1400m，5884个台阶，长7.7km；青年组终点在玉皇顶，海拔1545m，6566个台阶，长8.5km。大型古帝王封泰山仪式表演内容有：沿途恢复"三里一旗杆，五里一牌坊"的历史风貌，主要活动有黄帝社火游、婚礼民俗游、东岳庙武术擂台赛、泰山山会游、老残茶会游、天街古风游、碧霞祠道教音乐鉴赏会、玉皇顶蟠桃大会、桃花源野营探险等。

泰山国际登山节除每年评选出登山状元外，还大力组织经贸交易活动，每年都有几十个参展团，推出160个系列4500多个品种的名优产品参加展销；还举办科技、人才交流会，交流最新科技成果、收集科技人才信息，集海内外人文风光旅游、体育比赛、经贸洽谈、科技交流、艺术展览于一身，每年吸引成千上万名海内外游客来此参观。

4. 滑草

滑草是使用履带用具在倾斜的草地滑行的运动。1960年由德国人约瑟夫·凯瑟始创，其基本动作与滑雪相同，因此最初作为滑雪季节准备运动的一环，在滑雪国家队的夏季训练中被采用。由于滑草运动符合新时代环保的理念，且具有能在春、夏、秋季体会滑雪一样的乐趣的独特魅力，自德国推广到欧洲各国，颇受人们喜爱，从而形成了世界规模的大型运动。

滑草是一项前卫运动，和滑雪一样能给运动者带来动感和刺激。特别对少雪地区的人们来说，它比滑雪更具有娱乐性。滑草需要的场地较大，甚至占据整个山坡，在感受风一般速度的同时又能领略到大自然的美好。

知识拓展

滑草的技巧

滑草可以在滑草器或滑草车（轨道滑草）上进行。滑草器的用法和技巧与滑雪很像。特别需要注意的是在跌倒时，侧身倒地是最为安全的。也就是说，让自己的大腿外侧和腰部下方着地，并且在摔倒的同时要举起草杖，尽力伸直双腿。切记不要用手腕去撑地或者让膝盖先着地，也不要让身体向后坐，以免坐到滑草器上，造成更大的伤害。如果是玩滑草车，人只需要稳稳地坐在上面，抓好扶手就可以了。

大开眼界

呼伦贝尔草原滑草

呼伦贝尔草原位于大兴安岭以西，因呼伦湖、贝尔湖而得名。地势东高西低，海拔在

650~700m，是中国保存完好的草原，有"牧草王国"之称。呼伦贝尔草原是世界著名的天然牧场，总面积约10万km²，天然草场面积占80%，是世界著名的三大草原之一。在186彩带河景区，有呼伦贝尔草原最长距离（号称全国最长）的千米高山滑草，也是网红1000m滑草打卡地，这里的滑草是轨道滑草（图4-5-3）。

图4-5-3　呼伦贝尔草原滑草

5. 漂流

漂流曾是人类一种原始的涉水方式。漂流最初起源于因纽特人的皮船和中国的竹木筏，但那时候都是为了满足人们的生存和生活需要。漂流成为一项真正的户外运动，是在第二次世界大战之后，一些喜欢户外活动的人尝试着把退役的充气橡皮艇作为漂流工具，逐渐演变成今天的水上漂流运动。

漂流的时期为每年的4~10月，一般中部地区的漂流活动时期比南部地区稍短，并且随天气情况和水文情况变化。此外，漂流是一项富有挑战性并带有一定危险性的户外运动，不适合老、弱、病、残、孕等特殊群体游客，以免出现安全事故。

知识拓展

漂流的注意事项

（1）出发时，最好携带一套干净的衣服，以备下船时更换，同时最好携带一双塑料拖鞋，以备在船上穿。

（2）不携带贵重物品上船，若有翻船或其他意外事情发生，漂流公司和保险公司不会赔偿游客所遗失的现金和物品。

（3）上船第一件事是仔细阅读漂流须知，听从工作人员的安排，穿好救生衣，找到安全绳。

（4）在气温不高的情况下参加漂流，可在漂流出发地购买雨衣。

（5）漂流船通过险滩时要听从工作人员的指挥，不要随便乱动，应紧抓安全绳，收紧双脚，身体向船体中央倾斜。

（6）若遇翻船，要沉着，不用慌张，因为穿有救生衣。

（7）不得随便下船游泳。

（8）水上运动容易被水浸湿衣物，女士漂流不宜穿太透或太薄的衣服。一般情况下不宜穿高跟鞋漂流。

（9）许多漂流的地方水都会很凉，所以不要随便下水。

森林旅游娱乐

1. 要求

为当地政府或景区将要举办的森林旅游节或森林旅游其他节庆活动策划一期娱乐活

动，制作 PPT 进行课堂汇报。

2. 方法与步骤

(1)学生分组：7~8 人为一组，确定组长，实行组长负责制。

(2)收集资料：学生通过网络、报纸、杂志等查找历年历届森林旅游娱乐活动方案。

(3)课堂汇报：形成方案，制作 PPT 进行课堂汇报。

3. 考核评价

根据表 4-5-1 对上述实训的结果进行评价。

表 4-5-1　评价表

评价项目	评价标准	分值	教师评价得分（占70%）	小组互评得分（占30%）	综合得分
方案内容	活动参与性、体验性强	30			
	融入自然，体现山林野趣	20			
	结合地方特色，体现时间性、创新性	20			
课堂汇报	语音、语调准确，词语清晰准确，语言表达流畅、生动	10			
	汇报内容全面，重点突出	20			
合计		100			

自测题

一、单项选择题

1.(　　)交通运输是森林旅游交通中最主要、应用范围最广的旅游交通方式。

A. 航空　　　B. 铁路　　　C. 公路　　　D. 水路

2. 318 国道被誉为"中国人的景观大道"，国道起点为(　　)，终点为西藏友谊桥，全长 5476km(其中成都至拉萨全长 2142km)，是中国最长的国道。

A. 徐州　　　B. 上海　　　C. 杭州　　　D. 南京

3. 森林旅游度假列车就像一个带着车轮行驶的五星级酒店，旅客在列车中就可以享受到(　　)式的旅行体验，品尝到当地具有特色民族风味的美食。

A. 游轮　　　B. 酒店　　　C. 民宿　　　D. 火车

4. 漂流最初起源于因纽特人的皮船和中国的(　　)。

A. 竹木筏　　B. 皮划艇　　C. 竹排　　　D. 木船

5. 鄱阳湖国家湿地公园从 2019 年 12 月起，每(　　)年举办一次鄱阳湖国际观鸟节。

A. 1　　　　B. 2　　　　C. 3　　　　D. 4

二、多项选择题

1. 森林旅游区内部交通方式包括"一路三道"，这里说的"一路三道"是指(　　)。

A. 旅游公路　B. 索道　　　C. 栈道　　　D. 游步道

2. 318国道被誉为"中国人的景观大道"，行走在这条路上，将翻越10余座海拔超过4000m的大山，跨过(   )这3条大江。
   A. 金沙江　　　B. 怒江　　　C. 澜沧江　　　D. 雅鲁藏布江

3. 国家森林步道是国家基础设施建设的重要组成部分，是国家形象的重要组成元素，是肩负着(   )、经济增长等诸多使命的自然与文化综合体。
   A. 生态教育　　B. 遗产保护　　C. 文化传承　　D. 休闲服务

4. 2017年11月13日，国家林业局公布了第一批5条国家森林步道名单，以下属于第一批国家森林步道的有(   )。
   A. 太行山国家森林步道　　　B. 大兴安岭国家森林步道
   C. 罗霄山国家森林步道　　　D. 大别山国家森林步道

5. 我国向来有"北吃蝗虫南吃蝉"的习惯。居住在德宏的部分少数民族至今还保留着以昆虫为食品的习惯。以下属于傣族当地名菜的是(   )。
   A. 蚁炒鸡蛋　　B. 知了背肉馅　　C. 蛐蛐酱　　D. 芭蕉叶烤蝌蚪

三、填空题

1. "一号步道"是指_____国家森林步道。

2. 旅游公路沿线应按照_____、_____原则，合理布设服务区、停车区、观景台、驿站、自驾车/旅居车营地等旅游服务设施。

3. 国家森林步道专用标志由图形和文字构成。图形主体是深绿与浅绿的剪影，分别代表森林和草原，中间留白既代表步道，也代表湿地，象征步道途经_____、_____、_____等自然生态系统。

4. 2013年，武功山国际帐篷节照片被入选美国《时代》杂志年度全球"_____"。

5. 漂流最初起源于因纽特人的_____和中国的_____。

四、判断题

1. "一号步道"是首批5条国家森林步道中唯一一条南北走向的步道。（　　）

2. 森林食品是指来自良好森林环境，遵循动植物自然生长规律，可以有人工合成添加物，具有原生态、无污染、健康、安全等特性的各类可食用林产品。（　　）

3. 旅游民宿是利用当地民居等相关闲置资源，民宿主人参与接待，为游客提供体验当地自然、文化与生产生活方式的小型住宿设施。（　　）

4. 森林旅游购物时有很多小商贩的摊点，游客可以在这些摊点上放心购买自己喜欢的森林旅游商品。（　　）

5. 漂流是一项富有挑战性的户外运动，适合所有游客群体。（　　）

项目五　森林旅游安全

数字资源

>> **知识目标**

(1) 掌握森林旅游安全基本常识；
(2) 掌握野生动物与有毒植物和菌类危害及预防；
(3) 掌握森林旅游自然灾害防护及野外疾病的防治。

>> **技能目标**

(1) 能在森林旅游活动中结合各种实际情况做好安全防护工作；
(2) 能结合森林旅游过程的实际做好安全意识培养和基本防护培训。

>> **素质目标**

(1) 培养热爱生命的意识；
(2) 培养保护环境的环保意识；
(3) 培养敬畏自然、尊重自然及与自然和谐共处的意识。

任务一　认知森林旅游安全

森林旅游区自然环境复杂，野外旅游活动可能会存在各种各样的潜在危险。森林旅游安全工作既关系到游客生命财产安全及森林旅游活动的顺利开展，也关系到森林旅游资源的保护，责任重大。因此，开展森林旅游活动时，游客一定要做好周全的应急计划。本项目介绍森林旅游安全的一些基本常识，野生动物与有毒植物危害及预防，以及森林旅游过程中自然灾害和部分野外疾病的防护。

一、森林旅游必备物品

开展森林旅游活动时，在野外应尽可能随身携带以下旅游必需品：指南针，用于识别方向；打火机或者火柴；多用途小刀，用于切割食物、防身等；口哨，用于求救；塑料布，用于保持体温，防止热量过快散失，隔潮或作为篷布；针线包，用于挑刺、缝补、做鱼钩等；太阳镜、防晒霜，能有效地阻挡紫外线对眼睛及皮肤的伤害；手电筒、望远镜、饮水净化吸管等。

同时必须携带一些常见药品，如感冒药、消炎药、肠道镇静剂、镇痛药、高锰酸钾、抗过敏类药、蛇药、风油精、清凉油、创可贴、纱布、净水药片等。

二、野外方向辨别与迷失应对

（一）野外方向识别

野外方向识别主要依靠经验和工具，在没有工具的情况下，需要借助一些方法来判定方向和位置。

1. 太阳法

借助太阳识别方向有3种方法。第一种方法，太阳从东方升起，从西边落下，这是最基本的辨识方向的方法。第二种方法，将手表的时针对准太阳，时针与12点的夹角平分线所指的方向是南。第三种方法叫立竿见影法，在太阳足以成影的时候，在平地上竖一根木棍（长1m以上），在木棍影子的顶端放一块石头（或做其他标记），木棍的影子会随着太阳的移动而移动。30~60min后，再次在木棍影子的顶端放一块石头，然后在两块石头之间画一条直线，在这条线的中间画一条与之垂直相交的直线（便于标记东、西、南、北方位），左脚踩在第一标记点上，右脚踩在第二标记点上，这时站立者的正面即是正北方，背面为正南方，右手边是东方，左手边为西方。

2. 植物法

在北半球，单株植物枝叶茂盛的一面为南面；大石块、树干南面的草长得比较旺盛，秋天南面的草枯萎得比较快；树皮一般南面的比较光滑，北面的比较粗糙；秋季朝南的果树果实结得较多，果实成熟时朝南的也先变色；松柏类树木及杉树在树干上流出的胶脂南面的较北面多，且易结成较大的块。通过观察树木的年轮也可以辨别方向，向南一侧的年轮比较稀疏，向北一侧的则比较紧密。

3. 动物法

蚂蚁习惯把蚁穴筑在树干南面，因此，在野外树木上，找到了蚁穴就可辨别出方向，而且蚁穴的洞口一般也是朝南开的；蚂蚁喜欢把挖出来的土放在洞口的北面，因此洞口周围土层堆积较多的一侧是北面。另外，野蜜蜂也喜欢把蜂巢筑在树的南面，这样便于采光，能保持蜂巢的干燥，因此，看到树干有蜂窝的一面就是南面。还有秋天大雁向南飞，春天大雁则向北飞等。

4. 石头法

在较为湿润的地区，开阔平地上的岩石受水分的影响，长着浓密青苔的一面是北面，较为光秃的一面为南面，这是因为青苔喜潮湿，不耐阳光，因而通常生长在石头背阳的一面。在西北内陆地区，较高处大石块的迎风面一般较为光滑，背风面则相对比较粗糙，所以相对光滑的一面是西北方向，相对粗糙的一面是东南方向。

5. 星座法

借助星体可以识别方向。在北半球通常以北极星为目标，夜间北极星位于正北。夜晚利用北极星辨认方向的关键在于要准确地找到北极星。

当然，在野外判断方向的方法远远不止这些，要根据实际情况具体分析，综合运用，从而做出正确的判断。

(二)野外迷失应对措施

森林旅游时环境陌生偏远,地形地貌复杂,气象条件多变,因此游客除做好应急计划外,还应该掌握野外迷失的一些应对措施。

1. 望远法

在山区迷失方向后,如果被困在山谷,应爬上山顶或高处,一是山顶高处比谷底安全,二是这样可以登高望远,高处视野开阔,便于寻找方向。

2. 顺溪法

道路、居民点常常是临河而建的。如果在山区迷路了,看到山谷小溪,可以顺溪而下,找到道路和居民点。但顺着山间溪流行走时,容易碰到悬崖,要注意人身安全。

3. 山脊法

在深山行走,要坚持"走脊不走沟,走纵不走横"。因为山脊也有一定的导向功能,只要沿山脊前进,通常可抵达某个村落。另外,山脊林木相对稀疏,地形相对简单,视野较开阔。而沟内除了易长荆棘外,还有极为危险的松动滚石和构成人身危胁的动物。

4. 参照物法

在广阔的沙漠及雪原上,因景物单一,一般人在无参照物的情况下行走会不自主地出现左脚步比右脚步大 $0.1 \sim 0.4$ mm,最后造成在 $3 \sim 5$ km 范围内走圆圈,即俗话说的"鬼打墙"。这时可每走一段路做一个标记,如放石头、插树枝或在树干上刻记号等。

5. 兽道法

人常走的路表面通常因行走次数多而坚硬,有路形,但并非所有的路都是人行走形成的。如果上半身常碰到藤条,而下半身却没有这些杂物缠绕,则可能为野兽出没的路,必须立即返回。不得已的时候,通过喊叫将野兽吓走,以确保人身安全。

(三)森林旅游遇险求救信号

森林旅游中,如果遇险,要冷静下来寻找自救办法。遇险求救时,要根据自身情况和周围的环境条件,发出不同的求救信号。一般情况下,重复三次的行动都象征寻求援助。

1. 烟火信号

燃放三堆火焰是国际通行的求救信号,将火堆摆成三角形,每堆之间的间隔相等最为理想,火堆的燃料要点燃后能快速燃烧,一旦有飞机路过,就尽快点燃求助。

如果是白天,火堆上要添加些湿枝或青草等能散发烟雾的材料;如果是在夜间或深绿色的丛林中,亮色浓烟十分醒目,可以添加绿草、树叶、苔藓和蕨类植物,都会产生浓烟。

使用烟火信号求救时要特别注意防止引起森林火灾。

2. 国际紧急求救信号

SOS 是国际通用的紧急求救信号。实际上,在无线电通信中表示紧急求救的信号是三短三长三短,由于在莫尔斯电码中三短代表 S,三长代表 O,因此紧急求救信号就被简称为 SOS。这个信号简单明了,世界上各个国家都采用(图 5-1-1)。求救者可以根据自己身边的条件来选择合适的方法发出 SOS 求救信号,如用树枝、石块或衣服等物在空地上砌出 SOS 求救字样(图 5-1-2),晚上可以使用手电筒或闪光灯向飞机发出 SOS 信号。当然,随着现在科技越来越发达,有求救功能的电子产品逐渐问世,最便捷的就是手机了,有很多手机可以直接发送 SOS 信号从而使求救者及时获得救援。

FILL 字母也是国际通用的紧急求救信号。单个一根木棒"I",是最为重要、制作也最简单的一个。尺寸是每个字母长 10m、宽 3m,每个字母间隔 3m。

3. 体示信号

当搜索飞机较近时,双手大幅度挥舞与周围环境颜色反差较大的衣物,表达遇险的意思。

4. 旗语信号

将一面旗子或一块色泽亮艳的布料系在木棒上,持棒挥动时,在左侧长划,右侧短划。加大动作的幅度,做"8"字形运动(图 5-1-3)。

图 5-1-1　SOS 求救信号

图 5-1-2　用石头、树叶等砌出的 SOS 求救信号

图 5-1-3　旗语信号

5. 声音信号

可以吹哨子或高声呼喊,吸引别人注意。如果隔得较近,可大声呼喊或用木棒敲打树干。有救生哨作用会更明显,三声短,三声长,再三声短,间隔 1min 之后再重复(图 5-1-4)。

6. 反光信号

利用阳光和一个反射镜即可射出信号光(图 5-1-5)。在晴朗的白天,镜子是最好的信号装置。如果没有镜子,可以磨光水杯、皮带扣或者其他任何明亮的材料如罐头盒盖、玻璃等,持续地反射规律性地产生一条长线和一个圆点,或随意反照引起别人的注意。注意环视天空,如果有飞机靠近,就快速反射出信号光。这种光线或许会使救援人员目眩,所以一旦确定自己已被发现,应立刻停止反射光线。

图 5-1-4　救生哨

图 5-1-5　反光信号

7. 留下信息

森林旅游遭遇危险时，要留下一些信号物，以备让救援人员发现。地面信号物能使救援人员了解求救者的位置或者过去的位置，方向指示标有助于救援人员寻找求救者的行动路径。一路上不断留下信号物和指示标，不仅救援人员容易找到，而且在求救者自己返回时，也不致迷路。

在森林旅游活动中遇险时要记住这几个国际通用的英文单词：SOS（求救）、send（送出）、doctor（医生）、help（帮助）、injury（受伤）、trap（困境）、lost（迷失）、water（水）。

需要注意的是，如果长时间等不到救援，要躲进洞穴中或在凸出的岩石下遮挡风雨或烈日，但要避开山崩或雪崩的险地等。

三、水源寻找与净化

水是生命之本，是能否远行和生存的决定性因素。但是水又是沉重的东西，特别不方便携带。所以，森林旅游时如何合理安排饮用水，如何在野外寻找可以饮用的水源，以及如何处理不能直接饮用的水源，是重中之重。

（一）合理安排饮用水

森林旅游中，在水源紧缺的情况下，喝水也要讲究科学性，要合理安排饮用水，不要觉得口渴了便一次喝水太多。如果一次喝水较多，超出了身体所承受的范围，身体会将吸收后多余的水分排泄掉，这样就会白白浪费很多的水。因此，在喝水时，一次只喝一两口，然后含在口中慢慢咽下，等感觉到口渴时再喝一口，再慢慢咽下。这样喝水，既可以使身体将喝下的水充分吸收，又可以解决口舌、咽喉的干燥问题。

（二）寻找水源的方法

1. 植物法

生长着留兰香、沙柳、马莲、黄花菜、木芥的地方，地下水位较高，且水质也好；生长着灰菜、茼蒿、蔓荆子的地方，也有地下水，但水质不好，带有苦味或涩味；三角叶杨、梧桐、柳树、盐香柏等植物只生长在有水的地方，在它们下面定能挖出地下水来；初春时，若其他树枝还没发芽，独有一处树枝已发芽，说明此处有地下水；入秋时，若同一地点其他树枝已经枯黄，而独有一处树叶不黄，此处有地下水。

2. 声音法

通过声音寻找到的水，水质都比较好，因此要多注意山脚、山涧、断崖、盆地、谷底等是否有山溪或瀑布的流水声，有无蛙声和水鸟的叫声等。如果能听到这些声音，说明离有水源的地方不远了。还有一种情况是"只闻水声不见水影"。在枯枝落叶比较多或者石块重叠的地方，泉水、溪水、雨水是边流边下沉，在沉下去以后，遇到坚硬的地质才不会再下沉，并向较低的地方流。长期的水流在浮层下逐渐形成了暗流，所以会导致只听到声音却看不到水。如果遇到这种情况，在植物比较茂盛并且有苔藓的潮湿的地方，趴下去仔细听就可以判断出水流的具体位置，搬开石块，清理干净落叶就可以看到水了。

3. 动物法

有青蛙、大蚂蚁、蜗牛居住的地方都有水;夏天蚊虫聚集且飞成圆柱形状的地方一定有水;燕子飞过的路线和衔泥筑巢的地方,都是有水源和地下水位较高的地方;草食性动物和谷食性鸟类通常不会离水源太远,因为它们早、晚都必须饮水。

4. 收集汁液法

可以从葛(图5-1-6)、葡萄、猕猴桃、五味子等藤本植物中获取水分;芭蕉又名仙人蕉,它的芯含水量很大,用刀将其从底部迅速砍断,就会有干净的液体从茎中滴出来(图5-1-7);春天树木要发芽时,可以从春榆等乔木的树干及枝条中获取水分;也可以从芦荟、仙人掌及其果实中获取水分。这些从植物中获取的"水"容易变质,最好即取即饮,不要长时间存放。需要特别注意的是,汁液乳浊的藤本或灌木、乔木,其汁液千万不要饮用,它们一般有毒。

图 5-1-6 葛

图 5-1-7 芭蕉

(三)野外水净化技巧

一般说来,通过上述方法寻找到的水,最好都进行消毒处理后再饮用。可以使用净水药片、医用碘酒、次氯酸盐(漂白剂)等对水进行消毒。在海拔高度不太高(海拔3000m以下)且有火种的情况下,把水煮沸5min,也是对水进行消毒的好方法。

目前,有一种饮水净化吸管叫生命吸管,在野外非常实用。生命吸管是一种过滤饮用水的吸管装置,它实际上就是一根长度160mm、直径31mm、重量60g的塑料管,里面装有过滤材料和滤芯。一根生命吸管在保证过滤质量的条件下能够过滤最多1500L水,足够供一个人一年使用。生命吸管采用孔径0.01μm的超滤膜过滤细菌和病毒,同时用活性炭去除异味改善口感,用离子交换树脂去除重金属、软化水质,从本质上解决了户外安全饮水的问题,满足更多户外运动爱好者的户外用水需求。

四、宿营

(一)宿营地选择

宿营地的选择,最重要的是选择安全可靠的地点,其次是生活方便和能住得比较舒适。营地的选择还要因地制宜,从客观条件出发,同时要注意环保,要爱护大自然,不要破坏当地植被和周边自然环境。比较适宜的宿营地应选在离水源不太远且地势稍高些、干燥些的背风地带。选择宿营地时必须注意:

- 应尽量在坚硬、平坦的地上搭帐篷,但不要选在山顶的开阔地。因为山顶的风大,不仅宿营很冷,而且一旦刮起大风,连帐篷也可能被掀掉。
- 不要在山崖下宿营。因为要防备山上有石头落下,若在冬天要防雪崩,春、夏季要防止突然下暴雨造成的山洪暴发和塌方。
- 不要在山谷底下宿营。山谷底下会聚集下沉的冷空气,潮气太重,不利于身体健康。
- 不宜选在靠河流、溪涧太近的地方宿营。这样的地方蚊子多,而且要防止前来饮水的猛兽的侵扰;如果河和溪涧上游有水库,一旦放水,河流、溪涧水流暴涨,帐篷连人就有被淹的危险。
- 不要在大树下宿营,一旦天气变化,大树下最容易遭受雷电袭击。
- 不在蜂窝附近宿营。野外有许多具有螫刺性的蜂类,其中黄蜂、马蜂危害性较大。一般情况下,蜂类不会主动进攻人类,但是如果人类入侵了它们的领地,或者不小心碰到了它们的蜂巢,就会有大麻烦。许多人在野外曾被刺得遍体鳞伤,甚至中毒身亡。

(二)宿营预防措施

在野外丛林中宿营要特别注意防蛇、防虫。要清除营地四周杂草,周围挖一道排水沟,并且撒一层草木灰(柴草燃烧后的灰),或者撒一圈石灰、雄黄,防止蛇虫侵入。床铺应离开地面 30~50cm,若打地铺,可用树枝、树叶或细竹垫铺,尽量不要用杂草。临睡前要先在地上敲打,清除爬上来的昆虫。醒来时,应首先仔细地察看身体周围及附近是否有蛇或昆虫被惊动。还要注意保持营地的清洁,所有垃圾必须及时掩埋。因为只要有星点的油脂,就有可能把蚂蚁引来,蚂蚁又会将蜥蜴引来,而蜥蜴又会把蛇引来。注意不要用火烧鱼骨头,这种气味也会把蛇引来。在有蛇出没的地区活动时,应随时注意,以减少被蛇咬的可能。

(三)宿营发生意外处理办法

由于野外宿营具有一定的危险性,随时会有意外发生,下面简单介绍意外发生时的常见处理方法。

风雨与电击 闪电时避免站在大树下,手中及身上的金属类东西最好丢弃。如果逃避不及,就地卧倒也可将危险降至最低。

山洪 宿营时应注意洪水流向,沙滩冲积地是宿营佳处,但洪水来时也是最危险的地方,下雨后应及时采取行动,另择营地,否则会有被洪水冲走的可能。

防火 除了要做好灭火的工作外,切忌在帐篷内点蜡烛,烟头、烟蒂不要往干柴上丢,帐内照明最好使用手电筒或营灯。

虫噬与毒蛇咬伤 参照第二节中野生动物危害预防及处理。

森林旅游安全认知

1. 要求

以校园周边某一座山为森林旅游区,进行关于方向辨别、遇险求救、寻找水源的安全技能模拟演练。

2. 方法与步骤

(1)依据方向辨别、遇险求救、寻找水源野外生存三大任务,将学生分组,每组4~5人,确定组长。

(2)充分运用所学安全知识,准备好手表、口哨等相关道具。

(3)各组选择适当的地点分别进行三大野外生存技能模拟演练。

3. 考核评价

根据表5-1-1对上述实训的结果进行评价。

表 5-1-1 评价表

项目	评分标准	分值	教师评价得分（占70%）	小组互评得分（占30%）	综合得分
安全知识运用	相关任务所用方法多样、运用正确	40			
	道具运用正确	10			
	安全知识总结到位	10			
团队表现	团队分工明确、沟通顺畅	10			
	体现良好的团队协作精神	10			
任务完成情况	方向辨别无误,遇险求救方式正确,找到干净水源	20			
合计		100			

任务二　野生动物与有毒植物和菌类危害及预防

森林旅游中,游客是去各种自然生态环境体验自然界的各种乐趣,这就不可避免地要遇到多种多样的野生动植物和菌类。它们给游客提供多种乐趣的同时,也可能给游客造成危害。因此,有必要对在森林旅游中涉及的野生动植物和菌类危害类型进行较系统的研究,掌握一些预防和急救措施,减轻其危害的程度。

一、野生动物危害预防及处理

游客走进大自然,侵入了野生动物天然的栖息环境,或对野生动物构成了直接伤害或潜在的威胁,野生动物出于防御的本能,有可能给森林旅游者带来多种伤害。此外,很多野生动物都可能携带病原体,成为某些传染病的传播媒介。这就要求游客对森林旅游区可能存在的野生动物危害做一个全面了解，通过多种途径来预防野生动物的危害。一般毒蝎子、毒蜘蛛、毒蜈蚣的毒性大，遭到袭击后应采用对付蛇伤的方法处理。如果是被有毒野生动物咬伤，条件允许的情况下，急救处理的同时要赶紧送去医院。

1. 蜂类

常见的蜇伤人体的毒蜂主要有黄蜂、胡蜂、土蜂（图 5-2-1）等。被蜂蜇后如果不及时处理，会导致局部组织感染、化脓以及产生溃疡，还可能出现中毒症状和过敏性休克，有的甚至危及生命。

图 5-2-1　土蜂

蜂类有群居的生活习惯，喜光。白天出巢，晚间归巢不动。风力在 3 级以上时停止活动，雨天停止外出。春季中午气温高时活动最频繁，夏季中午炎热，常暂停活动。秋后气温降至 6~10℃ 时越冬。如果有蜂飞到身上，不要紧张，慢慢地走开或者轻轻挥动，让蜂自己飞走。如果不小心遭到群蜂攻击，要立即用衣物保护好自己的头、颈部，往蜂巢或者蜂群相反的方向逃跑，或者原地趴下，把皮肤裸露的地方全部遮住。

一旦被毒蜂蜇了，要赶紧把蜂刺拔出来，因为蜂毒主要在刺上。不同种类的蜂毒液酸碱性不一样。比如，黄蜂蜂毒主要成分为蚁酸，可以用浓肥皂水或碱水涂抹伤口，或用小苏打水清洗伤口，这样可以让酸性的毒液被碱性液体所中和。被黄蜂蜇了还有一种非常好的解毒方法，那就是用母乳涂抹在拔掉刺的伤口上。胡蜂的毒液呈弱碱性，必须用酸性的液体清洗伤口，生活中常用的食醋就是清理胡蜂蜇伤口的最好选择。

2. 毒虫

这里说的毒虫，主要是指蚊子、臭虫、蚂蚁、隐翅虫、蜱虫等。热天为了防止毒虫叮咬，森林旅游活动时最好在暴露的皮肤上喷涂驱蚊液、花露水等。若被毒虫叮咬，可将随身携带的清凉油、风油精或花露水涂搽患处，以止痒、止痛、防感染，或用口水、肥皂水涂抹等，也能起到消炎、止痒的作用。此外，民间偏方中也有用葱叶、葱头或大蒜捣成泥状涂患处，或用新鲜仙人掌洗净去刺、捣烂成泥涂于伤处，都有杀菌止痒、解毒止痛、消肿的作用。

3. 山蚂蟥

山蚂蟥中文名山蛭，是山林中有名的"吸血鬼"，常栖息于我国南方潮湿的山区草地或溪流河边，下雨之后喜欢爬到树上。山蚂蟥怕烟草、硫黄、酒精和雄黄等。

由于山蚂蟥的唾液有麻醉和抗凝作用，在其吸血时，人往往无感觉，当它吸饱离去时，伤口仍流血不止，常会造成感染、发炎和溃烂。有时还会钻入人的鼻腔、口腔、肛门、阴道、尿道等部位，引起相应部位的痛痒或出血。

在有山蚂蟥的地区旅游时，树叶上的山蚂蟥感觉到人的热量，就会往人的身体上落，因此最好戴上帽子，注意要穿着长衣、长裤，并将袜筒套在裤腿外面，以防山蚂蟥掉在头上、身上，或黏附到脚上；在鞋面上喷涂些杀虫剂、防蚊油，可以起到驱避山蚂蟥的功效；可手执竹竿，边走边打路边的杂草，注意手脚切勿接触草木；切忌喝山泉、溪水，以免喝进细小的幼山蚂蟥后其在呼吸道、食道、尿道等处寄生。在山蚂蟥有分布地区宿营时，必须铲除帐篷、厕所等四周的杂草及灌木等，把地面清扫干净，同时在四周的地面撒上沙子或木屑、煤渣、草灰、雄黄等做成防护线，以防山蚂蟥爬进。

一旦发现被山蚂蟥叮咬，注意千万不要强行将其拔掉，因为越拉山蚂蟥的吸盘吸得越紧，一旦山蚂蟥被拉断，吸盘就会留在伤口内，容易引起感染、溃烂。一般情况下，可以吐口水到山蚂蟥吸盘和身上，主要吐在吸盘上，多吐一点，往往就能让山蚂蟥松口，然后拍几下，山蚂蟥就掉了；也可以在山蚂蟥叮咬部位的上方轻轻拍打，使山蚂蟥松开吸盘而掉落；吸烟的可以点燃烟头，在山蚂蟥身体上烫几下，山蚂蟥也会松开脱落。没有烟头的情况下，可以用打火机空烧，把打火机的金属部位烧烫了再去烫山蚂蟥，也能起到同样效果。若伤口出血，可往伤口上撒一些烟灰或者盐粉。若没有这些东西，可用竹叶烧焦成炭灰，或将嫩竹叶捣烂敷在伤口上，也可以达到防感染和止血的目的；若山蚂蟥钻入鼻腔，可用蜂蜜滴鼻使之脱落。若还不脱落，可取一盆清水，让伤员屏气，将鼻孔浸入水中，不断搅动盆里的水，山蚂蟥可被诱出。

4. 蝎子

蝎子尾端呈囊状，长着一根与毒腺相通的钩形毒刺。被蝎子蜇伤处常发生大片红肿、剧痛，轻者几天后症状消失，重者可出现寒战、发热、恶心呕吐、肌肉强直、流涎、头痛、头晕、昏睡、盗汗、呼吸增快等症状，甚至发生抽搐及内脏出血、水肿等病变。儿童被蜇后，严重者可因呼吸、循环衰竭而死亡。

蝎子属于昼伏夜出的动物，喜潮怕干，喜暗怕光。白天隐藏于乱石堆、泥穴、木板、壁缝、墙角、枯叶内，夜间爬出觅食。因此，在野外活动时，要想办法把宿营地清理干净，夜晚不要赤脚行走，早上起来穿衣服和鞋袜时抖动一下，防止蝎子藏匿其中。

被蝎子蜇伤后，伤处若有毒刺残留，应迅速拔出。用手自伤口周围向伤口处用力挤压，将含有毒素的血液由伤口挤出；在简陋野外环境下用泥和自己的尿敷于患处，或用蒲公英的白色乳汁外敷伤口，或用大蜗牛1个洗净连壳捣烂涂伤口，都能起到消肿止痛的作用。必要情况下可以用烧红的小刀烫被蜇伤处数秒。

5. 蜘蛛

蜘蛛属于节肢动物，常栖居于森林、灌木丛或农田中。世界上大约有4万种蜘蛛，多数没有毒性，有毒性的蜘蛛都有一对角质螯，可以射出含神经性蛋白毒的毒液。在我国的长江以南地区有黑寡妇蜘蛛、澳洲蜘蛛及狼蜘蛛等伤人蜘蛛。毒蜘蛛有神经性蛋白毒，咬人后不痛，毒入人体内引起局部苍白或发红，出现荨麻疹；严重者，组织坏死，有头晕、头痛、恶心呕吐、软弱无力、发热、谵妄、呼吸增快、出汗等症状，甚至虚脱、死亡，儿童的反应较强烈。

预防毒蜘蛛咬伤的主要措施是野外旅游要注意防护，应穿长袖衣衫，扎紧袖口、裤腿，戴上手套，必要时随身携带急救消毒药品。

被毒蜘蛛咬伤后要尽快用肥皂水或者清水清洗受伤的地方，如果条件许可，在伤口处敷上冰袋，以减少疼痛；紧接着要在伤口近心端绑扎，每15~30min松开一次，2~3min再绷上，同时要挤压伤口，抽吸毒液；最后用苯酚烧灼，口服、外敷蛇药或用草药半边莲敷贴。

6. 蜈蚣

蜈蚣是一种陆生多足类节肢动物，俗称百足，体扁而长，腹背约有20节，每一体节有一对脚。第一对脚呈钩状，锐利，钩端有毒腺口，能排出酸性毒液（图5-2-2）。被蜈蚣咬后伤口会火烧般疼痛、红肿，严重者可导致休克、昏迷、抽搐、心脏和呼吸麻痹甚至死亡。

图 5-2-2　蜈蚣

蜈蚣畏光，白天在窝内栖息，夜间出来活动，20:00~24:00是蜈蚣活动的高峰；喜欢潮湿地，多栖息在腐木、石隙间或阴湿的草地中。掌握蜈蚣的习性，才能尽量避免被蜈蚣咬伤。另外，将蛇药片带在身边，有防蛇虫、蜈蚣、毒蚁等的作用，蛇虫都怕这种蛇药的气味。

被蜈蚣咬伤，立即用清水或肥皂水清洗伤口。挤出毒液，用盐肤木的汁液涂擦伤处；或者用蜗牛、蛞蝓、蚯蚓身上的黏液搽抹；或者把鱼腥草、蒲公英捣烂外敷；或者将独头蒜剥去蒜衣，切除蒜皮一层，用独头蒜截面对刺伤处及周围2~3cm处反复擦之。每小时擦一次，每次擦10~15min，直至痛止肿消为止。一般擦3次，最多10次，多可获愈。

7. 蛇类

如果被蛇咬伤，应该先分清是无毒蛇还是毒蛇。可以从以下几个方面判断是否被毒蛇咬伤。从外表看，无毒蛇的头部呈椭圆形，尾部细长，体表花纹多不明显；毒蛇的头部呈三角形（但眼镜蛇、银环蛇的头部不呈三角形），一般头大颈细，尾短而突然变细，表皮花纹比较鲜艳。从伤口看，由于毒蛇都有毒牙，伤口上会留有两颗毒牙的大牙印，而无毒蛇留下的伤口是一排整齐的牙印。从时间看，一般而言，被毒蛇咬伤后10~20min，其症状才会逐渐呈现。如果这段时间内出现伤口灼痛，局部肿胀并扩散，伤口周围有紫色瘀斑，有浆状血由伤口渗出，则极有可能是被毒蛇咬了。

一般被蛇咬的部位有70%是在足部，因此要尽量穿高帮鞋，尤其不要穿凉鞋。穿越丛林时，要警惕树上有无毒蛇，要戴帽子、扣紧衣领；登山或穿越时，尽量避免抓着树枝借力，尽量避免在草丛里行走或休息，如果迫不得已，最好拿一根树枝或竹鞭，边抽打路面边走；在山野中行走时，不要随便将手插入树洞或岩石空隙等蛇在白天的休息之处；蛇（眼镜蛇除外）只有在感到受威胁时才会主动攻击人，因此看到蛇时不要惊慌，远远避开是上策。如果被蛇追赶，不要沿直线跑，尽量沿"S"形跑；一般要带上蛇药片，以防万一。

被毒蛇咬伤后，争取时间是最重要的。首先需要找一根布带或长鞋带在伤口近心端

5~10cm处扎紧，以减缓毒素扩散，但为防止肢体坏死，每隔10min左右放松2~3min。同时可用冷水反复冲洗伤口表面，有条件的话可用生理盐水、肥皂水、双氧水等冲洗。应及时排毒，用清洁的小刀、三棱针或其他干净的利器挑破伤口，不要太深，以划破两个毒牙痕间的皮肤为原则，或用小刀在伤口周围的皮肤上挑一些孔，刀口像米粒大小，这样可防止伤口闭塞，让毒液外流。刀刺后应马上清洗伤口，从上而下向伤口不断挤压15min左右，挤出毒液。排毒后的伤肢应采取下垂位置，让毒血易于排出，并尽量使局部降温，如用湿毛巾覆盖等，这样可使中毒的化学反应减慢，还能使血管因寒冷而收缩，从而在一定程度上阻止蛇毒在体内扩散。如果带了蛇药，要外敷和内服蛇药，没有蛇药的话可在排毒后的伤口周围及肿胀部位外敷草药，但切勿覆盖伤口，以免妨碍毒液外流。急救处理后，应及时把伤者送医院救治。

8. 野猪

野猪出没于山地、丘陵、荒漠、森林、草地和芦苇丛，经常冒险进入农田。它的环境适应性极强，有领地意识，有好奇心，攻击性强，嗅觉、听力灵敏，视力差。野猪食性杂，活动不分昼夜，只要是饿了就会出去找东西吃，只要能吃的东西都吃。一般不主动攻击人，除非受到威胁和刺激。成群的野猪不太可怕，它们有安全感。单独的一头成年公猪比一群猪更危险。

遇到野猪要注意：要镇静，迅速打量周围环境，计划好逃离路线；不要直接转身跑，要盯着野猪，面对它慢慢后退，直到退出它的视野之外，不声不响地离开，特别注意不要背对它，在大自然的生存法则中，背对着的就是猎物；它没攻击你时，别出声，更不能蹲下，不要刺激它或者故意威胁它；不要挡在成年猪和幼猪之间，不要站在幼猪面前或食物面前，也不要挡在兽道上；可以点火烧东西，野猪怕火，也可以拿个木棍敲打树干。

9. 狼

狼栖息范围广，适应性强，山地、林区、草原、荒漠、半沙漠乃至高原均有狼群生存。狼既耐热，又不畏严寒，常在夜间活动，嗅觉敏锐，听觉良好，生性残忍且机警聪明。

森林旅游中遇到狼要注意：不要惊慌、试图逃跑，因为狼的奔跑速度极快，可达55km/h，并且能连续奔跑20km；要冷静，不要背对着它，要正视它的眼睛，面对它匀速后退，不能让它看出你想逃跑(自然界中某些动物后退的时候表示它准备发起攻击，会引起狼警觉)，如果它跟进则应立即停止后退；尽可能不要上树，上树等于自断退路，兽类善于等待；一边看着它一边慢慢弯下腰，装作捡石头的样子，狼如果发现你会攻击它，可能会掉头就跑；狼怕喊声，放声大喊，或者用登山杖或其他任何能发出金属撞击声音的东西，狠狠敲击；如果有打火机，马上点一个火把，并大胆举着火把冲向狼，它必然逃命；如果没有火把，可以把衣服脱下来点着。

10. 熊类

熊类一般不主动攻击人和动物，但当它认为必须保卫自己或自己的幼崽、食物或地盘时，也会变得非常危险而可怕。熊的视力比较差，看不到远距离的东西，但嗅觉非常灵敏，因此，远距离地避开熊，比正面遇见时逃跑更有用。

在野外遇到熊,首先要保持镇静,不要与熊对视,不要做出突然的举动。大多数时候熊并没有攻击性,它用后腿站立时往往只是观察你是否对它造成威胁。应该冷静地花几秒钟时间评估一下周围的环境,确定出逃生的路线,用手缓慢示意向后退,千万不要跑,任何瞪视、奔跑和尖叫都可能引起它不安而发动攻击。熊奔跑时的速度超过50km/h,对于不具侵略性的熊来说,如果奔跑只会引来它的追逐。特别注意,在野外遇到小熊时,需迅速远离,因为熊妈妈一定就在不远处,熊妈妈为了保护幼崽会做出任何事情。

二、有毒植物和菌类危害预防及处理

俗话说"越美丽的越有毒",在大自然这句话是通用的,很多美丽的植物和菌类都有毒。植物界还有世界十大剧毒植物的说法。通常带有乳白色奶状、黄色、橙黄色汁液的植物都有毒,甚至是剧毒。这里主要介绍国内森林旅游时可能遇到的几种常见有毒植物和菌类。在森林旅游中,如果碰到这些植物和菌类,千万不要去触摸它们,更不能食用。此外,花粉过敏也是困扰户外旅游者的一大问题。

1. 漆树

漆树是漆树科漆属落叶乔木,是生产生漆的树种。生漆是漆树上分泌的一种乳白色胶状物。在漆树的树干上有许多小管道,里面充满了内含物。把树皮割开以后,就有乳白色的汁液从漆树的树皮里流出来,与空气接触后,在氧化作用下,乳白色的汁液会逐渐变成栗褐色,最后变成黑色,同时也变得黏稠(图5-2-3)。

漆树的生漆中有毒,含有强烈的漆酸。在漆树生长活跃期,树干分泌出大量的漆酸,一旦沾到人的皮肤上,对生漆过敏者可导致红肿或中毒,又痛又痒,后期会全身溃烂,如果治疗不及时甚至会导致死亡。

治疗漆树过敏除了服用抗过敏药物、涂抹抗组胺软膏等之外,还可以用杉树皮加上樟树叶煎成汤洗过敏部位;用韭菜烤热擦患处,或用肥皂水或碳酸氢钠溶液洗刷;也可涂抹蜂蜜等。

图 5-2-3 漆树

2. 水毒芹

水毒芹因为它的叶子长得很像芹菜叶并且有毒而得名。水毒芹是一种多年生草本植物,靠近水边生长,分布于我国东北、西北、华北等地区,高70~100cm,最高可达1.8m,生白色平顶簇状小花，叶片由很多锯齿形小叶组成，叶上有紫色条纹，根为白色(图5-2-4)。

水毒芹学名 *Cicuta douglasii*，被美国农业部列为"北美地区毒性最强的植物"。水毒芹全身都有毒，尤其是在根部，这种毒素能够破坏中枢神经，误食者会出现恶心呕吐、腹痛腹泻、口腔有出血性泡沫，甚者大便泻下带血，全身痉挛、抽搐、呼吸困难、心动过速、呼吸麻痹，类似于癫痫发作(症状包括丧失意识以及肌肉剧烈收缩)并最终死亡。

森林旅游时为避免误食水毒芹，要注意水毒芹和水芹的区别，切勿将水毒芹误认为水芹做菜食用。水毒芹与水芹的区别是水毒芹的气味很重，有恶臭。

一旦发现误食水毒芹，应赶紧进行催吐洗胃；口服浓茶、蛋清、牛乳、活性炭悬浮液、白陶土等吸附剂、沉淀剂和胃黏膜保护剂；口服万能解毒剂，或用黄芩10g、甘草10g水煎代茶频服；或用绿豆100g，粉碎，以水调服；或绿豆50g、芝麻40g磨碎，以水调服；抽搐痉挛时可以针刺内关、曲池、太溪、足三里等穴，强刺激，不留针；呼吸麻痹时，可采用人工呼吸。紧急处理的同时要马上送去医院。

图 5-2-4　水毒芹

3. 曼陀罗

曼陀罗花又叫洋金花、大喇叭花、醉心花、狗核桃等，果实名为狗核桃、毛苹果。为茄科曼陀罗属一年生直立草本植物。我国各地均有野生或栽培，主产在华南地区，以广西、云南最多。花期6~8月，喜温暖、向阳及排水良好的砂质壤土。多野生在田间、沟旁、道边、河岸、山坡等地方。曼陀罗因花朵大而美丽，具有观赏价值。

曼陀罗全草有毒，以果实特别是种子毒性最大，嫩叶次之，干叶的毒性比鲜叶小。曼陀罗中毒为误食曼陀罗种子、果实、叶、花所致。曼陀罗中毒，一般在食后30min(最快20min)出现症状，最迟不超过3h，症状多在24h内消失或基本消失，严重者在24h后昏睡、痉挛、发绀，最后昏迷死亡。

一旦发现曼陀罗中毒，应立刻催吐洗胃，然后内服氧化镁、木炭末或通用解毒剂，也可用盐类泻剂灌服，以促进毒物的排出。中药解毒可用甘草30g、绿豆60g煎汤频服，或用绿豆120g、金银花60g、连翘30g、甘草15g煎水服，也可用防风、桂枝煎汤服。

4. 见血封喉

见血封喉是桑科见血封喉属常绿植物，又名箭毒木，主要生长在我国的云南西南部以及雨林地区，国家三级重点保护野生植物（图 5-2-5）。它的叶、皮、花等都会有白色乳液，这些乳液有剧毒，一经接触人、畜伤口进入人体，就会造成心跳急速下降、血管封闭、血液凝固，如果在短时间内不能有效治疗，就会造成中毒身亡，因此而得名。目前，这种树也是药用植物，一般用于麻醉和解热等。

在其原产地，猎人会将汁液涂抹在箭尖，制成毒箭用于狩猎大型野生动物。相传，在西双版纳民间有"七上八下九倒地"的说法，意思是如果中了它的毒，往高处走能走七步，往低处走能走八步，但是走不了九步就会倒地身亡。因此，在雨林中旅游时要特别注意不要去折见血封喉的枝叶。

图 5-2-5　见血封喉

大开眼界

神奇的见血封喉

见血封喉的树皮不仅厚，而且还具有超强的韧性，可以用来制作被褥、衣服等生活用品，其质轻盈、柔软，就算用十几年都不会变形，而且弹性依然很好，所以深受傣族人民的喜爱。更重要的是傣族人还用见血封喉来治病，但它毕竟有毒，因此除非必要，否则都是不用的。虽然如此，但也可见其价值之珍贵。

5. 花粉

花粉过敏又叫枯草热。在自然界，花粉是一种主要的致敏原。最容易引起花粉过敏的多为种子植物，如构树、蓖麻、地肤、法国梧桐等。这些植物花粉量大、体积小，在开花季空气中花粉含量高，有风的日子更容易传播。对于部分游客来说，在花粉季节进行野外活动容易引起花粉过敏。

花粉过敏的症状表现为：一是花粉过敏性鼻炎，鼻痒、打喷嚏、流涕、鼻子堵塞、呼吸不畅等；二是花粉过敏性哮喘，表现为阵发性咳嗽、呼吸困难、有白色泡沫样黏液，突发性哮喘发作并渐重；三是花粉过敏性结膜炎，表现为小儿的眼睛发痒、眼睑肿胀，并常伴有水样或脓性黏液分泌物出现。

花粉过敏的预防措施有：a. 在花粉季节进行野外活动时最好戴上帽子、密度较高的口罩，穿长袖的衣物，尽量避免与花粉直接接触。此外，戴眼镜可以减少眼睛受到影响的机会，所以不妨用有镜片的眼镜代替隐形眼镜，或是戴上太阳镜。b. 带上脱敏药物，如苯海拉明、氯雷他定等，也可在鼻腔局部涂抹花粉阻断剂。若遇皮肤发痒、全身发热、咳嗽、气急时，应迅速离开此地。如果症状较轻，可自行口服苯海拉明、氯雷他定或马来酸氯苯那敏，或者外涂过敏修复霜。c. 多备几件干净的衣物，发现过敏时，及时更换干净的衣物，防止受到持续的刺激。d. 有花粉过敏历史的可在野外旅游前服用抗过敏药物。e. 经常洗脸、洗手，防止花粉附着。

6. 野生毒菌识别与中毒处理

野生菌味道鲜美，含有脂肪、蛋白质、糖类、粗纤维、多种矿物质和多种维生素，是肝脏和心血管疾病患者的理想保健食品。野生菌广泛分布于全球各处，在森林落叶地带更为丰富。在森林中生长的木生菌种类和数量较多，如香菇、木耳、银耳、猴头菇、松口蘑、红菇和牛肝菌等。在田头、路边、草原和草堆上生长的草生菌有草菇、口蘑等。但并非所有的野生菌都可食用。据目前所掌握的资料，我国的毒菌有 80 余种，其中很多种能用水洗、水煮、晒干和烹调等处理方法将其毒素减弱和消除。尽管如此，但仍然有一些极毒致命的毒菌。因此，森林旅游时，在野外不可轻易食用采摘到的菌类，以免误食中毒。

一般来说，毒菌的颜色比较鲜艳，有疣，毒菌的帽子上会有疙瘩，有的有红斑、沟托、沟裂，有的茎基部有菌托（环状附着圈）、菌环。毒菌摘断后一般会有浆汁流出来，味道刺鼻。伞状真菌中任何切开的伤口处菌肉会变黄。此外，还可从以下几个方面对毒菌加以识别。

观外形　毒菌多有各种色泽，而且美丽，如毒红菇（图 5-2-6）；无毒菌则多呈白色或茶褐色。毒菌菌盖上有肉瘤，如黄磷鹅膏菌（图 5-2-7），菌柄上有菌环和菌托。毒菌多生长在肮脏、潮湿、有机质丰富的地方，无毒菌则生长于较干净的地方。毒菌采集后容易变色，无毒菌则不易变色。毒菌大多柔软多汁，无毒菌则较致密脆嫩。毒菌的汁液浑浊似牛奶，无毒菌的汁液则清澈如水。

图 5-2-6　毒红菇

图 5-2-7　黄磷鹅膏菌

闻气味　毒菌往往有辛辣、恶臭及苦味；可食用菌则有菌固有的香味，无异味。

变色试验　用葱白在菌盖上擦一下，如果葱白变成青褐色，证明有毒，反之则无毒；毒菌煮熟时遇上银器往往变黑色，遇蒜丁变蓝色或褐色。

牛奶试验　将少量新鲜牛奶洒在菌表面，如果牛奶在其表面上发生结块现象，则可能有毒；毒菌煮熟过程中如果加进牛奶马上凝固。

食菌中毒者绝大多数是胃肠炎型轻度中毒，表现为头晕、恶心、呕吐、腹痛、看东西不明或幻视、幻听等症状。如果中毒严重，会引发急性肾功能衰竭或导致休克甚至死亡的肝坏死和溶血性的中毒。

误食毒菌后，应尽快设法排除毒物。除可用温盐水灌肠导泻外，对中毒后不呕吐的人，还要饮大量稀盐水或用手指按咽喉引起呕吐，用1%的盐水或浓茶水反复洗胃，以免机体继续吸收毒素，从而减轻中毒程度，防止病情加重。经过这些处理后，要尽快转送医院诊治。

有毒菌类危害及预防

1. 要求

分享不少于5种野生菌以及毒菌的辨别方法。

2. 方法与步骤

(1) 学生分组：按照4~5人一组进行分组，确定组长，实行组长负责制。

(2) 收集资料：小组成员通过网络、报纸、杂志等多种方式收集野生菌及毒菌辨别方法的相关资料。也可到野外实地调查，收集一手资料。

(3) 小组研讨：在调研收集资料的基础上，小组成员深入探讨。

(4) 制作成PPT进行成果展示。

3. 考核评价

根据表5-2-1对上述实训的结果进行评价。

表5-2-1　评价表

评价项目	评价标准	分值	教师评价得分（占70%）	小组互评得分（占30%）	综合得分
知识运用	了解野生菌的价值；熟悉野生菌的分布；掌握常见的野生菌的种类	30			
技能掌握	能运用不同方法识别毒菌	30			
成果展示	分享的野生菌种类丰富；分享的毒菌识别方法多样，且可操作性强；体现仔细观察自然	30			
团队表现	分工明确，沟通顺畅，合作良好	10			
	合计	100			

任务三　森林旅游自然灾害防护及野外疾病防治

我国是自然灾害类型最多、频次最高的国家之一，拥有世界上几乎所有的自然灾害类型。掌握一定的自然灾害防护知识无论对于森林旅游者，还是森林旅游工作者，都是非常必需的。

一、自然灾害防护

（一）森林火灾

森林火灾是一种突发性强、破坏性大、处置救助较为困难的自然灾害。森林火灾不仅烧死、烧伤林木，直接减少森林面积，而且严重破坏森林结构和森林环境，导致森林生态系统失去平衡，森林生物量下降，生产力减弱，益兽益鸟减少，甚至造成人畜伤亡。高强度的大火，能破坏土壤的化学、物理性质，降低土壤的保水性和渗透性，使某些林地和低洼地的地下水位上升，引起沼泽化；另外，由于土壤表面炭化增温，还会加速火烧迹地干燥，导致喜光杂草丛生，不利于森林更新或造成耐极端生态条件的低价值森林更替。

森林火灾中对人体造成的伤害主要来自高温、浓烟和一氧化碳，容易造成热烤中暑、烧伤、窒息或中毒，尤其是一氧化碳中毒具有潜伏性，会降低人的精神敏锐性，中毒后不容易被察觉。

火源是发生森林火灾的主导因素，大量的事实说明，火源是可以进行人为控制的。因此，作为森林旅游者，要爱护森林，不要在林区吸烟，不要随地乱扔烟头，不要在山上野炊、烧烤食物，不准在林区内烧火驱兽；作为森林旅游工作者，要引导游客注意森林防火。另外，一定要掌握一定的森林火灾常识和自救技能。

- 发现森林火情，应立即拨打全国统一的森林火警专用报警电话"12119"报警，争取救援或指导自救；积极自救，快速转移避险。
- 密切观察风向的变化，不能顺风、顺火逃生。
- 如果在山顶上，千万不要往山谷跑，山谷很容易形成回头火；低洼的地方二氧化碳集中，容易使人缺氧死亡。要尽量选择上风头或两侧逃生。
- 如果被大火包围在半山腰，要快速向山下跑，切忌往山上跑，通常火势向上蔓延的速度要比人跑的速度快得多。
- 如果处在下风向，要当机立断，选择草较小、较少的地方，用衣服包住头，憋住一口气，迎火猛冲突围，千万不能与火赛跑，只能对着火冲。
- 强行顶风冲越火线。当点火或其他条件不具备时，要选择已经过火或杂草稀疏、地势平坦的地段，快速逆风冲越火线，进入火烧迹地即可安全脱险。
- 按规范俯卧避险。发生危险时，若就近有河流（河沟），用水浸湿衣服蒙住头部，就近选择植被少的地方卧倒，扒开浮土直到见着湿土，把脸放进小坑里面，双手放在胸部，脚朝火冲来的方向。

> **知识拓展**
>
> ### "3·22"大连大黑山山火事故
>
> 大黑山被誉为辽南第一山，位于大连市金州新区城东约5km，主峰海拔663.1m，面积23.79km²。它是大连古文化的发祥地，集自然景观、人文景观于一身，被批准为国家AAA级景区、国家森林公园和国家地质公园，同时佛、道、儒三教合一，是辽东地区著名的宗教圣地、辽宁省文物保护单位，也是海滨城市登山旅游经典路线所在地。
>
> 2015年3月22日13时48分，辽宁省大连市金州开发区大黑山突发山火，整个山坡被大火覆盖，浓烟在数十千米外都能看到，火灾造成5名登山者死亡。关于火灾起因，经过专案组走访摸排，确定是案发地附近的中小学生一起进山玩火引起的。据了解，当地天干物燥，久晴少雨，加之火灾发生当天正好刮起了6~7级大风，风势比较大，助推了山火的蔓延。

(二)山洪与泥石流

山洪与泥石流都发生在山区，暴发时都是山谷轰鸣、地面震动，流体汹涌澎湃沿着山谷而下冲向山外。两者相似，但在灾害特点及逃生技巧上有较大区别。

1. 山洪与泥石流的灾害特点

山洪是指山区溪沟中发生的暴涨洪水。山洪具有突发性，水量集中、流速大、冲刷破坏力强，水流中携带泥沙甚至石块等，常造成局部性洪灾，一般分为暴雨山洪、融雪山洪、冰川山洪等。泥石流是指山区或者其他沟谷深壑、地形险峻的地区，因为暴雨、暴雪或其他自然灾害引发的山体滑坡并携带有大量泥沙以及石块的特殊洪流。泥石流具有突然性以及流速快、流量大、物质容量大和破坏力强等特点。

泥石流大多伴随山区洪水而发生。它与一般山洪的区别是洪流中含有足够数量的泥沙、石块等固体碎屑物，其体积含量最少为15%，最高可达80%左右，因此比山洪更具有破坏力。由于裹携大量泥沙、石块，流动时泥石流比山洪能量大，破坏力强，具有明显的撞击和淤埋破坏现象。泥石流流经和堆积地带的建筑物、构筑物和树木等可完全被摧毁或淤埋，泥石流常常会冲毁公路、铁路等交通设施甚至村镇等，被冲撞和淤埋的人员难以自救，生还机会很小，易形成重大人员伤亡。山洪主要为冲击破坏，撞击和淤埋破坏力小，所经之地，建筑物主要是被冲毁，且能有部分保留，被冲树木可有部分保存，遭遇山洪的人员自救机会大，有生还机会。

2. 遭遇山洪、泥石流的逃生技巧

川藏境内的国道319、国道318、国道317、国道314上经常发生泥石流，即所谓美景与危险并存，美景险中求。因此，前往山区沟谷旅游，一定要事先了解当地近期及未来数日的天气情况，避免大雨天或连续阴雨天前往这些景区旅游。如果恰逢恶劣天气，要赶紧调整旅游线路。不幸遇上山洪和泥石流等时，要掌握技巧，避难逃生。

(1)遭遇山洪

遭遇山洪时要迅速判断现场环境，马上寻找较高处，尽快离开低洼地带，选择有利地形躲避；躲避转移未成时，应选择较安全的位置固守，如在稳定、坚固的岩石或者大树上等待救援，并不断向外界发出救援信号，及早求得解救；要与其他被困旅客保持集体行动，听从管理人员的指挥，不单独行动，避免情况不明陷入绝境；如果能及早脱险，应迅速向当地管理部门报警，并主动服从当地有关部门指挥，积极参加后续行动；任何情况下，都不能轻易涉水过河；洪水来临时，切不可顺河谷方向奔跑，应该以最快速度向左、右两侧高坡撤离；转移要迅速及时，紧要时可以抛弃负重，不要贪恋财物，耽误了最佳避险时间；如果不知道当地旅游部门或景区的联系方式，可以打110、119、120等报警电话请求救援；一旦情况危险，有责任通知其他游客，并及时向他们发出示警。

(2) 遭遇泥石流

首先要随时注意观察周边山体的状况，判断是否会有泥石流发生。特别留意是否听到远处山谷传来打雷般声响，河流突然断流或水势突然加大，并夹有较多柴草、树木，深谷或沟内传来类似火车的轰鸣或闷雷般的声音，沟谷深处突然变得昏暗，还有轻微震动感，这些迹象都能确认沟谷上游已发生泥石流。

根据各种现象判断发生泥石流之后，应立即逃跑。如果路径垂直于泥石流的方向，选择最短、最安全的路径向沟谷两侧山坡或高地跑，跑得越快越好，爬得越高越好，绝对不能往泥石流的下游方向逃跑；不要爬树逃生，不要待在陡峭山坡上土层厚重的深洼里，不要躲在滚动的岩石或成堆的岩石后面。沿山谷徒步时，一旦遭遇大雨，要迅速转移到附近安全的高地，离山谷越远越好，不要在谷底过多停留。

总之，在遇到泥石流和山洪时，都应向两侧山坡高处跑。在一些紧急时刻，遇到洪水可以就近爬到树上或建筑物上避险，但遇到泥石流时则不可取，因为泥石流可将沿途一切摧毁。

知识拓展

萍乡武功山景区山洪暴发

资料显示，每年雨季，萍乡武功山景区时有山洪暴发，雨季前往一定要小心。

2018年7月24日傍晚，萍乡武功山景区突降暴雨，持续整夜未停。武功山蓝天救援队接到一名女大学生从景区深山打来的求救电话，称她和同伴傍晚从深山小路返回途中，突遇暴雨不慎滑倒，并滚落在悬崖下的一处瀑布潭河床上。她的同伴脚踝受伤，已陷入晕厥。

2019年6月7日上午，6名来自湖南长沙的学生和4名驴友被困在武功山。武功山蓝天救援队接到求助电话后，与景区管理局工作人员展开了一场"飓风营救"。经过准确定位，救援队1.5h后找到了位于两江口附近的10位被困者。10时这10人走驴友线路登武功山，然而中午时分，武功山下暴雨引发了山洪，使他们陷入了上下两难的境地。经过逾4h的救援，最终10名被困者全部安全脱离困境。

2020年6月25日凌晨，萍乡武功山景区连降大暴雨，洪水给景区造成巨大损失，数十座桥梁被冲塌，道路滑坡塌方30余处，3000余亩农田被冲毁，部分电力中断，近300名群众被困。

(三)雷电灾害

雷电灾害是一种气象灾害。雷电灾害作为自然界中影响人类活动的最重要灾害之一，已经被联合国列为"最严重的十种自然灾害之一"。我国的雷电灾害主要集中在每年的4~9月，其中6~8月为高发期。在户外开展森林旅游时，应遵守以下事项，预防雷电灾害：

不要在大树下躲雨，如果地处山区，可以到山岩下或者山洞中避雨。若较短时间内找不到任何合适的避雷场所，应尽量降低重心，减少人体与地面的接触面积，这时可以尝试蹲下，将身上的金属物如带金属框的眼镜、手表、钥匙、项链等摘下，放到几米以外，双脚并拢，手放膝上，身体向前屈，但千万不要躺在地上或土坑里；如果能披上雨衣，则防雷效果更好。

在野外的人群，无论是运动的还是静止的，都应拉开几米的距离，不要挤在一起，也不要牵着手靠在一起，以防电流互相传导；在雷雨天气，千万不要到江、河、湖、塘等水面附近活动，水边更容易遭受雷击，因为水的导电率较高，水陆交界处是土壤电阻与水的电阻交汇处，这样形成一个电阻率变化较大的界面，闪电就容易趋向这些地方。如果有人受到雷击，被烧伤或者休克，一定要在其身上不带电的情况下才能安全抢护。如果在户外看到高压线遭雷击断裂，此时应提高警惕，因为高压线断点附近存在跨步电压，身处附近的人此时千万不要跑动，而应双脚并拢，跳离现场。

二、野外疾病防治

(一)失温

失温是指人体热量流失大于热量补给，从而造成人体核心区温度降低，并产生一系列寒战、迷茫、心肺功能衰竭等症状，严重时可导致死亡。这里的人体核心区指大脑、心肺等核心生命器官，而不是四肢和体表皮肤。温度、湿度、风力是导致失温最常见的直接原因。三要素当中只要有两个因素满足条件就有可能会导致失温。2021年5月22日甘肃白银山地马拉松赛21人遇难，这次事故的直接原因之一就是队员急性失温。

1. 失温症状

失温的症状可分为4种。

①轻度失温(人体核心区温度35~37℃)　身体感到寒冷，浑身不停颤抖，但是颤抖还处于可控范围，手脚感到僵硬和麻木，一些细致的手上工作无法完成。

②中度失温(人体核心区温度33~35℃)　乏力嗜睡，反应力下降，手无法完成一些最为基本的动作和工作，走路有可能磕磕绊绊，说话也开始含糊不清。

③重度失温(人体核心区温度30~33℃)　意识开始模糊，对冷的感觉变得很迟钝，甚至不觉得冷。丧失活动能力，语言表达能力部分或完全丧失。

④死亡阶段(人体核心区温度30℃以下)　当人体核心区温度降至30℃以下，就会进入"冰人"状态，基本上处于死亡边缘，全身肌肉僵硬，脉搏和呼吸微弱难以察觉，意志丧失以至于昏迷，外界稍微一点冲击都有可能导致心脏停止跳动。

2. 失温预防

俗话说，防患于未然是规避风险最好的方法。因此，不仅要学习失温发生之后该如何正确处理，更应该掌握如何做才能避免失温的发生。预防失温要注意以下几点。

①注意内衣的选择　户外出行的人注意力大多集中在防雨、防雪，只关注保暖，而忽略了大量出汗引起的失温风险。要选择快干排汗的内衣，如化纤内衣，因为化纤类衣物可迅速带走皮肤上的水分。切忌棉质内衣，棉织品很吸汗，不容易导出水分从而引起失温。

②注意衣物的增减　在高寒地区徒步，出发前将保暖衣物放在随身携带的包里，然后出发时穿着薄的快干T恤或加一件透气好的外套，这样做刚开始会觉得有点凉，但是不会出汗。每到一个休息点就立刻取出保暖衣物穿上，避免着凉和失温，一旦再次开始活动，再脱下保暖衣物。这样做基本上从头至尾贴身衣物始终是干燥的，而且也不会觉着太冷。

③注意保暖防护　如果在寒冷天气出行，要做好相应的防风措施，不要暴露在寒风中，因为面临的风速大，暴露在外的身体器官过多，身体热量也就会相应地加速散失。保暖的帽子、手套、围脖、防风衣、厚袜子、防风面罩甚至是风镜等都是大风寒冷天气出行的必备物品。

④及时补充体能　不要让自己体能透支，防止脱水，避免过度出汗和疲劳。备好食物和热饮，随时补充身体热量。

3. 失温处理

如果遇到失温，应该按以下步骤和注意事项进行处理。

①发现失温阶段　想办法将失温者转移到干燥、背风的地方，避免让其暴露在潮湿和大风环境里。安置的时候注意不让失温者直接躺在冰冷的地上，脱下失温者湿透的贴身衣物，做好头部的防寒保暖工作等。

②轻度和中度失温阶段　换上干衣物并挡住寒风吹袭；如果失温者可以吃东西，应该尽快让其吃点流质食物，然后再吃一点含糖的食物；将热水袋放到手套或者袜子里，然后将其放在伤者的腋窝、颈部和腹股沟处。如果以上这些措施还不能让失温者恢复体温，此时就需要让某个身体温热的同伴在有睡袋或是其他干爽隔离物的情况下，以身体直接接触的方式让失温者缓和过来。

③重度失温阶段　失温者自身已经很难产生热量，更多的是需要外界力量的帮助。除了以上处理方式外，必要的情况下需要用到心肺复苏急救。特别需要注意的是：重度失温者心脏跳动非常轻微、缓慢，对外界力量的反应非常敏感，甚至在搬动失温者的时候动作过大都会导致心跳停止死亡。因此，心肺复苏急救必须是在确认脉搏和心跳已经结束的情况下才能进行。另外，用嘴将热气吹入失温者体内也是一种提供热量的方式。还要注意严重失温者回暖不可过快，因为大量寒冷的血液回流到心脏会导致心律不齐，身体的快速回温会导致休克。不管失温者看起来多么糟糕，都不要放弃救治的机会。

④失温处理的禁忌　不要加热四肢，不要搓手脚，这可能导致体表冰冷的血液迅速回流到身体核心部位，导致核心部位体温进一步下降；切忌让失温者饮酒暖身，因为酒精会让皮肤的血管扩张，让体温的散热速度加快，从而导致失温者体温再次降低，造成生命危险；切忌采用滚烫的辅助热源，辅助热源的最佳温度是在人体体温上下，过于滚烫的热源会导致失温者被烫伤；切忌严重失温时回暖过快；切忌搬动重度失温者时动作过大。

(二) 高原反应

高原反应也称高原病、高山病，严格来说是高原病的一种分型，是人体急速进入海拔3000m以上高原暴露于低压、低氧环境后产生的各种不适，是高原地区独有的常见病。常见的症状有头痛、失眠、食欲减退、疲倦、呼吸困难等。头痛是最常见的症状，常为前额和双颞部跳痛，夜间或早晨起床时疼痛加重。

高原反应的发病率与上山速度、海拔高度、居住时间以及体质等有关系。一般来讲，高原反应"欺男不欺女，欺高不欺矮，欺胖不欺瘦，欺老不欺少"。也就是说，男性比女性容易发生高原反应，高的比矮的容易发生高原反应，胖人比瘦人容易发生高原反应，老人比年轻人容易发生高原反应。还有"欺强不欺弱"的说法，就是有人经常健身，进入高原地区后发生高原反应比较严重；而平时体质较弱的，进入高原地区后反而没什么反应。

1. 高原旅游前准备

- 高原旅游前应该去医院做好体检，有严重呼吸气管、心脏、心血管、精神方面疾病的人不宜进入高原。因此，对于有严重的高血压、心脏病、（支）气管炎、糖尿病等的患者限制进入高原。
- 进入高原前，可向有高原生活经历的人咨询注意事项，做到心中有数，避免无谓紧张。
- 提前购买并服用抗高原反应的药物，如红景天、高原安（可以提前一周开始服用，注意买的时候要看清楚功效，要买能提高缺氧耐受力的）、葡萄糖（到达高原再食用，快速补充糖分能量，避免食物消化吸收的耗氧）等。提前适当服西洋参，或用西洋参泡水喝等，以增强机体的抗缺氧能力。带上有关防治感冒、晕车的药物。
- 避免过于劳累，要养精蓄锐，充分休息。
- 要注意保暖，带适量的衣服，以防受凉感冒，寒冷和呼吸道感染都有可能促发急性高原病。
- 带上各类保湿用品、防晒霜、防晒帽、墨镜。
- 做好线路设计。阶梯式上山是预防高原反应最稳妥、最安全的方法。最好先到低海拔的地方，再到高海拔的地方，这样有利于适应高原气候。

2. 高原旅游中应对

初到高原避免剧烈运动，不要急速行走，不要跑步，要注意充分休息。尽量少洗澡或不洗澡，以免受凉感冒。不要喝酒和咖啡。酒精、咖啡会刺激血液循环，使心跳加快，加重缺氧的症状。饮食宜多吃高糖、优质蛋白食物，有利于克服低氧的不良作用。多喝水、多吃水果有利于尽快适应高原环境。

刚到高原地区，部分人会或多或少有高原反应（头疼、胸闷等）。一旦发生高原反应，不必恐慌，要视反应程度进行有针对性的治疗。轻微的高原反应可以通过自我调节来适应，采取静养的办法，多饮水，少运动，一般一段时间后会好转或消失。如果反应较重，影响到睡眠，可服用一些缓解高原反应的药品。如果反应太重，就要到医院进行治疗，如输液、吃药、吸氧等。

森林旅游自然灾害及野外疾病的防护与防治

1. 要求

分享预防中暑的方法,模拟演练中暑后的救治措施。

2. 方法与步骤

(1)学生分组:按照4~5人一组进行分组,确定组长,实行组长负责制。

(2)收集资料:小组成员通过网络、报纸、杂志等多种方式收集中暑的相关资料。也可到医院实地调查,收集一手资料。

(3)药品准备:提前准备好中暑救治中需要的药品。

(4)分组模拟:各小组分组模拟,并分享预防中暑的方法,其他小组点评。

(5)教师总结:教师对各小组的模拟和分享进行点评,指出不当之处,并对中暑防治的正确步骤进行展示。

3. 考核评价

根据表5-3-1对上述实训的结果进行评价。

表5-3-1 评价表

评价项目	评价标准	分值	教师评价得分(占70%)	小组互评得分(占30%)	综合得分
准备工作	道具准备充分;调研充分,预防中暑的方法相关资料搜集细致	30			
成果展示	小组模拟顺畅,表现力强;中暑防治步骤恰当;中暑防治相关操作手法恰当;预防中暑的方法合理丰富;模拟过程展现安全责任意识,学会处理突发事件	50			
团队表现	分工明确,沟通顺畅,合作良好;体现良好的团队协作精神	20			
	合计	100			

自测题

一、单项选择题

1. 蚂蚁习惯把蚁穴筑在树干( ),因此,在野外树木上,找到了蚁穴就可辨别出方向。

　　A. 东面　　　　B. 南面　　　　C. 西面　　　　D. 北面

2. 森林旅游遇险求救时，要根据自身情况和周围的环境条件，发出不同的求救信号。一般情况下，重复(　　)次的行动都象征寻求援助。
   A. 1　　　　　B. 2　　　　　C. 3　　　　　D. 4

3. 野外宿营地的选择，最重要的是要(　　)。
   A. 安全可靠　　B. 生活方便　　C. 住得舒适　　D. 注意环保

4. 发现森林火情应立即拨打全国统一的森林火警专用报警电话(　　)报警。
   A. 12315　　　B. 119　　　　C. 12110　　　D. 12119

5. 人在遇到泥石流和山洪危险时，都应向两侧山坡(　　)跑。
   A. 高处　　　　B. 低处　　　　C. 东边　　　　D. 西边

二、多项选择题

1. 野外迷失的应对措施通常有(　　)等。
   A. 望远法　　　B. 顺溪法　　　C. 山脊法　　　D. 参照物法

2. 山蚂蟥怕(　　)等物品和药品。
   A. 烟草　　　　B. 硫黄　　　　C. 酒精　　　　D. 雄黄

3. 森林火灾对人体造成的伤害主要来自(　　)。
   A. 高温　　　　B. 浓烟　　　　C. 一氧化碳　　D. 二氧化碳

4. 失温处理的禁忌有(　　)。
   A. 给失温者饮酒　　　　　　　B. 把外界辅助热源用于四肢
   C. 严重失温时回暖过快　　　　D. 搬动重度失温者时动作过大

5. 进入高原旅游，要特别注意防止高原反应。以下药物属于抗高原反应的是(　　)。
   A. 红景天　　　B. 高原安　　　C. 阿莫西林　　D. 马来酸氯苯那敏

三、填空题

1. 黄蜂蜂毒主要成分为_____，被蜇伤后可以用浓肥皂水或碱水涂抹伤口。胡蜂身体内的毒液呈_____，生活中常用的_____是清理胡蜂蜇伤口的最好选择。

2. 如果被蛇追赶，不要沿直线跑，要尽量保持_____形跑。

3. 毒菌煮熟时遇上银器往往变成_____色，遇蒜丁变_____色或_____色。

4. 在山区遇到泥石流和山洪，情况紧急时注意要识别，只有是_____才可以就近爬到树上或建筑物上避险。

5. 失温是指人体热量流失大于热量补给，从而造成人体_____温度降低。

四、判断题

1. 通过观察树木的年轮也可以辨别方向，向南一侧的年轮比较紧密，向北一侧的则比较稀疏。(　　)

2. 在较为湿润的地区，开阔平地上的岩石受水分的影响，长着浓密青苔的一面是北侧，较为光秃的一面为南侧。(　　)

3. 用救生哨求救时，通常是吹哨三声长，三声短，再三声长。(　　)

4. 水毒芹与水芹的区别是水毒芹的气味很重，有恶臭。(　　)

5. 如果被大火包围在半山腰，要快速向山下跑，切忌往山上跑。(　　)

模块三
提升篇

项目六　森林旅游文化

数字资源

学习目标

▶▶知识目标

(1) 了解森林旅游与文化的关系；
(2) 掌握森林旅游文化的内涵与特点；
(3) 理解森林旅游中的宗教文化、民俗文化、饮食文化等。

▶▶技能目标

(1) 能够在森林旅游活动中结合各类旅游资源做好文化讲解工作；
(2) 能够结合森林旅游资源的特色做好文化保护和挖掘工作。

▶▶素质目标

(1) 热爱我国的饮食文化、民俗文化等传统文化，树立文化自信；
(2) 树立正确的宗教观，正确对待宗教信仰问题。

任务一　认知森林旅游文化

森林旅游作为一项绿色产业，以其独有的资源优势，满足了人们回归大自然的愿望和需求，加之其特有的深厚文化底蕴，正显示出令人难以置信的强大生命力。

一、森林旅游与文化的相互关系

森林旅游从整体上看是一种以自然资源为主要对象的旅游活动，但是随着人类社会活动的开展，我国的森林旅游资源无不与人文资源紧密联系，自然资源与人文资源的共生，成为森林旅游的核心内容。对森林旅游与文化的关系进行探索，对于繁荣森林旅游、发挥森林旅游文化的独特魅力具有一定的现实意义。

(一) 森林旅游具有文化属性

旅游活动从本质上讲是一种精神文化活动现象，无论是旅游消费活动还是旅游经营活动，都具有强烈的文化性。森林旅游也不例外，可以说，文化是森林旅游的灵魂和支柱，是森林旅游的核心。森林旅游作为一种文化活动所产生的影响，比它的经济影响更为深远。

1. 森林旅游主体的文化属性

（1）文化是森林旅游的灵魂

文化是旅游的灵魂，旅游是文化的载体。森林旅游作为一种跨时空的社会性活动，其根本动力在于人们追求精神文化上的满足。森林旅游活动是综合性的文化活动，它体现了旅游者对某种文化的追求。吃、住、行、娱、游、购作为旅游活动的六大要素，无一不与文化结合在一起，无一不渗透着丰富的文化内涵。

（2）文化动机是森林旅游者最基本的旅游动机

游客投身旅游活动，主要是为了追求精神上的满足，文化因素在旅游业发展中起主导作用。例如，英国没有多少令人叹为观止的历史名胜，地理风貌也很平庸，但英国人很善于对旅游资源的文化因素进行开发和利用，如王室文化、戏剧剧院特色文化等，从而极大地推动了英国旅游业的发展，旅游现已成为英国最重要的经济来源之一。对于森林旅游者来说，文化动机也是他们最基本的旅游动机，文化因素在森林旅游业发展过程中起着越来越重要的作用，森林旅游业发展要上一个新水平、新台阶，必须要有文化的支撑。

2. 森林旅游客体的文化属性

森林旅游以其资源的多样性、富于变化而能启发人们丰富的想象，成为文艺作品重要的背景和素材来源，丰富着人们的精神需求。森林旅游资源中的人文旅游资源，无论是实物形态的文物古迹还是无形的民族风情、社会风尚，均属于文化的范畴。由各种自然环境、自然物质和自然现象构成的自然景观，只有经过人为的开发利用，才能由潜在的旅游资源变为现实的旅游资源。即使是自然美，也必须通过鉴赏来反映和传播，而鉴赏是一种文化活动，因此，自然旅游资源同样也具有文化性。

（二）文化具有旅游功能

1. 文化与旅游产品融为一体

文化使森林旅游打上了人类活动的印记。在我国旅游发展历史中，一直存在"景借文传"的说法。自古以来，我国历史文化中的山水田园诗歌就与森林旅游结下不解之缘。我国众多的名山大川，吸引人们去寻觅探幽，古代文人更是喜欢涉足青山绿水或隐居山林。在这一系列活动中，有关森林的诗词、散文、游记、传说迭出，形成我国森林旅游文化的重要组成部分。

2. 文化促进森林旅游的发展

文化不是游离存在的，它体现在人们的社会实践活动方式中，体现在所创造的物质产品和精神产品中。在快节奏的现代社会，由于森林富于形象感，它的色彩丰富，形式富于变化，能够使人感觉赏心悦目，使紧张的心情能够得到释放。文化为森林这种纯自然的资源赋予了多彩的人文要素，也为人类陶冶情操提供精神支持，促进森林旅游活动广泛开展。比如，欣赏自然地貌之美，没有美学知识将使森林旅游索然无味；没有宗教常识将使森林旅游者对寺庙的欣赏无法深入；没有建筑、园林知识，对森林旅游中诸如亭、台、楼、阁的欣赏将停留在外行看热闹的层面。

（三）森林旅游行为创造森林旅游文化

森林旅游行为对创造森林旅游文化起着重要作用，主要表现在：

第一,旅行社行为层面。旅行社为森林旅游者提供旅游线路产品,为了让线路产品更具有吸引力,一定会采用文旅融合的方式,将森林旅游文化有机融合在线路产品中。

第二,导游讲解行为层面。俗话说,"江山美不美,全靠导游一张嘴",而成就导游这"一张嘴"的基础是一篇优秀的导游词。为了更好地将森林旅游目的地的特色文化、历史典故、民间传说和地方特产等介绍给森林旅游者,旅游景区和导游人员都需不断创造和挖掘森林旅游地的文化内涵,创作优秀导游词。

第三,宾馆、饭店层面。不同层次、不同风格的宾馆,都将带给森林旅游者不同的文化感受。森林旅游者对宾馆的这种需求,促使森林旅游景区充分挖掘不同特色的森林旅游文化,建设不同文化风格的宾馆和酒店。

第四,节庆活动层面。大型旅游文化节庆活动已成为森林旅游目的地的主要旅游活动之一,富有内涵的文化节庆活动不仅深受旅游者的喜爱,而且是旅游目的地的一笔宝贵文化财富。

二、森林旅游文化的内涵

(一)森林旅游文化以生态理念、可持续发展理念为核心

森林旅游文化以生态理念、可持续发展理念为核心,表现人对森林的认识与审美关系。国内有的学者把它定义为对森林的敬畏、崇拜、认识与创造,以及建立在对森林表示感谢的朴素感情之上的、反映在人与森林关系中的文化现象。现代森林旅游文化集中体现在现代人对于森林旅游资源价值的认识,以及现代人对于森林旅游资源的经营理念。现代森林旅游业应以生态理论、可持续发展理论作为基本理论,以经济、生态、社会全面发展的综合观作为指导思想,注重对生态系统的完整性及可持续利用的研究。

(二)森林旅游文化集中体现对生态的关注

在森林旅游活动中,无论是森林旅游经营者的经营理念,还是森林旅游消费者的消费理念及审美追求,都以森林旅游资源的生态特征作为核心,体现出对生态的关注,这是一种文化的要求,这种文化要求体现在森林旅游的吃、住、行、游、购、娱六要素之中。而森林旅游的文化意义是森林旅游资源存在与发展的重要条件,森林旅游文化与旅游、现代林业等概念的结合使生态意义、文化意义集中到一点,即生态理念与可持续发展的理念。

(三)传统文化是构成现代森林旅游文化的重要部分

传统文化是构成森林旅游文化的重要部分,如在某些森林旅游区内,存在着一些寺庙、道观,或存在着一些名人遗迹、历史古迹等。这种文化共存使历史文化以一种独特的形式融入森林旅游文化之中,成为中国森林旅游文化独特的亮点。如位于大理苍山的无为寺(图6-1-1),据传大理国22位帝王中有10位帝王在此出家为僧;明朝建文皇帝朱允炆逃到云南后,曾一度躲到无为寺。苍山也因这些历史而更显神秘和传奇(图6-1-2)。这种共存既使得中国森林旅游具有了历史文化的深刻内涵,也使得中国的森林旅游在文化上具有了历史的凝重感,从而显示出森林旅游文化的厚重。

图 6-1-1　大理无为寺　　　　　　　　图 6-1-2　大理苍山

（四）森林旅游文化与传统宗教、哲学具有一致性

从魏晋时代我国的旅游蓬勃兴起，森林旅游即成为我国文人旅游的一个重要组成部分。在历史发展的过程中，逐渐形成了独特的对森林旅游景观的审美追求。中国的传统哲学与宗教，无论是儒家、道家还是佛教，都表现出对自然的回归，讲究人与自然的和谐，崇尚天人合一，在自然中追求生命意义的永恒，这与森林旅游中追求人与自然的和谐统一具有一致性。

三、森林旅游文化的特点

森林旅游文化是人类过去和现在所创造的与森林旅游有关的物质财富和精神财富的总和。它诞生于人类在森林旅游中进行的实践，是人类文明的重要内容。森林旅游文化具有以下特点。

1. 综合性

文化是人类社会历史实践过程中所创造的物质和精神财富的总和。从不同视角可以把文化进行细分，森林旅游文化是其中的一个分支。森林旅游文化十分丰富，既涉及历史、地理、民族宗教、饮食服务、园林建筑、民俗娱乐与自然景观等旅游客体文化领域，又涉及游客自身文化素质、兴趣爱好、行为方式、思想信仰等旅游主体文化领域，更涉及旅游业的服务文化、商品文化、管理文化、导游文化等，还涉及旅游学、旅游心理学、旅游市场营销学、旅游管理学、旅游社会学、旅游文学等对旅游活动进行研究的综合领域。从旅游文化的结构体系来看，既包括最外层的物质文化，如建筑、园林、器物、工具、饮食、服饰等，这些都是有形的，有能被人的感知器官所能感受到的物质形态，还包含内部层次的精神文化，即制度文化和行为文化两个方面。因此，森林旅游文化具有综合性。

2. 继承性

森林旅游环境是人类文明的摇篮，是孕育文化的源头之一，它保留了过去的生物、地理等方面演化进程的信息，以其独特的形体美、结构美、色彩美、音韵美，对人们的道德情操、审美意识起到了潜移默化的作用。它的人文内涵具有极其珍贵的历史价值。森林旅游目的地的传统本土文化是吸引游客的原动力，而森林旅游文化则因其不断更新而具有时尚性。传统与时尚并存，体现了森林旅游文化在传播当地原生文化、融合外来文化、形成新的文化吸引力的过程中特有的性质。正如中国文化几千年来不断融合外来民族文化的历史过程一样，森林旅游文化也正是在南来北往的游客带来各种异域文化冲击的过程中，实现着本土文化与外来文化的交流、融合。

3. 地域性

地域性差异是形成旅游活动吸引力的重要因素之一。中国幅员辽阔，地域文化千差万别，丰富多彩。北方和南方，干旱地区和湿润地区，山地和海岛，各有不同类型的森林旅游资源分布，从而显示出不同的地域森林旅游文化。如我国福建、广东、台湾沿海一带，广植榕树，对榕树别有崇拜，形成了崇榕文化。东北大兴安岭地区，住桦皮屋，划桦皮船，用桦皮桶，形成了有浓郁地方色彩的白桦文化。此外，游客在森林旅游的过程中，会缩小客源地与旅游目的地之间的文化差异，在形成新的旅游文化的同时，也呈现了森林旅游文化的地域性特征。

4. 民族性

文化有很强的民族性。任何民族都有自己的文化，中华民族有着悠久的历史、灿烂的文化。5000多年的传统文化是我们取之不尽、用之不竭的精神食粮。森林旅游文化植根于民族传统的基础之上，森林旅游中特有的建筑、园林、雕塑、绘画、民俗风情，特有的思想观念、精神追求、审美追求、道德情操等，都独具特色，对森林旅游者具有强烈的吸引力。

5. 生态性

森林旅游是利用森林、草原、湿地等特有的环境及奇丽的景观和美学价值为游客提供服务。作为一种独特的旅游方式，森林旅游因追求健康、释放压力、缓解疲劳而越来越受到人们的青睐。生态性是森林旅游文化的显著特征之一，将人与自然、生态、旅游三者密切地联系起来。

认知森林旅游文化

1. 要求

利用课余时间收集森林旅游景区开展的森林旅游文化活动案例，分类整理并制作PPT进行汇报。

2. 方法与步骤

(1) 学生分组：根据班级人数进行分组，以5~6人一组为宜，实行组长负责制。

(2) 收集资料：通过网络、报纸、杂志等收集森林旅游景区开展的森林旅游文化活动案例资料。

(3) 课堂汇报：对收集的资料进行整理分析，制作PPT进行课堂汇报。

3. 考核评价

根据表6-1-1对上述实训的结果进行评价。

表 6-1-1 评价表

评价项目	评价标准	分值	教师评价得分（占70%）	小组互评得分（占30%）	综合得分
实训态度	遵守纪律，实训过程中积极主动、认真配合，团队意识强	30			
课堂汇报	语音、语调准确，词语清晰，表达流畅	20			
	内容全面，重点突出，PPT简洁大方	30			
	礼貌、礼节适当，仪容仪表整洁得体	10			
	体现景区文化内涵，增强文化自信	10			
	合计	100			

任务二 感知森林旅游与自然文化

一、森林旅游中的树木文化

我国众多学者对树木文化的概念进行了研究。有学者研究认为树木文化是森林文化的最初表达形式和基本组成，如樟树文化、杉文化、榕文化等。另有学者指出，树木文化是自然林学和人文林学的相互渗透，包含树木生态性、人文性、民族性、地域性和社会性等，以及具体的树种文化。还有学者认为树木文化是"天人合一"哲学思想的一类体现，是在漫长的历史发展中人与树木、人与自然之间形成的相互关系，并由此创造的物质文化和精神文化的总和。虽然不同学者对树木文化的表述不太一致，但都强调了树木文化的社会性和人文性。

森林旅游中树木文化的内涵突出体现在树木美学、树木崇拜、树木宗教三个方面。森林旅游中的树木具有丰富的姿态和色彩，能给游客带来多样的视觉感受。例如，北方树木雪景给人神圣美、枝干美的感觉；鸡爪槭、栾树、银杏等秋色叶树木给人色彩美的感觉等。在古代，科技落后，宇宙万物对人类而言充满了神秘感，人类对树木等自然物产生了崇拜，如壮族的榕树崇拜、侗族的杉木崇拜、苗族的枫木崇拜等。此外，树木宗教也是树木文化的一部分。

大开眼界

文字语言中的树木文化

森林树木在文字语言上有很多积淀。如姓氏中的林、李、杨、柳、梅等；古代村旁多栽桑和梓，因此"桑梓"成为故乡的代称；古时印刷刻版多用梓木，故书籍印刷谓为"付梓"；杞梓为良材，因此木匠又称"梓匠""梓人"，以"杞梓"比喻有能力的人。黄连木俗称楷树，树干挺拔，枝繁叶茂，适应性强，耐干旱瘠薄，寿命长，且木材纹理致密，质地柔韧，久藏不腐，亦不暴折。相传模树经冬不凋，色泽纯正，"不染尘俗"，而且都生长在圣贤的墓旁。楷树、模树为诸树之榜样，它们的形状与质地又为人们所喜爱，所以后人便把那些品德高尚、受人尊敬、可为师表的模范榜样人物称为"楷模"，比喻人们的典范。椿树被认为是长寿树，故后人以"椿龄"作祝寿之辞，还称"椿庭"为父亲，称"椿萱"为父母。古时桃、李遍植大地，所以"桃李"又作门生、弟子、学生之解，如"桃李满天下"。"折柳"表示别离，成语"竹马之交"形容童年时代就要好的朋友，"金兰之交"指情谊契合、亲如兄弟的朋友，"青梅竹马"指自幼亲密玩耍的青年男女，"木已成舟"比喻事情已成为不可改变的定局，"胸有成竹"比喻做事之前早有通盘的考虑和谋划。谚语、俗语中的"十年树木、百年树人""失之东隅，收之桑榆""红花还得绿叶扶""树大招风，花开引蝶""没有梧桐树，哪来金凤凰""前人栽树，后人乘凉""只见树木，不见森林"，歇后语中的"树上的松鼠——上蹿下跳""树倒猢狲散——各奔前程""树林里放风筝——缠住了""芭蕉插在古树上——粗枝大叶""拔节的竹笋——天天向上""不熟的葡萄——酸味十足""不开裂的石榴——满肚花点子"等。

二、森林旅游中的花卉文化

花卉文化就是在发展过程中，花卉与其他文化门类相互影响、相互补充、相互融合，形成的与花卉相互关联而又相对独立的文化现象和文化信息的总和。花作为文化的载体，它能代表人类的许多情感，如真挚的友情、纯洁的爱情、崇高的敬仰。花能体现许多的精神，如坚韧不拔、傲然不屈、神圣圣洁等。花能象征人类的许多美好愿望，如幸福和平、自由独立、健康欢乐等。花历来也是文人舞文弄墨的基础，以花卉为题材的歌赋、小说、诗词、散文、戏剧等文学形式的作品不可胜数。

森林旅游中的花卉文化内容广泛，表现形式多种多样。首先表现为食花，森林旅游中菊花糕和桂花鲜栗羹等常作为宴席上的珍品。其次表现为健康方面，许多花卉具有保健和药用价值，可以防病、治病。最后表现在造景方面，既有森林旅游中的野生花卉景观，也包括人工园林绿化的造景，还包括插花、花饰艺术等。此外，森林旅游中的花卉文化还体现在文学、绘画、音乐、民俗等方面。花卉因文学描写而出名，文学作品又加深了对花卉的审美层次，同时丰富了对花卉的欣赏内容。花卉是中国花鸟绘画的主要描绘对象。花卉与民俗的关系也是花卉文化的重要体现。节日或庆典之际，都有赏花、插花的习俗，如重阳节有赏菊花的习惯等。此外，各地还举办各种花会，如藏族的赏花节等。

三、森林旅游中的动物文化

动物在中国传统文化中有着重要意义，是中国传统文化的重要组成部分。人类的许多文化观念都曾赋予动物身上，使它们由自然动物变为具有人文功能和象征意义的人文动物，成为人类复杂文化的重要载体，被赋予了独特的文化内涵。

在森林旅游中，人们在"天人合一"自然价值观的影响下，把许多动物的生物特性比附为伦理规范和道德准则，如羊喜群、从帅、死义、知礼，雁知时、识序、灵智等，并把这种作为伦理规范和道德准则象征的动物施以礼仪活动。如中国古代常借助虎、狮、犬、鸡以辟邪，借助蝙蝠、鹿、喜鹊、龟等表达对福、禄、喜、寿等吉祥愿景的追求。

有些动物被赋予非常丰富的文化内涵，甚至超越了生物学属性。比如鹤，是中国历史上著名的文化珍禽，凝聚着丰富的文化意蕴。在古代看来，鹤体洁性清，飞高呼远，行中规矩，舞合韵律，饮食淡薄，俨然君子，堪比才俊。唐代黄普提的《鹤处鸡群赋》称其为"鸟中贤者，且具天下之美"，宋代苏轼的《放鹤亭记》则说"盖其为物，清远闲放，超然于尘埃之外，故《易》《诗》人以比贤人君子"。中国古代的幸福观以寿为核心，鹤的寿命可达50年，堪称鸟类中的寿禽，古代人在祈寿心理的驱动下，把鹤的这种生物特征延伸、升华为一种文化品格，使之成为寿文化的重要象征。因此，人们便用"鹤寿""鹤年"等作为祝长寿之词，鹤也成了吉祥图案的重要题材，如鹤与龟相配的图纹，称为"龟鹤齐龄"或"龟鹤延年"，"松鹤长寿""鹿鹤同春"也是著名的长寿吉祥图案。鹤形体秀逸，性情悠闲，颇似一个潇洒超尘、放浪形骸的人，同时具有"寿不科量"的文化品格，所以古人把鹤幻想为神仙世界中的重要角色，在神仙故事中，仙人往往会驾鹤飞升，乘鹤往返。再如蝴蝶，具有梦幻般轻盈的身姿，缤纷的色彩，深受人们喜爱。在国人眼中，蝴蝶是美的化身，是幸福吉祥的象征，是不死的灵魂。人们通过各种民俗活动和艺术形式来赞美和描绘蝴蝶，来寄寓自己多方面的情感追求。中国古代的爱情故事，常常以死后化蝶的幻想性情节作为结局，借以歌颂青年男女在爱情问题上的大胆反抗和执着追求。蝉和乌鸦则代表凄凉、悲伤，如"曾逐东风拂舞筵，乐游春苑断肠天。如何肯到清秋日，已带斜阳又带蝉"和"西陆蝉声唱，南冠客思侵"等诗句中的蝉，"于今腐草无萤火，终古垂杨有暮鸦"和"枯藤、老树、昏鸦"中的鸦等。

感知森林旅游与自然文化

1. 任务要求

以森林旅游中的树木、花卉、动物等自然要素为对象，收集资料，撰写自然特色鲜明、文化内涵突出的导游词，并拍摄讲解视频。

2. 任务实施

(1) 选取要素：以森林公园、湿地公园、植物园等森林旅游景区中的树木、花卉、动物等自然要素作为对象。

(2) 收集资料：通过网络、报刊、杂志等收集有关自然要素的相关资料；对于当地景区(点)可通过实地考察，收集一手资料。

(3) 撰写导游词：在认真分析研究资料的基础上，撰写文化内涵突出、富有特色和创新性的导游词。

(4) 拍摄视频：根据导游词的内容制作并拍摄讲解视频。

3. 任务评价

根据表 6-2-1 对上述实训的结果进行评价。

表 6-2-1 评价表

评价项目	评价标准	分值	教师评价得分（占70%）	学生互评得分（占30%）	综合得分
导游词	文字编排工整，格式符合要求	10			
	文字表达流畅，条理清楚，有逻辑性	10			
	文化内涵突出，富有特色和创新性	20			
讲解	语音、语调准确，词语清晰，表达流畅	10			
	讲解内容全面、正确，重点突出	10			
	礼貌、礼节适当，仪容、仪表整洁得体	10			
	体现景区文化内涵，增强文化自信	10			
视频	视频结构完整、流畅，内容独到新颖	10			
	视频剪辑合理，转场效果自然，不出现画面跳动	10			
合计		100			

任务三 感知森林旅游与人文文化

一、森林旅游中的宗教文化

俗话说，"天下名山僧占多"。在我国，宗教向来与旅游有着紧密的联系。宗教文化资源已经成为森林旅游的重要资源，宗教建筑和宗教艺术对森林旅游者有着很大的吸引力。

（一）宗教文化内涵及分类

宗教是人类社会发展进程中的特殊的文化现象，是人类传统文化的重要组成部分，它影响到人们的思想意识、生活习俗等方面。广义上讲，宗教本身是一种以信仰为核心的文化，同时又是整个社会文化的组成部分。目前，在我国，佛教的影响最为广泛而深远；其次是道教，它产生于中国，也主要分布在中国。我国的佛教和道教活动大多活跃于人口密集的城镇和风光秀丽的山岳地带，尤其是在名山幽谷，宗教活动最为集中。

1. 佛教文化

佛教最早发源于印度，后传入我国。佛教寺庙一般修建在山中，被称为梵刹，即清静的地方。随着森林旅游活动的开展，佛教旅游资源已成为当代森林旅游的重要资源之一。佛教文化主要体现在佛教教义、佛教建筑、佛事活动等方面。其中，佛教的建筑有寺、塔和石窟，大多建在远离闹市的山中，是佛教文化的重要体现。佛事活动主要是指僧尼的日常行事、法会及各种佛教节日活动等。在我国，最著名的佛教节日有佛诞节、成道节、观音纪念日等，每逢这些节日，人们都会举行各类节日活动。

佛教要求人们善待一切生灵，戒杀、放生，人与人之间要互相关心、和平共处，这些思想与现代尊重生命、保护生态的思想大有相通之处。因此，将森林旅游与丰富的佛教文化资源相结合，并加以深入发掘和利用，既可以发展独具特色的文化旅游产品，促进旅游经济的增长，又能弘扬祖国优秀的传统文化。

知识拓展

佛教四大名山

森林旅游中以佛教文化而著名的旅游风景名胜数量众多，尤以佛教四大名山最令人向往也最具知名度。佛教四大名山是山西五台山、浙江普陀山、四川峨眉山、安徽九华山，分别是文殊菩萨、观世音菩萨、普贤菩萨和地藏菩萨的道场。随着我国森林旅游业的发展，佛教四大名山已成为佛教文化与森林旅游区的完美结合，每年吸引着无数佛教信徒和森林旅游爱好者前往参观。

2. 道教文化

道教是中国的民族宗教，它根植于中华民族的历史文化土壤中，至今已有2000多年的历史，对我国社会生活的各个方面产生了重大影响。道教主张崇尚自然，顺应自然，返璞归真，清静无为。教徒多选择在幽谷或风景秀丽的名山讲经布道、炼丹修道，因此道教文化与森林旅游有着重要的关联。此外，道教的丰富建筑遗迹也为森林旅游平添了奇幻的色彩和迷人的魅力。

基于道教在净化人心、保护环境等方面的积极意义，我国以道教文化为基础的森林旅游资源开发宜倡导宗教生态旅游，以旅游为形式，以感受道教的道法自然、天人合一的精神为目的。在森林旅游过程中，游客不仅可以欣赏奇峰险境，而且可以净化心灵、提升自我，同时传统文化也能得以发扬。

知识拓展

道教名胜和名山

道教名胜有洞天福地之称，原指神道居住的名山胜地，后多比喻风景优美的地方。道教名胜包括十大洞天、三十六小洞天和七十二福地，构成道教地上仙境的主体部分，中国的五岳都包括在洞天之内。

道教名山指被道教作为圣地的山峰或山脉。湖北武当山、四川青城山、江西龙虎山、安徽齐云山合称为道教四大名山。

（二）宗教文化在森林旅游中的作用

1. 宗教文化为森林旅游提供了深厚的文化底蕴

宗教作为人类创造的社会文化形式之一，对人类文化的发展起着重要作用，同时也深化了人类文化。宗教文化包含着众多的艺术表现形式，如宗教建筑、宗教艺术、宗教节日等，而这些都成为吸引森林旅游者的重要组成部分。

2. 宗教文化为森林旅游提供了众多的人文景观

宗教信徒的信仰推动了以宗教文化为特色的人文景观的建设。在我国，众多的宗教人文景观如寺庙、道观等多坐落在森林旅游景区，为森林旅游提供了众多的人文景观。

3. 宗教文化间接地影响森林旅游业

宗教文化中的人物故事通过文学作品、影视作品传到千家万户。如四大名著之一的《西游记》讲述唐朝玄奘法师西天取经的故事，其中佛教文化深入人心，同时也形成一些森林旅游景区，如火焰山及被誉为"孙大圣故里"的江苏花果山等，它们间接地带动了森林旅游业的发展。

知识拓展

宗教与森林源远流长

"古来寺庙多树木"，宗教的场所绝大多数都选择在名山丛林，如佛教的四大名山和道教的四大名山无不茂林环绕，浙江杭州的灵隐寺和台州天台的国清寺、华顶寺也是层林环抱。而且宗教与树木的关系密切，几乎每一种宗教都有自己的圣树，如佛教的菩提树，道教视松树为仙树。宗教教义还有植树护林的思想和信奉，如佛教历来提倡种树护绿，佛言"应经行处种树"（《大藏经》）。栽树"一与山门作境致，二与后人作榜样"。国清寺历任的主持都非常重视植树和封山护林，寺内院和四周苍松翠柏、森林茂密，是寺内和尚不懈栽种和长期巡守保护的成果。寺内的"隋梅"相传为国清寺首任主持灌顶亲手种植，已有1400多年，至今老枝横斜，新枝繁茂，苍老遒劲，冠盖丈*余，是我国现存最古老的梅树之一。此外，唐僧插梅、宋僧栽柏、元僧种杉、明僧植山茶、清僧种玉兰之说更是广为流传。

二、森林旅游中的民俗文化

民俗文化是旅游文化的重要组成部分。与森林旅游相关的民俗，通过精神和物质利益驱动，拉近了人与人、人与自然之间的距离，反映了人们崇尚自然、珍惜生命、爱护家园、热爱生活的理念，对森林旅游者具有极大的吸引力。

（一）民俗文化分类及内涵

民俗也叫民间习俗或民间习惯等，是广大劳动人民所创造传承的民间社会文化生活，是传统文化的基础和重要组成部分。民俗文化丰富多彩，类型多样，从形态上可分为物质民俗文化、社会民俗文化和意识民俗文化三大类。物质民俗文化是指在物质生产、消费和流通中所形成的文化形态，如农耕民俗文化、畜牧民俗文化、渔猎民俗文化、手工艺民俗文化、服饰民俗文化、居住民俗文化等。社会民俗文化是人类社会生活的产物，是社会经济活动、政治活动在民俗上的反映，如人生礼仪民俗文化、岁时节令民俗文化、游艺民俗文化等。意识民俗文化涉及的范围相当广泛，有原始信仰方面的，如对自然、动植物、祖先的崇拜及图腾文化；还有禁忌、巫术方面的，如起居禁忌、出行禁忌、语言禁忌、占

---

* 1丈 ≈ 3.33m。

卜、算命等。

森林旅游中的民俗文化是森林旅游文化与民俗文化相互交融的产物,很多与植物有关。如桃符是历史悠久的汉族民俗文化。古人在辞旧迎新之际,在桃木上画"神荼""郁垒"二神的像或用桃木板分别写上二神的名字,悬挂或嵌缀于门首,用于驱邪、祈福。王安石《元日》一诗中的"总把新桃换旧符",指的就是更换桃符;新年燃放爆竹也是一个传统民俗,在没有发明火药和纸张时,古人便用火烧竹子,使之爆裂发声,以驱逐瘟神,因竹子焚烧发出"噼噼啪啪"的响声,故称"爆竹"或"炮仗";清明节门上插柳、头戴柳环,也是民俗,清代杨韫华的《山塘棹歌》云"清明一霎又今朝,听得沿街卖柳条。相约比邻诸姐妹,一枝斜插绿云翘",还有"清明不戴柳,红颜成皓首"之说。此外,端午节插菖蒲、挂艾草,以及重阳节插茱萸、饮菊花酒等节日风俗,都与树木花草有关。

(二)民俗文化在森林旅游中的作用

1. 民俗是重要的森林旅游资源

作为古老的文化现象,民俗代表着民族的智慧。森林、草原、湿地等是人类的衣食之源,在万物有灵的观念和与大自然作斗争的经验积累中,人类为了自身的生存与繁衍,产生了种种民俗,并在现代化的进程中予以保留。今天,这些保留下来的民俗已经成为我国森林旅游的重要资源。

2. 民俗是满足精神需要和森林旅游审美需要的重要内容

一方面,民间祭祀神树、祭山等森林民俗活动,既调整了人与自然界的关系,使人们适应、利用与保护自然,又从某种意义上满足了人们的一种精神上的需要,减少了对现实生活的忧虑与失望。另一方面,民俗作为一种文化现象,蕴藏着丰富的美学内涵,能给游客带来多方面的美感享受与满足。在森林旅游活动中,奇异山水以其自然美、结构美,给人以艺术美的感受,在一定程度上满足了人们对不同地域民俗的审美需要,成为森林旅游审美的重要内容。

3. 民俗赋予森林旅游者文化新鲜感

在森林旅游中,通过旅游活动可以体验当地的特色文化,森林旅游中的民俗契合了这种需要。比如,在森林旅游中常见各种祭神及娱乐活动,旧时这种活动纯属祭祀性质,现今已逐渐演变成集武术、杂技、歌舞、表演、书法和文物珍奇展示等展览及商贸洽谈于一体的大型盛会。这种盛会是民俗文化的集中表现,往往能带给森林旅游者更多的文化新鲜感。

大开眼界

来威虎山雪村体验东北民俗风情

威虎山雪村位于黑龙江省牡丹江市柴河林业有限公司卫星林场,距离牡丹江约120km。雪村至今保持着最原生态的东北淳朴民风,生态环境极其优良,其冬日里多彩的民俗风情令游客赞叹不已。

威虎山雪村以其原生态景观吸引了众多游客。一条条羊肠小道将家家户户隔开,村民家中的篱笆小院被厚厚的积雪覆盖。夜幕降临,村民家中升起袅袅炊烟,伴着淡淡雪雾,远山近岭若隐若现，令人仿佛置身于仙境。此外，滑雪、马拉爬犁、雪地越野、雪雕、雪地摩托、冰上速滑、滑冰板、攀冰等娱乐项目丰富多彩；雪地汽车越野拉力赛、雪地真人CS、挖雪洞、堆雪人、冰河捕雪蛤、冰湖冬捕等特色项目新鲜有趣；民俗村、动物园、森工林区生产生活体验展示区等别具匠心；原生态雪景、淳朴民俗、红色传奇、美味农家菜，形成了"林海雪原"特有的山村冰雪文化。

三、森林旅游中的饮食文化

饮食作为旅游的六大要素之一，是旅游业的重要组成部分。在人类从猿到人的演变过程中，森林、草原、湿地等一直为人类提供了不竭的物质能源，直至今日，它们提供的食物资源在人类生活中仍然具有特别重要的意义。因此，在大力发展森林旅游的同时，也必须大力开发森林旅游食品，发展森林旅游的饮食文化。

(一)饮食文化内涵及特征

饮食文化是以饮食为载体而产生和发展起来的文化现象。中国有一句古话"民以食为天"，可见饮食在中国民间的重要地位。我国的饮食从先秦开始，以谷物为主，肉少粮多，辅以菜蔬。经过千百年的积累，呈现出风味多样、特色浓郁、讲究美感、注重情趣等特征。

在森林旅游中，饮食占据着重要的地位，不仅解决人们的生理需求问题，而且各地独具特色的饮食文化也成为吸引森林旅游者的重要因素。近年来，人们越来越注重养生，医食结合的饮食文化在森林旅游中得到了明显的体现，各地的森林旅游景区纷纷推出食疗套餐。

(二)饮食文化在森林旅游中的作用

1. 森林旅游资源中的饮食原料是必不可少的旅游吸引要素

20世纪60年代以来，由于工农业、交通运输业的现代化进程加快，空气不洁、水质不净等系列问题陆续出现，使得城市居民的生活质量不断下降。森林、草原、湿地等作为大自然最具活力的生态系统，所提供的饮食原料满足了人类在焦灼的污染环境中求得一方净土的愿望。此外，森林旅游者在旅游过程中除了满足其基本的果腹需求之外，还能体验特色地方风味。比如，江西井冈山用南瓜花拌面，或油煎成香甜的"炒鸡蛋"，或是和面晒干后蒸"米粉肉"，甚是可口。

2. 饮食文化是森林旅游文化的重要组成部分

饮食文化是森林旅游文化的重要组成部分，人们在森林旅游过程中，通过饮食活动，可以了解目的地的饮食文化习惯，体验森林旅游的无穷乐趣，进而达到传播文化的目的。

3. 饮食活动是构成森林旅游活动的重要内容

在森林旅游中游客的第一生理需要就是饮食，饮食活动是构成旅游活动的一项重要内容。人们在森林旅游中开展狩猎、垂钓，采摘森林中的花果，进而实现饮食自助。我国拥有得天独厚的森林旅游资源，开展类似的活动，还可以进一步繁荣森林旅游饮食文化，使森林旅游增添一些烟火气，更贴近人们的生活。

四、森林旅游中的文学艺术

在森林旅游中，森林、草原、湿地等环境不仅为游客提供了活动场所，也为文学家、音乐家和艺术家提供了安静、舒适、优美的创作环境，还为他们产生灵感创造了条件，是文学艺术创造的源泉。法国文艺理论家丹纳曾经说过："艺术家是种子，而他的环境则是培养这颗种子的土壤和气候。森林环境，无疑是作家、艺术家、音乐家创作最好的温床和环境。"

（一）文学、影视作品蕴藏很多森林内涵

众多的文学、影视作品中有着丰富的森林内涵。我国第一部诗歌总集《诗经》中，提到了松、桧、桐、梓、杨等乔木25种，杞、榛等灌木9种，桃、李、梅等果树9种以及竹子等。从《楚辞》的"袅袅兮秋风，洞庭波兮木叶下"、汉代乐府古诗《古绝歌》的"秋霜白露下，桑叶郁有黄"以及《长歌行》的"阳春布德泽，万物生光辉"中，就可看出森林对这些诗歌的深刻影响。民歌、史诗、散文、小说等也有很多受森林因素的影响，如乐府民歌的《陌上桑》《上山采蘼芜》《孔雀东南飞》等，其中，《孔雀东南飞》就有"东西植松柏，左右植梧桐；枝枝相覆盖，叶叶相交通"。古今文人的著名诗词中，吟咏绿色、寄情森林树木花草的更是举不胜举。如王维的《相思》、李白的《南轩松》、杜甫的《高楠》、白居易的《松声》、杜牧的《山行》、王安石的《桃源行》、苏轼的《孤山竹阁》、陆游的《咏梅》，以及鲁迅《送增田涉君归国》、郭沫若的《黄山即景》和毛泽东的《咏梅》等，都是吟颂树木花草或借绿抒情的，蒙古族的《江格尔》、藏族的《格桑尔王传》及《红宝石》《黑白战争》等史诗，也是以森林、草原等为背景的。散文徐霞客的《徐霞客游记》、茅盾的《白杨礼赞》，以及小说《林海雪原》《山乡巨变》和电影《青山恋》等，不是以树木花草为题材，就是以森林树木为背景。

（二）音乐中包含许多森林元素

一方面，森林是音乐的天堂，森林旅游环境中的树木花草及诸多声音如风声、雨声、流水声、鸟鸣和竹、木本身的声音等，都是音乐创作的源泉，如《小白杨》《牡丹之歌》《在那桃花盛开的地方》《月光下的凤尾竹》《二泉映月》《空山鸟语》《迷雾森林》《挪威的森林》等。另一方面，不少乐器是以竹材、木材等为基本材料制作的，如竹笛、箫、笙、京胡、渔鼓、竹板琴等丝竹管弦大多是竹制的，琵琶、古筝、扬琴等弹拨乐器的琴体和二胡、板胡等拉弦乐器的琴杆、琴筒是用乌木、红木、紫檀或花梨木等制成。可以说，森林与音乐的关系密不可分。

（三）绘画多数以森林或植物为题材

山水画的内容涵盖了森林树木，如罗梭描绘森林的风景画，给人印象深刻。中国画也更多地凸现森林和树木花卉，尤其是以松、竹、梅为题材的作品。

五、森林旅游中的人文精神

在森林旅游中，各种花草树木因其生物学特征经常会引起人们对某种品德、精神的感悟，人们也经常将某些德行、品格赋予一些在森林旅游中常见的花草树木，使其成为某种人文精神的载体。森林旅游中的人文精神主要体现在：

(一) 刚正、高洁的精神

在森林旅游中，森林树木昂然直立、挺拔向上，这是刚正不阿、不卑不亢、不事权贵、不随波逐流的品格和精神的外在表征。梅花开在百花之先，独天下而春，凌霜傲雪，斗雪吐艳，凌寒留香，清雅俊逸，冰清玉洁，象征着奋力当先、勇敢担当、坚信不疑、自强不息的精神和坚贞不屈、纯洁高尚的品格。竹子修直挺拔、亭亭玉立，任凭风打雪压，宁折不弯，是高洁、刚直、不亢不卑的精神的表现；"未出土时尚有节，入云霄处仍虚心"，竹子空心，象征着虚心谦逊的品格；竹节拔高，比喻高风亮节。竹子高洁、刚直、谦虚的品格，常被看作不同流俗的高雅之士的象征。从苏东坡诗中的"宁可食无肉，不可居无竹"更可以领悟到竹子具有许多人格化的精神与品格。

(二) 坚韧、固守的精神

森林旅游中人们会看到不同的森林树木，有的树木以其特有的耐瘠、耐旱、耐湿或耐盐等特性，坚强地在自然界生存，表现出强大的适应性和忍耐性。这些树木盘根错节、根系纵横交织，固守着大地，正是固守精神的最好表现。例如，马尾松、黑松是绿化的先锋树种，它们不择地势，哪怕在瘠薄的山崖缝隙，也苍劲挺拔，而且四季常青，是坚韧不拔、强固不屈的精神象征。陶渊明在《饮酒二十首》中写道，"因值孤生松，敛翮遥来归。劲风无荣木，此荫独不衰"，赞颂了松树不畏恶劣环境而坚韧挺拔的精神。木麻黄为了适应盐碱地恶劣的生态环境，叶片全部退化，以枝代叶，倔强地生存。红树林不仅能很好地适应盐碱地的生境，而且能在潮间带生存繁衍，体现了坚持不懈、执着不息、坚守不松的品质。胡杨"在缺水的大漠中顽强地生长，在如刀的沙漠风中勇敢地抗争，顽强地生存，在如火的骄阳中不屈地拼搏，在严寒的隆冬坚强地屹立""生而一千年不死，死而一千年不倒，倒而一千年不朽"，持久地坚守在贫瘠和少水的沙漠，生命力特别顽强，被世人称为"英雄树"，更是中华民族坚定不移、坚强不挠、坚固不弃的精神象征。

(三) 包容、和合的精神

森林旅游环境中生长着不同科、属、种的植物以及相互依存的各种动物和微生物，这是一种接纳和包容的体现。各种动植物和微生物在生态系统中各得其所，各取所需，不同植物之间以及植物和动物、微生物之间和谐相处，共生共荣，形成了一个融洽、协调、平衡的生态系统，又是中和、善合与协同精神的体现。

感知森林旅游与人文文化

1. 要求

以森林旅游中的宗教、民俗、饮食等人文要素为对象，收集资料撰写地方特色鲜明、文化内涵突出的导游词，并拍摄讲解视频。

2. 方法与步骤

(1) 选取要素：以森林公园、风景名胜区、湿地公园等森林旅游景区中的宗教、民俗、饮食等人文要素作为对象。

(2) 收集资料：通过网络、报纸、杂志等收集有关人文要素的资料。也可去当地景区(点)进行实地考察，收集一手资料。

(3) 撰写导游词：在认真分析资料的基础上，撰写文化内涵突出、富有特色和创新性的导游词。

(4) 拍摄视频：根据导游词的内容，拍摄讲解视频。

3. 考核评价

根据表6-3-1对上述实训的结果进行评价。

表6-3-1 评价表

评价项目	评价标准	分值	教师评价得分（占70%）	小组互评得分（占30%）	综合得分
导游词	文字编排工整，格式符合要求	10			
	文字表达流畅，条理清晰，有逻辑性	10			
	文化内涵突出，富有特色和创新性	20			
讲解	语音、语调准确，词语清晰，表达流畅	10			
	讲解内容全面、正确，重点突出	10			
	礼貌、礼节适当，仪容仪表整洁得体	10			
	体现景区文化内涵，增强文化自信	10			
视频	视频结构完整，流畅，独到新颖	10			
	视频剪切合理，转场效果自然，不出现画面跳动	10			
合计		100			

森林旅游文化综合实训

1. 要求

以森林公园、风景名胜区等森林旅游景区为对象，根据其旅游资源特点，为其策划森林旅游文化活动方案。

2. 方法与步骤

(1) 学生分组：根据班级人数进行分组，以3~4人一组为宜，实行组长负责制。

(2) 选取景点：以森林公园、风景名胜区等森林旅游景区为对象。

(3) 收集资料：通过网络、报纸、杂志等收集有关景区的资料。

(4) 小组研讨：充分挖掘森林旅游景区的文化内涵，策划有关文化活动。

(5) 撰写方案：根据景区的资源和文化特色，撰写森林旅游文化活动方案。

3. 考核评价

根据表6-3-2对上述实训的结果进行评价。

表 6-3-2　评价表

评价项目	评价标准	分值	教师评价得分（占70%）	小组互评得分（占30%）	综合得分
实训态度	遵守纪律，安全意识强；积极主动，拥有团队意识和协作精神	20			
实训成果	文字编排工整，格式符合要求，条理清楚，逻辑性强	10			
	活动目的、意义表述清楚，目标具体	15			
	活动开展方式简洁明了，容易理解	20			
	对注意事项、细节、应急措施等加以说明	15			
	方案内容完整，可行性较强	10			
	突出资源和文化特色，彰显文化自信	10			
合计		100			

自测题

一、单项选择题

1. (　　)是森林旅游的灵魂。
   A. 吃　　　　　B. 住　　　　　C. 游　　　　　D. 文化

2. 佛教四大名山中(　　)是观世音菩萨的道场。
   A. 山西五台山　　B. 浙江普陀山　　C. 四川峨眉山　　D. 安徽九华山

3. (　　)是中国的民族宗教，它根植于中华民族的历史文化土壤中，至今已有2000多年的历史，对我国社会生活的各个方面产生了重大影响。
   A. 道教　　　　B. 佛教　　　　C. 基督教　　　D. 伊斯兰教

4. 各地会举办各种花会，如江西井冈山每年会举办(　　)。
   A. 梅花节　　　B. 杜鹃花节　　C. 牡丹花节　　D. 桂花节

5. (　　)是中国历史上著名的文化珍禽，凝聚着丰富的文化意蕴。在古代看来，它体洁性清，飞高呼远，行中规矩，舞合韵律，饮食淡薄，俨然君子，堪比才俊。
   A. 龙　　　　　B. 雁　　　　　C. 鹤　　　　　D. 凤凰

二、多项选择题

1. 森林旅游文化的特点有(　　)。
   A. 综合性　　　B. 继承性　　　C. 地域性　　　D. 民族性　　　E. 生态性

2. 民俗文化丰富多彩，类型多样，从形态上可分为(　　)。
   A. 物质民俗文化　　　　　　B. 社会民俗文化
   C. 意识民俗文化　　　　　　D. 宗教民俗文化

3. 花卉文化主要表现为( )。
A. 食花　　　　B. 健康方面　　　C. 花卉造景　　　D. 民俗
4. 饮食文化在森林旅游中的作用包括( )。
A. 森林所提供的饮食原料是必不可少的旅游吸引要素
B. 饮食文化是森林旅游文化的重要组成部分
C. 森林旅游可以达到旅游主、客体等多边活动，进一步繁荣饮食文化
D. 饮食文化在森林旅游中可有可无
5. 森林旅游中的人文精神主要体现在( )。
A. 刚正、高洁的精神　　　　　　B. 坚韧、固守的精神
C. 包容、和合的精神　　　　　　D. 拼搏、奋斗的精神

三、填空题

1. 森林旅游文化以_____、可持续发展理念为核心，以现代森林文化为基本内涵，表现人对森林的认识与审美关系。
2. 中国画更多地凸现了森林和树木花卉，尤其是以_____、竹、梅为题材的作品。
3. 花卉文化首先表现为_____。
4. 森林旅游中树木文化的内涵突出体现在树木美学、_____、树木宗教 3 个方面。
5. _____被世人称为"英雄树"，体现了中华民族坚定不移、坚强不挠、坚固不弃的精神。

四、判断题

1. 文化是人类社会历史实践过程中所创造的物质和精神财富的总和。　　( )
2. 传统文化是构成森林旅游景观文化内涵的重要部分。　　　　　　　　( )
3. 地域性差异是形成旅游活动吸引力的重要因素之一。　　　　　　　　( )
4. 佛教四大名山是山西五台山、浙江普陀山、四川峨眉山、安徽九华山，分别是文殊菩萨、普贤菩萨、地藏菩萨和观世音菩萨的道场。　　　　　　　　　　　　( )
5. 森林文化里，蝉和乌鸦代表凄凉、悲伤。　　　　　　　　　　　　　( )

项目七 森林旅游可持续发展

数字资源

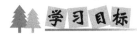

>> **知识目标**

(1) 了解森林旅游可持续发展的概念、基本原则；
(2) 理解森林旅游的负效应，熟悉森林旅游可持续发展的对策；
(3) 掌握森林旅游资源的保护措施以及森林旅游规划与管理方法。

>> **技能目标**

(1) 能够结合岗位工作做好森林资源保护的宣传工作；
(2) 能够为森林旅游景区可持续发展建言献策，做好规划管理工作。

>> **素质目标**

(1) 积极践行可持续发展理念，促进森林旅游业可持续发展；
(2) 树立强烈的环境保护意识，积极宣传环境保护知识。

任务一　森林旅游可持续发展概述

森林旅游是一种依托于原生态环境的群体性活动，必须坚持可持续发展的道路。随着我国经济社会的发展，人们的收入增加，外出旅游有了物质基础，使得更多的人可以走出城市，远离喧闹和沉闷，去感受大自然的宁静和新鲜。然而，森林旅游绝不是单纯的游览森林、草原、湿地等，走向自然，也不仅是在生态环境里的走走看看。森林旅游应该是更高层次的、包含可持续发展理念的旅游。

一、森林旅游负效应

我国的森林旅游是主要依托于森林公园、风景名胜区等发展起来的。1982年张家界国家森林公园建立，将旅游开发与生态环境保护有机结合起来。此后，森林公园建设以及森林旅游得到较快发展，特别是近年来我国森林旅游发展总体呈现蒸蒸日上的趋势。但是，森林旅游在发展过程中困难和问题也日渐凸显，呈现出较大的负效应。森林旅游的负效应主要表现在以下几个方面。

(1) 森林旅游资源的粗放开发和盲目利用，带来自然环境破坏

我国许多地区在开发森林旅游资源时，缺乏深入的调查研究和全面的科学论证。盲目

开发后,游客数量不足,经营难以维持,也无法对森林资源实现保护,造成许多不可再生资源的损害。有些景区不研究旅游生态容量,盲目利用森林旅游资源,破坏了森林旅游资源的原始性和自然状态,逐步丧失了其原有的欣赏价值。

(2)旅游设施过度建设,带来生态环境破坏

从某种意义上说,旅游设施密度越大,生态环境遭到破坏和污染的可能性越大。有的森林旅游景区出于经济目的,热衷于旅店、餐馆的建设,过度修建各类旅游设施,导致景观和生态的破坏。随着自然保护区生态旅游热的兴起,保护区内脆弱的生态系统也遭到致命的打击。例如,长江上游大量兴建旅游设施,致使原始森林和天然生态林遭受滥砍滥伐,森林覆盖面积减少,造成山体滑坡、水土流失、江河污染严重,影响下游的水质,游客很难看到山清水秀、碧波荡漾的美丽景色。

(3)游客时空分布不均,引发生态系统破坏

由于受气候、节假日、资源特点等因素的影响,森林旅游的游客具有明显的季节性波动的特点。游客的空间分布不均和不良行为会对生态系统造成一定的破坏。一是游客增多,森林旅游活动频繁和游客分布过于集中,引起一些生态资源的变化,特别是游客的不良行为影响植物的更新能力甚至导致死亡。二是旅游旺季游客在景区投喂食物改善了动物的生存条件,促其取食无虑,繁殖加快,而到了旅游淡季,因游客减少,动物靠游客遗弃食物难以为继。

(4)游客缺乏环境保护意识,使景区环境污染严重

我国森林旅游业近年发展迅速,但是人们的生态意识较薄弱,可以说旅游到哪里,生态破坏和环境污染也就发生到哪里,造成森林旅游景区内生活污水不断增多,废渣、废弃物剧增。例如,千岛湖国家森林公园内每年接纳的生活污水达304.56万t。作为"五岳独秀"的南岳衡山,景区内每年约有6000t经营垃圾、2000t旅游垃圾、25万t污水。甚至喜马拉雅山上也有各类垃圾,旅游部门不得不花巨资处理这些废弃物。

二、森林旅游可持续发展概念及意义

可持续发展是指既满足当前需求而又不削弱子孙后代满足其需要之能力的发展。换句话说,就是指经济、社会、资源和环境保护协调发展,它们是一个密不可分的系统,既要达到发展经济的目的,又要保护好人类赖以生存的大气、淡水、海洋、土地和森林等自然资源和环境。可持续发展的核心是经济发展与保护资源、保护生态环境的协调一致,是为了让子孙后代能够享有充分的资源和良好的自然生态环境。

森林旅游可持续发展就是指不破坏当地自然环境,不损坏现有和潜在的森林旅游资源,以及合理利用森林旅游资源,保护已开发的现有资源的情况下,在环境、社会、经济三效合一的基础上持续发展的森林旅游经济开发行为。

在我国森林旅游发展的历程中,有些个人或公司打着开发"生态旅游"的招牌,进行着违背生态旅游基本原则的活动,这些无序的开发明显地改变了原有的自然或人文景观,使许多自然保护区、风景名胜区、森林公园以及历史文化遗产面临着严重的威胁和挑战。有专家指出,生态旅游在许多地方确实已成为"生态破坏游"。比如,我国首批列入世界自然遗产名录的张家界,曾因在主要景区内兴建大量商业建筑而被联合国遗产委员会出示红牌

勒令整改，其他如九寨沟和峨眉山等景区内，也都不同程度地存在着破坏生态的现象。面对我国脆弱的森林生态系统，任何一点掠夺都会造成损毁和破坏，并将导致不可挽回的损失。因此，现阶段我国森林旅游业的发展必须坚持可持续发展的理念，以保护为主，保护和开发利用相结合。

三、森林旅游可持续发展原则

1. 公平性原则

对于森林旅游来说，在发展的过程中要遵循公平性的原则，在满足人类需求的同时，对森林旅游资源进行合理的开发与利用，坚决杜绝对森林旅游资源进行掠夺式的开发与利用；要全面考虑到不同人的需求，通过发展带来的效益促进人类生活水平的整体提高。

2. 协调性原则

生态与经济和社会的协调发展是发展森林旅游的基础与保障，森林旅游可持续发展需要在协调发展的基础上进行。构成森林旅游的因素是多方面的，在发展森林旅游的过程中要对这些构成要素进行系统的组合，在保障各要素之间协调发展的基础上促进森林旅游的发展。此外，要注重促进整体与构成要素之间的协调发展。

3. 共同性原则

可持续发展关系到全球的发展。要实现可持续发展的总目标，必须争取全球共同的配合行动，这是由地球整体性和相互依存性所决定的。因此，在森林旅游发展过程中，必须要加强不同国家和地区的合作与交流，不同国家和地区的人相互扶持、互帮互助，共同促进全球森林旅游的发展。

四、森林旅游可持续发展措施

实践证明，森林旅游必须走可持续发展之路。森林旅游的可持续发展可以减少对自然资源与环境的压力和破坏。

1. 实施森林旅游资源的可持续管理

森林旅游的可持续发展必须建立在森林旅游资源的可持续发展之上，只有不断丰富森林旅游资源，改善生物栖息场所及环境，人类才能与之共同在一个生物圈中和谐共存。实施森林旅游资源可持续管理，首先，必须注意防止影响森林旅游可持续发展的灾害性因素的发生，诸如大面积砍伐、火灾、病虫害以及天然林的人工林化等；其次，在生物多样性保护方面，要建立相应的管理体制，严禁破坏、捕杀等行为，对无视国家法规、滥伐森林、乱捕滥猎野生动物者，必须严格执法；最后，森林旅游资源的分布、结构和演替要符合景观生态学的基本原则，建立符合景观生态学原理的森林旅游资源管理技术是实现森林旅游可持续发展的基础性工作。

2. 实施森林旅游资源的可持续开发利用和经营

森林旅游资源的可持续开发利用和经营是发挥森林旅游资源生态功能和社会经济功能的必要手段。在森林旅游资源的开发利用上，必须限定在环境容量之内，必须考虑景观多样性问题，必须注意避免以破坏自然景观为代价大搞人工景观。同时，还必须服从当地经济总体规划,并保证开发所能带来的收益高于所需付出的机会成本,以最小的投资争取最大限度的经济效益,充分利用已有资源,有计划地合理开发和经营,走出一条边建设、边开发、边接待、自我积累、滚动发展的新路子。

3. 加强对森林旅游业的环保宣传

加强对森林旅游业的环保宣传,提高参与者对自然保护、生态保护、环境保护的认识。游客通过森林旅游活动不仅可以满足其求知、求新、求异的需要,还可以学习生物多样性、生态环境等相关知识,对提高他们的自然保护意识是有益的。同时,一些旅游景区还可开展一些恢复生态旅游活动,如植树留念等,参与者会因为参与环保工作而感到自豪。

4. 利用生态文化引导森林旅游可持续发展

森林旅游是发展生态文化的重要载体,生态文化是开展森林旅游的必要条件。森林旅游作为现代森林经营的一种独特形式,既是一种经济活动,更是一种文化活动,以生态理念、可持续发展理念作为核心。

5. 建立森林旅游开发的补偿机制

建立森林旅游开发的补偿机制,形成"谁受益,谁补偿,全民受益,政府统筹,社会集资投入"的新型机制,解决过去存在的"公众受益,由少数负担"和"部分受益对象不明确,无人投资,建设缓慢"的状况,以保证森林旅游经营者和开发者有一定的资金投入和积累,用于森林旅游资源的保护,促进森林旅游可持续发展。

6. 发挥政府的职能,处理好全局与局部、宏观与微观的关系

发挥政府的职能,处理好全局与局部、宏观与微观的关系,是森林旅游可持续发展的重要外部条件。以森林为例,首先必须由国家对森林进行分类,对生态林加以严管,放活经济林、用材林,然后由政府行政部门对森林生态公益林做出规划,有选择地开发森林旅游区,科学安排、合理布局、点面结合、形成特点,切不能一哄而上,盲目开发,既得不到好的经济效益,又破坏了原始的森林生态环境。

有政府的参与扶持,有社会公众的广泛支持,有一套行之有效的管理制度和法制保证,森林旅游业一定会朝着健康的方向持续发展。

认识森林旅游可持续发展

1. 要求

收集国内外森林旅游可持续发展案例,分类整理并制作PPT进行汇报。

2. 方法与步骤

(1)选取对象:选取国内外著名的森林旅游景区作为对象。
(2)收集资料:通过网络、报纸、杂志等收集森林旅游景区可持续发展相关资料。
(3)课堂汇报:对收集的资料进行整理分析,制作PPT进行课堂汇报。

3. 考核评价

根据表 7-1-1 对上述实训的结果进行评价。

表 7-1-1 评价表

评价项目	评价标准	分值	教师评价得分（占70%）	小组互评得分（占30%）	综合得分
典型案例	文字编排工整，格式符合要求；表达流畅，条理清楚；无错别字，紧扣主题	50			
课堂汇报	语音、语调准确，词语清晰，表达流畅	10			
	内容全面，重点突出，PPT简洁大方	20			
	礼貌、礼节适当，仪容仪表整洁得体	10			
	传播可持续发展理念，增强环保意识	10			
合计		100			

任务二 森林旅游资源保护与森林旅游规划

森林旅游业的发展离不开森林旅游资源，然而毁林开荒、乱砍滥伐、游客踩踏、过度开发等，却使我国本来就不多的森林旅游资源破坏非常严重。火灾、虫灾、地震、洪水等自然灾害也加剧了对森林旅游资源的破坏。面对森林旅游资源严重不足的问题，对现有森林旅游资源的保护就显得日益重要。

一、森林旅游资源保护

（一）森林旅游资源保护的必要性和紧迫性

1. 森林旅游资源保护的必要性

森林旅游资源十分丰富，包括森林、草原、湿地等，构成了地球生物圈中能动性最大的生物系统。它能涵养水源、保持水土、防风固沙、调节气候、净化空气、美化环境；在繁衍物种、动物栖息等方面有着不可替代的作用；能为人类提供优美舒适、有利于人类健康长寿的生态环境。因此，保护森林旅游资源和生态环境，保护生物多样性，维护自然生态平衡，就是保护人类自己。

2. 森林旅游资源保护的紧迫性

森林旅游资源的保护对于森林旅游的可持续发展有着十分重要的意义。在环境污染和破坏日益严重的今天，人类的生存面临着严峻的挑战，环境问题已成为全球性问题。在人类社会发展中，由于森林旅游资源的破坏，原有的生态系统平衡失调，生物多样性锐减，导致气候恶劣、自然灾害频繁、传染病增加、癌症病人增多，严重损害了人类健康，对人类生存造成严重威胁，越来越多的人渴望回到绿水青山的怀抱中去。因此，保护生态环境、保护森林旅游资源、保护人类生存环境已迫在眉睫。

（二）森林旅游资源保护原则

1. 坚持依法保护的原则

森林旅游资源的规划、建设和经营管理过程中，应严格遵守和执行有关法律、法规，依法有效保护资源。

2. 将保护放在首位，坚持生态优先的原则

森林旅游资源是珍贵的自然文化遗产，一旦被破坏，就难以恢复，甚至无法恢复。应将保护放在首位，坚持生态优先的原则，确保生态系统良性循环和持续发展。

3. 坚持分类分级保护的原则

根据森林旅游资源的特性和有关法规的规定，科学划分保护类别和等级，建立明显的标志，确定科学有效的保护措施。

4. 坚持因地制宜、与环境相协调的原则

森林旅游资源的保护设施规划、建设及保护措施，应从森林旅游区的实际出发，结合森林旅游资源的特点、区位，因地制宜、合理布设，符合生态平衡和环境协调的原则。

（三）森林旅游资源保护措施

1. 政府对森林旅游资源的保护措施

（1）完善法律法规，加强执法及监督力度

政府及各级主管部门要制定合理的政策，强化行业管理，尽快出台相应的法律法规，完善森林旅游资源保护的法规系统。政府必须用立法来加强对森林旅游资源的保护，加强对自然生态系统的保护，加强对森林旅游资源开发的指导和管理，做到依法管理、依法保护，走可持续发展的道路。

（2）加强防火和病虫害防治

加强对防火工作的领导，充实和健全各级防火组织机构，实行各级领导负责制。加强防火人员队伍建设，通过培训，以及制定并实施岗位责任制、跟踪考察、奖惩兑现等条例措施，进一步加强防火人员队伍建设，加大对火源的监控力度。认真落实防火目标责任制，强化防火 24h 值班制度和领导带班制度，严格野外火源管理，完善扑火预案，备足扑火物质，专业扑火队伍 24h 待命，加大巡查力度，畅通信息报送渠道，做到有火情及早发现、早出动、早扑灭。

对于从外地引种或从外地购买的种子、苗木、动物等，按规定进行严格的检疫，防止病虫害的发生和传播；建立病虫害的监测预报体系，确定病虫害的管理防治指标，及时防范，减少危害和损失。

（3）树立开发与保护相结合的观念，加强宣传教育

开发和保护是融为一体的，保护是开发的前提，开发是保护的进一步发展。森林旅游可持续发展必须树立这种观念，坚持对森林旅游资源的开发利用与保护增值并重，将生态环境和森林旅游资源的开发利用与保护增值目标纳入森林旅游事业的发展计划，并进行统筹规划。通过综合开发，促进森林旅游产业发展，改善生态环境，使社会、经济和生态效益同步增长。同时，发展森林旅游必须与宣传教育相结合，使森林旅游的全过程成为生态环境教育和生态道德教育的全过程，唤起游客绿色的激情、绿色的愉悦、绿色的思考，达

到使其热爱自然、保护自然及获得人生感悟的目的。

（4）制定并实施生态工程项目

制定并实施多项提升森林旅游资源储备和促进生态修复为主的生态工程项目。大力植树造林，保护生态环境；大力更新改造，尽快恢复和重建被破坏的自然生态系统，在不断增加森林旅游资源储备的同时，注重生态结构的改善和生态功能的增强。

2. 公民对森林旅游资源的保护措施

公民应自觉提高生态保护意识，树立生态价值观、生态道德观、生态消费观，自觉争当保护森林旅游资源的卫士。除在森林旅游活动中不乱采摘和践踏植物、不乱丢垃圾等外，在日常生活中还应做到以下三点，通过具体行为自觉践行森林旅游资源的保护。

（1）拒绝一次性筷子

生产和使用木制一次性筷子客观上消耗了大量木材资源，特别是木制一次性筷子属于一次性消费品，既造成木材资源的浪费，还给环境带来了污染。中国的人均森林资源比世界上大部分国家都要低，拒绝一次性筷子将会给森林带来更多的喘息机会。

（2）环保用纸

应减少不必要的用纸。此外，使用再生纸和由环保原料（如经 FSC 认证的木材）生产的纸张，确保纸张不会来自具有保护价值的树种或造成濒危动物失去栖息地，可以推动造纸业进行环保生产。

（3）参加植树造林活动

植树造林不仅可以绿化和美化家园，同时还可以起到增加森林旅游资源、防止水土流失、保护农田、调节气候、涵养水源、减轻污染、促进经济发展等作用，是一项利于当代、造福子孙的宏伟工程。

二、森林旅游规划与管理

（一）森林旅游规划

森林旅游规划是指为了保护、开发利用和经营管理森林旅游区，使其发挥多种功能和作用而进行的各项旅游要素的统筹部署和具体安排。森林旅游规划包括两种类型：一种是以设计森林旅游产业为重点内容的纵向性规划，一般称为森林旅游产业规划；另一种是以区域为单元的森林旅游横向性规划，一般称为森林旅游区域性规划。

1. 森林旅游规划的原则

中国科学院地理科学与资源研究所研究员牛亚菲提出了开展森林旅游规划的五项原则。

保护优先原则：森林旅游规划应将环境保护置于优先地位。

容量限制原则：控制游客规模和旅游建设规模。

分区规划原则：在自然保护区实施同心圆式的规划。

环境管理原则：实施严格的环境管理和监控。

法律保障原则：对重要森林生态旅游的开发建设制定法律法规。

2. 森林旅游规划框架结构

规划文本因规划制定者的不同构想而有所差别，但基本框架均包括下列内容：森林旅游发展目标；旅游市场定位和预测；森林旅游资源评价；森林旅游产品体系设计；森林旅游市场规划；旅游环境影响评价；旅游环境规划。

3. 森林旅游规划的内容

(1) *森林旅游业的性质与开发战略*

森林旅游业在产业性质上属旅游产业，它是促进旅游服务业发展的第三产业。海外一些学者还把它列为第四产业——体验型产业。在制订森林旅游业的开发战略时，要以体验与保护这两大特点为依据，视各地情况予以准确表述。

在战略重点、战略目标方面，各地的森林旅游应有所不同。在规划中要明确规定战略重点，即是以沿海湿地为战略重点，还是以自然保护区的实验区为战略重点，或是以山岳森林、草原湖泊、野生动物观察等为战略重点。在战略目标方面，包括接待游客数及经济收入目标、环境保护目标、森林旅游形象目标等。

(2) *森林旅游活动范围及面积圈定*

森林旅游必须有严格的空间限定。在规划森林旅游时，要有明确的界限，并把它落实在规划图上，计算出它的准确面积。在实际操作时，要立四至界碑，要有允许游人进入的指路牌和不允许游人进入的止路牌。要明确划分自然保护区的核心区、缓冲区、实验区，只能在实验区内进行旅游活动。

(3) *森林旅游项目和产品设计*

森林旅游项目和产品设计是制订森林旅游规划的中心环节，也是衡量规划水平高低的重要标志。森林旅游产品一般包括森林旅游目的地（景区）、旅游项目及森林旅游线路3个部分。

(4) *森林旅游资源评价*

森林旅游资源是供森林旅游使用的自然型和文化型资源，在发展森林旅游产业时，要对森林旅游资源进行科学的评价，也就是用现代科技手段，把森林旅游资源的属性、特性、本性（包括产生原因）解释清楚。

(5) *森林旅游设施的限制性规划*

在森林旅游区内建设住宿设施、餐饮设施、信息中心等森林旅游设施时，必须科学规划，严格限制在合理的范围内，同时建筑风格、建筑材料、家具和装饰等都应该与周围环境和地方文化相协调。

(6) *森林旅游容量标准制定*

森林旅游容量包括许多内容，如游客接待容量、游客心理容量、游客设施容量、经济发展容量、社会地域容量等。

(7) *森林旅游营销方案制订*

营销方案一般包括市场定位、营销方式等内容。在市场定位上，应侧重于那些环境意识比较强的游客。

(8) *导游培训规划*

从事森林旅游的导游人员不仅口头表达要清楚，而且要掌握丰富的森林旅游专业知识，为此，应对其进行森林旅游知识培训。

(9) 森林旅游区居民安排和规划

在开发规划中明确具体办法，使旅游区居民成为开发工作的受益者。如让他们参与旅游区管理，协助他们开办家庭旅馆、餐馆等。

(二)森林旅游管理

从管理对象的角度来看，森林旅游管理应主要围绕环境、社区和游客来展开。

1. 环境管理

森林旅游环境的建设和管理是森林旅游管理工作的中心，体现了森林旅游的"保护性"理念。环境管理主要集中在环境容量、环境因子、景观和设施的管理上。

(1) 环境容量管理

环境容量(或称环境承载力)虽然不是有形的环境实体，但它是森林旅游环境管理工作的基础之一。总的来看，环境容量主要涉及自然、社会、经济3个方面。研究者提出了相关的指标体系，如有学者认为环境容量体系包括生态环境容量、空间环境容量、设施环境容量、社会环境容量；另有学者构建了环境承载力综合评价指标体系，包括自然环境承载力、社会环境承载力、经济环境承载力。目前，对环境容量的研究偏重生态环境容量和空间环境容量，对社会环境容量的研究还不够深入。环境容量管理的意义就是用其理念和理论计算来指导森林旅游在环境、社会和经济等方面的建设和管理。

(2) 环境因子管理

环境因子的监测和控制是森林旅游环境管理方面的基础工作，环境因子的管理主要是在控制、保护和修复上采取措施。虽然在某些森林旅游景区开展了环境监测工作，但是由于条件和技术限制，仍有很多森林旅游景区的监测和保护工作有待健全和深入。

(3) 景观管理

景观生态学是进行景观建设和管理的主要理论依据，景观的建设和管理应充分生态化、尽量自然化，要确立地方风格。同时建立相应的生态监测站，及时掌握游客的时间分布、生态影响过程及环境容量、质量、演变等方面的现状，以实施有效的生态恢复行动。

(4) 设施管理

森林旅游设施应体现环保性、融合性和教育功能的要求，设施管理主要包括以下几个方面。

①对人文建筑的控制　森林旅游设施的规模对环境的影响明显，但常用的环境容量计算方法难以计算出森林旅游景区人文建筑的动态阈值，应该从另外的角度(如脆弱的环境因子)来考虑。

②对设施景观效果的控制　人造设施要能与天然环境融合、协调，要符合森林旅游对视觉景观效果的特殊要求，要根据景观生态系统的层次，对各设施配置做出规定，严格控制设施规模、数量、色彩、用料、造型和风格等，真正做到人工建筑与天然景观相协调。

③对施工建设的要求　在实际的工程实施中，可以通过技术手段使设施自身和建设过程符合环保的要求。特别是道路路线、路面工程、桥涵和辅助设施的工程施工应避免对区

内动物、植被、景观、水、大气等环境因素造成影响。

2. 社区管理

社区参与是森林旅游的鲜明特点之一,突出体现了森林旅游的责任性理念。社区管理中有很多与居民利益直接相关的问题,还涉及复杂的民族和文化因素。社区管理应围绕让居民了解社会文化未来的发展,参与重大旅游项目的设计和决策,与居民共同商定利益分配,以及制定面向当地居民的就业政策等方面展开。

3. 游客管理

森林旅游既关心人与人之间的关系,也关心人与自然的关系,把人与人、人与自然看作是一个彼此平等、相互协调、双向互动、共同发展的有机整体。森林旅游的游客管理主要从以下几个方面进行:

(1)对游客行为的引导和约束

森林旅游不仅要满足游客的旅游需要,还要使游客及旅游业对生态环境有积极影响,因此,要求森林旅游参与者具有环保意识、环保行为。目前,要普遍形成"为了子孙后代和未来的发展,尊重森林旅游资源和环境"的观念,提高游客和森林旅游经营管理者的可持续发展意识,逐步形成文明旅游、科学旅游、健康旅游的生态环境保护氛围。

(2)对游客进行教育

现阶段国内森林旅游者的生态意识和环境责任还有待提高,这也是其行为不符合森林旅游要求的原因之一,因此要对游客进行相关教育。教育的途径是社会教育和自我教育,以"珍惜资源,保护环境,文明、科学旅游"为主题,举办森林旅游的科普教育和培训等,营造全社会都来保护森林旅游资源的氛围。

实训

加强森林旅游资源保护与森林旅游规划

1. 要求

准备环境保护和文明旅游等相关宣传资料,深入社区开展宣讲活动。

2. 方法与步骤

(1)学生分组:根据班级人数进行分组,以3~4人一组为宜,实行组长负责制。

(2)制作材料:收集环境保护和文明旅游的相关资料,制作各类宣传材料(宣传单、横幅、承诺书等)。

(3)活动开展:在社区、广场等公共场所开展环境保护和文明旅游宣传活动,拍摄照片、视频等资料留存,撰写活动总结。

3. 考核评价

根据表7-2-1对上述实训的结果进行评价。

表 7-2-1　评价表

评价项目	评价标准	分值	教师评价得分（占70%）	小组互评得分（占30%）	综合得分
实训态度	遵守纪律，安全意识强；积极主动，有团队意识和协作精神	20			
实训成果	宣传材料准备丰富、实用	20			
	活动现场气氛热烈，组织有序	20			
	活动照片、视频、总结等材料齐全	20			
	增强公民的环保意识和文明旅游观念	20			
合计		100			

自测题

一、单项选择题

1. 由于受气候、节假日、资源特点等因素的影响，森林旅游的游客具有明显的(　　)的特点。

　　A. 消费水平低　　B. 停留时间长　　C. 季节性波动　　D. 团队规模大

2. 森林风景资源是珍贵的自然文化遗产，一旦被破坏，就难以恢复，甚至无法恢复，应将(　　)放在首位，坚持生态优先的原则，确保生态系统良性循环和持续发展。

　　A. 维修　　　　B. 保护　　　　C. 利用　　　　D. 恢复

3. 开发和保护是融为一体的，保护是开发的(　　)，开发是保护的进一步发展。

　　A. 保障　　　　B. 前提　　　　C. 基础　　　　D. 后果

4. (　　)是制订森林旅游规划的中心环节，也是衡量规划水平高低的重要标志。

　　A. 森林旅游资源科学评价　　　　B. 森林旅游活动范围及面积的圈定

　　C. 森林旅游项目和产品设计　　　　D. 森林旅游容量标准的制定

二、多项选择题

1. 森林旅游可持续发展的基本原则包括(　　)。

　　A. 公平性　　　B. 协调性　　　C. 共同性　　　D. 一致性

2. 公民对森林旅游资源的保护措施包括(　　)。

　　A. 拒绝一次性筷子　　　　B. 环保用纸

　　C. 参加植树造林活动　　　　D. 节约能源

3. 森林旅游资源保护的原则包括(　　)。

　　A. 坚持依法保护的原则

　　B. 将保护放在首位，坚持生态优先的原则

　　C. 坚持分类分级保护的原则

　　D. 坚持因地制宜、与环境相协调的原则

4. 森林旅游环境管理主要从以下哪几个方面进行？（　　）
A. 环境容量　　　B. 环境因子　　　C. 环境污染　　　D. 景观和设施的管理
5. 开展森林旅游规划的原则包括（　　）。
A. 保护优先原则　　B. 容量限制原则　　C. 分区规划原则
D. 环境管理原则　　E. 法律保障原则

三、填空题

1. _____是指生态系统受到某种干扰时能保持其生产力的能力。
2. 森林旅游资源的_____和_____，带来自然环境破坏。
3. 现阶段我国森林旅游业的发展必须_____，以保护为主，保护和开发利用相结合。
4. 现阶段国内森林旅游者的_____和_____还有待提高，这也是其行为不符合森林旅游要求的原因之一，因此要对游客进行相关教育。
5. 从管理对象的角度来看，森林旅游景区的管理应主要围绕_____、_____和游客来展开。

四、判断题

1. 森林旅游设施应体现环保性、融合性和教育功能的要求。（　　）
2. 森林旅游是高层次的旅游，要求游客有较高的欣赏层次和较强的环境保护意识。（　　）
3. 森林旅游的可持续发展必须建立在森林旅游资源的可持续发展之上，只有不断丰富森林旅游资源，改善生物栖息场所及环境，人类才能与之共同在一个生物圈中和谐共生。（　　）
4. 景观生态学是进行景观建设和管理的主要理论依据，景观的建设和管理应充分生态化、尽量自然化，要确立统一的风格。（　　）

模块四
线路篇

项目八　全国特色森林旅游线路

>> **知识目标**
(1) 了解10条特色森林旅游线路的旅游资源分布情况；
(2) 熟悉10条特色森林旅游线路上的森林旅游活动和特色森林旅游产品。

>> **技能目标**
(1) 能够为前往特色森林旅游线路的游客提供有效建议；
(2) 能够针对前往特色森林旅游线路的不同游客进行合理的线路设计。

>> **素质目标**
(1) 从意识层面传递正确的信息，引导游客关注森林旅游；
(2) 从情感层面培养关爱自然、关爱生态环境的情感；
(3) 从行为层面激励学生，使保护教育成为学校德育教育和社会实践的一部分。

2018年12月全国森林旅游推介会上，国家林业局森林旅游工作领导小组对外发布了首批10条全国特色森林旅游线路。这10条线路途经我国最有特色的自然景观，有林海雪原，有神秘的热带雨林，有壮美的森林草原，有浪漫的滨海山水；囊括我国最有风情的地域文化，有自由豪放的草原文化，有森林文化，有温和谦逊的大熊猫文化，有纷繁绚烂的民族文化。这10条线路分布在我国东北部、东部沿海、西部、南部，串联起森林美景、文化与美食最精华的部分，丰富的气候类型适宜一年四季旅行，是森林旅游爱好者旅游的最佳选择。

任务一　内蒙古呼伦贝尔森林草原旅游线

线路简介 ▶ 呼伦贝尔(呼伦贝尔草原旅游区、巴音胡硕草原旅游区、红花尔基樟子松国家森林公园、诺干湖旅游度假区)→兴安盟阿尔山(阿尔山世界地质公园)→扎兰屯(柴河景区)→呼伦贝尔(喇嘛山国家森林公园、海拉尔国家森林公园)。

数字资源

线路特色 ▶ 内蒙古呼伦贝尔森林草原旅游线穿越我国面积最大的寒温带原始林区，巍巍大兴安岭、茫茫大草原是线路最突出的特色。素有"绿色生态王国""野生动植物乐园""天然氧吧"之称的内蒙古大兴安岭与誉为"世界著名天然牧场"的呼伦贝尔大草原相连。沿线有著名的森林旅游区、草原旅游区、世界地质公园、湿地旅游区等多个景区，可以领略到辽阔的草原、雄伟神秘的原始森林、风光旖旎的草原湿地、奇特的火山遗迹等原生态自然景观，还可以感受呼伦贝尔草原悠久的草原文化。

内蒙古呼伦贝尔森林草原旅游线旅游资源丰富，有一望无际的草原，有延绵起伏的大兴安岭，还有美丽富饶的呼伦湖和贝尔湖，特色旅游活动项目丰富多彩，美景、美食让人应接不暇。

一、线路景点介绍

（一）呼伦贝尔草原旅游区

呼伦贝尔草原旅游区位于内蒙古东北部，大兴安岭以西，由呼伦湖、贝尔湖而得名。地势东高西低，海拔650~700m，总面积1126.67万hm^2，其中可利用草场面积833.33万hm^2，是保存完好的草原，也是世界著名的天然牧场、世界四大草原之一，有羊草、针茅、苜蓿、冰草等120多种营养丰富的牧草，有"牧草王国"之称（图8-1-1）。呼伦贝尔草原是北方众多游牧民族的主要发祥地，被史学界誉为"中国北方游牧民族摇篮"。主要景点有呼伦湖、莫尔格勒河（图8-1-2）、陈巴尔虎草原等。

图 8-1-1　呼伦贝尔草原

图 8-1-2　莫尔格勒河

（二）巴音胡硕草原旅游区

巴音胡硕草原旅游区始建于1989年，距呼伦贝尔市29km，草场占地面积$6km^2$。每年农历五月十三有喇嘛主持祭祀敖包，称敖包会。每年8月，呼伦贝尔都会举办国际敖包相会情歌节。12月末，以内蒙古冠名的"内蒙古冬季那达慕"也在巴音胡硕敖包山下举行。草原主要草种有羊草、针茅、冰草，牧草质量高，适宜放牧大牲畜和冬季贮备用草，草原上还长有多种药用植物。已开发赛马、摔跤、套马、驯马等表演项目，也可在这里参加祭敖包。

（三）红花尔基樟子松国家森林公园

内蒙古红花尔基樟子松国家森林公园始建于2000年5月，位于大兴安岭西麓、呼伦贝尔市鄂温克族自治旗南端，与内蒙古红花尔基樟子松林国家级自然保护区接壤，北邻呼伦贝尔大草原，西南与我国阿尔山市、蒙古国毗邻。这里距呼伦贝尔市海拉尔区120km，是集休闲娱乐、观光度假、科普探险、野营狩猎等多功能于一体的大型国家森林公园。总面积$6726hm^2$，以四季常青的沙地樟子松林和浩瀚无垠的草原湿地景观为主，兼有连绵逶迤的冈峦山岭、风光旖旎的湖光山色、银装素裹的北国冰雪、丰富多彩的民族风情等景观资源(图8-1-3)。这里有亚洲最大、我国唯一集中连片的沙地樟子松林带。樟子松以防风固沙、抗旱、耐贫瘠为主要特点，具有较高的科研和观赏价值。

图 8-1-3　红花尔基樟子松国家森林公园

图 8-1-4　阿尔山世界地质公园

(四)诺干湖旅游度假区

诺干湖蒙古语译为"绿色湖泊"，位于呼伦贝尔大草原中心腹地，地处中国、俄罗斯、蒙古国交界地带，有两伊公路(202线)在此通过，距海拉尔162km。景区北依红花尔基樟子松国家森林公园，西邻新巴尔虎草原，南靠温泉旅游胜地阿尔山，东接柴河景区，是集森林(红花尔基原始樟子松林)、草原(呼伦贝尔大草原)、湖泊(诺干湖)、湿地(诺干湖湿地)和丘陵为一体的大型生态草原景区。

诺干湖水域面积18km²，水深3~6m，上游有东、西毛盖河水常年流入，水源充足，水质良好，各种水生动植物十分丰富，非常适合北方淡水鱼类生活，一年四季均可开展垂钓活动。诺干湖周边有10万亩天然草场，环湖周边和沿东、西毛盖河有5万亩湿地，以及野生珍禽、家禽养殖观赏基地，同时也是摄影爱好者理想的采风之地。

(五)阿尔山世界地质公园

阿尔山世界地质公园位于内蒙古自治区的东北部，地处大兴安岭山脉中段，总面积约3653.21km²，以火山遗迹、温泉地貌、花岗岩地貌、高山湖泊及高原曲流地貌为主要特征，具有独特性、典型性和多样性，是探索蒙古高原隆升机制以及研究中国北方地质环境演化的一部地质学百科全书，也是一处集科学研究、生态旅游、温泉疗养、科普教育、休闲度假、娱乐探险为一体的中国境内最大的火山温泉地质公园(图8-1-4)。

2004年，中国科学院和中国地质大学专家经过两次大规模的火山科考活动后，认定阿尔山火山群是中国第七大活火山群，火山遗迹规模较大，保存完整，是天然火山博物馆。2017年，联合国教科文组织批准阿尔山中国国家地质公园加入世界地质公园网络，成为中国第34个联合国教科文组织世界地质公园。

(六)柴河景区

柴河景区地处大兴安岭山脉中段山脊，总面积为13 168.7km²，包括兴安盟阿尔山市面积7408.7km²，呼伦贝尔扎兰屯市柴河镇面积5760km²，是国家AAAAA级旅游景区。柴河景区位于内蒙古东部经济较发达地区的核心位置，与周边城市之间交通便捷，矿泉资源、冰雪资源、火山遗迹、边贸口岸、民族文化是这里的资源特色。其中阿尔山矿泉是世界最大的功能型矿泉之一，富含锂、锶、硒等人体必需的微量元素和大量元素，能够治疗心脑血管疾病、皮肤病、关节炎等八大系统疾病。

（七）喇嘛山国家森林公园

内蒙古喇嘛山国家森林公园地处大兴安岭山脉中段东麓，位于牙克石市境内，滨洲铁路线巴林火车站北部，距牙克石市187km，滨洲铁路和301国道在这里穿过，总面积2903hm²，由大小28座突兀挺拔、陡峭嶙峋、巧夺天工、构造奇特的石峰组成，主峰远看像一个诵经喇嘛面壁而坐，因而得名喇嘛山。土壤有棕色针叶林土、暗棕壤、灰色森林土、草甸土和沼泽土5类。主要旅游景观有瀑布岩、神驼岩、醒狮岩、石门岩、万寿岩、石雨沟等。

（八）海拉尔国家森林公园

海拉尔国家森林公园位于内蒙古海拉市区西部，距市中心不足2km，总面积14 062hm²，分为南园、北园、西园和后备资源区，统称为三园一区（图8-1-5）。南园内有距今几千年前北方草原细石器时期文化遗址，是中国北方四处细石器时期文化遗址之一。北园是三园中面积最大的，北园的樟子松保持着自然状态，该园内以海拉尔白沙滩景区最为出名。西园主要以湿地为主，湿地总面积2500hm²，共有15处湖面，面积达250hm²，其中以冰湖面积为最大，达56hm²。后备资源区由母树林采种区、防护林建设区、林草示范区、沙地治理区、湿地保护区、育苗及科研区组成。

图8-1-5 海拉尔国家森林公园

海拉尔国家森林公园是我国唯一以樟子松为主体的国家级森林公园，樟子松又称海拉尔松，属于欧洲赤松的一个变种，是我国北方珍贵的针叶树种，是亚寒带特有的一种常绿乔木，有"绿色皇后"的美誉。

二、特色旅游活动

（一）草原上的那达慕

那达慕是蒙古语的译音，译为"娱乐"或"游戏"，还可以表示丰收的喜悦之情。那达慕大会是内蒙古、甘肃、青海、新疆的蒙古族人民一年一度的传统节日，是蒙古族人民喜爱的一种传统体育活动形式，在每年七八月举行。那达慕盛会要进行男子摔跤、赛马和射箭竞技赛，现在还有马术、田径、球类等比赛。

（二）苏鲁锭的祭奠仪式

苏鲁锭的蒙古语意思是"矛"，又译为"苏勒德"（图8-1-6）。苏鲁锭是成吉思汗统率的蒙古军队的战旗，蒙古民族的守护神，是战无不胜的象征。一般是黑、白两色，分别叫作"哈喇苏鲁锭"和"查干苏鲁锭"，就是"黑"和"白"的意思。黑色象征着战争与力量，白色象征着和平和权威。

自清朝以来，苏鲁锭祭奠一直在供奉之地苏勒德霍洛举行。1997年，成吉思汗新陵陵园内专门修建了苏鲁锭祭坛，苏鲁锭祭奠此后均在此举行，每年的农历七月十四为苏鲁锭祭祀日，七月十五则举办成吉思汗夏季大祭活动。这项祭奠活动一是为了歌颂成吉思汗和苏鲁锭的赫赫战功，二是寓意人民生活吉祥、平安和风调雨顺。

（三）敖包祭祀活动

祭敖包是草原民族崇尚自然思想的表现形式之一。蒙古族崇尚的敖包也叫"脑包""鄂博"，意为"堆子"，以石块堆积而成，一般都建在山顶或丘陵之上，形状多为圆锥形，高低不等（图8-1-7）。蒙古族崇拜天地，人们堆敖包作为天地神的象征，敖包便成了人们的崇拜物。人们通过祭敖包祈求天地神保佑人间风调雨顺，牧业兴旺，国泰民安。祭敖包的时间一般不固定，蒙古地区多在农历七月十三。仪式大致有4种：血祭、酒祭、火祭、玉祭。血祭即把宰杀的牛、羊供在敖包之前祭祀；酒祭即把鲜奶、奶油、奶酒洒在敖包上祭祀；火祭则是在敖包前笼一堆火，将煮熟的牛、羊肉丸子和肉块投入其中，人们向火叩拜；玉祭则是人们以最心爱的玉器当供品祭祀。

图8-1-6　苏鲁锭

图8-1-7　敖包

三、特色旅游产品

（一）特色美食

1. 烤全羊

烤全羊是蒙古族的传统名菜，是招待贵宾或举行重大庆典时特别制作的佳肴。烤全羊的制作一般有一整套流程。首先要选择膘肥体壮的四齿三岁绵羊，屠宰时采用攥心法，宰杀后的羊不剥皮，先把前腿挂起，开膛取出五脏和下水，洗净胸腔和腹腔。然后用开水烫掉羊毛，以碱水清洗全身，在羊的胸腔内放入葱、姜、椒、盐等多种佐料，四肢向上背朝下用铁链反吊起来放入炉内，用慢火烘烤。烤全羊最好选用以果木或落叶松木屑为原料的木炭，工艺上主要是把木屑经机器高温、高压成型后，再送入炭化炉内炭化而成。

2. 手扒肉

顾名思义，手扒肉就是手抓羊肉，是中国少数民族千百年来的传统食品。手扒肉的做法是把带骨的羊肉按骨节拆开，放在大锅里不加盐和其他调料，用原汁煮熟。吃时一手抓羊骨，另一手拿蒙古刀剔下羊肉，蘸上调好的佐料。根据牧民的习惯，手扒肉一般用作晚餐。

3. 烧犴鼻

犴鼻即驼鹿的鼻子。驼鹿又称犴达犴，是世界上体型最大的一种鹿，有"森林巨人"之称。驼鹿的鼻子皮呈海参颜色，软骨膜连着层层薄薄的肌肉，肉质鲜嫩清脆，含有丰富的蛋白质、脂肪、无机盐等。烧犴鼻是呼和浩特的特色美食。

（二）风味特产

1. 内蒙古牛肉干

内蒙古牛肉干又叫"内蒙古风干牛肉"，是内蒙古特产，被誉为"成吉思汗的行军粮"。内蒙古牛肉干源于蒙古铁骑的战粮，携带方便，营养丰富。内蒙古牛肉干是选用大草原优质无污染的新鲜牛肉结合蒙古传统手工与现代先进工艺制作而成，是居家、旅游、办公的食用佳品。

2. 奶酪

奶酪俗称"酪蛋子"。将分离出酥油的酸奶，经微火煮熬后装入布袋，挤出酸水，成碎块状晾干，即为奶酪。奶酪质硬而酸甜，是蒙古族民众喜爱的奶食品之一。

3. 马奶酒

蒙古族人民世居草原，以畜牧为生计。每年七八月牛肥马壮，是酿制马奶酒的季节。勤劳的蒙古族妇女将马奶收贮于皮囊中，加以搅拌，数日后便乳脂分离，发酵成酒。目前，酿制马奶酒的工艺日益精湛完善，不仅有简单的发酵法，还出现了酿制烈性奶酒的蒸馏法。市面上各种特色马奶酒得到游客的青睐。

（三）特色工艺品

1. 蒙古刀

蒙古刀是蒙古族工艺品中最具有代表性的馈赠礼品之一，也是蒙古族最为典型的工艺品。它可以用来宰畜、吃肉、防身，也可镇宅避邪，还可以当装饰品、陈设物。

2. 蒙古皮画

顾名思义，皮画就是在牛皮上做的画，需要特殊描绘、着色、层染、抛光、定型、浮雕等几十道工序纯手工制作而成，是蒙古族人民发明的一种很有艺术价值的工艺品。皮画工艺创作灵感来源于古老而辽阔的大草原。皮画用的"画纸"是优质的整张牛皮，经过传统工艺精制而成。皮画充分利用和展示了天然皮革所具有的线条流畅、构描图别致、立体感强、色彩柔和等特点，给人以全新的艺术享受。经过漫长的演变，如今的皮画除保持古朴韵味外，更加融入现代民族工艺技法，成为一种难得的馈赠佳品和高雅的室内装饰品。

3. 马头琴

马头琴是蒙古族民间拉弦乐器，蒙古语称"潮尔"。木制的琴身长约1m，有两根弦，梯形的琴身即是共鸣箱，还有雕刻成马头形状的琴柄(图8-1-8)。相传有一个牧人为怀念小马，取其腿骨为柱，头骨为筒，尾毛

图 8-1-8 马头琴（马头）

为弓弦，制成二弦琴，并按小马的模样雕刻了一个马头装在琴柄的顶部，因此得名。

马头琴从它产生那天起，就成为蒙古族人民喜爱的乐器而广为流传，伴随蒙古族人民走过了 1300 多年的历史，已成为蒙古族人民文化生活中不可缺少的伙伴。马头琴所演奏的乐曲具有深沉粗犷、激昂的特点，体现了蒙古族人民的生产、生活风格和草原风情。

设计内蒙古呼伦贝尔森林康养旅游线路

1. 要求

内蒙古呼伦贝尔森林草原旅游线拥有得天独厚的草原、森林等旅游资源，是开展森林康养的好地方。请根据该线路旅游资源特点为一行 20 余人的森林康养团队进行 5 天 4 晚行程的线路设计。

2. 方法与步骤

(1) 按照 4~5 人一组进行分组，确定组长，实行组长负责制。

(2) 线上、线下查找相关资料，充分搜索相关森林旅游景点、康养活动项目、餐饮、住宿、购物、娱乐等信息，根据旅游资源特点设计符合游客需求的旅游线路。线路突出森林康养主题，符合旅游线路设计原则。

(3) 参照当地旅行社经典森林康养旅游线路，运用旅游线路设计原则对线路进行分析，并对设计的线路进行优化。

3. 考核评价

请根据表 8-1-1 对上述实训的结果进行评价。

表 8-1-1 评价表

评价项目	评价标准	分值	教师评价得分（占70%）	小组互评得分（占30%）	综合得分
知识运用	掌握该线路旅游资源分布情况；熟悉线路中各类特色旅游活动；熟悉线路上的特色旅游商品	30			
技能掌握	能对相关旅游资源进行整合并合理设计旅游线路，掌握相关旅游资源搭配的技巧；能在具体线路设计中充分考虑不同游客对旅游产品的需求差异	35			
成果展示	线路设计符合游客森林康养的需求特点，特色突出，行程安排科学合理；线路行程安排体现爱护生态环境、健康生活、幸福生活的理念	25			
团队表现	分工明确，沟通顺畅，合作良好	10			
合计		100			

任务二　吉林森林火山湖旅游线

线路简介 ▶ 长春市(净月潭国家森林公园)→桦甸市(红石国家森林公园)→辉南县(龙湾群国家森林公园)→安图县、抚松县、长白县(长白山国家级自然保护区)。

线路特色 ▶ 夏日的吉林,恰到好处的季风和晴雨,配上恰到好处的绿色,为炎炎夏日奉上了一份恰到好处的清凉。这里拥有郁闭的森林、明净的湖水、缭绕的山岚、朗润清澈的夜空,适宜攀岩、登山、湖边垂钓、草原纵马、篝火夜宴,让人除却燥热闷湿,远离喧嚣。

数字资源

许多火山区如美国夏威夷、日本富士山、意大利维苏威、西班牙兰萨若特、韩国济州岛、印度尼西亚巴厘岛等,都是世界著名的旅游观光、度假与疗养胜地。中国吉林也以其火山区丁姿百态的自然景观、多样性的生态环境、深厚的民俗文化吸引着海内外游客。

一、线路景点介绍

(一)净月潭国家森林公园

净月潭国家森林公园位于吉林省长春市东南部,景区面积为 96.38hm^2,其中水域面积为 5.3hm^2,森林覆盖率达到 96% 以上,为亚洲最大的人工林场。植物资源丰富,现有各种植物千余种,被称为活的植物标本库。净月潭因形似弯月状而得名,与台湾日月潭互为姊妹潭,是"吉林八景"之一,被誉为"净月神秀"。净月潭国家森林公园内的森林为人工建造,是含有 30 个树种的完整森林生态体系,得天独厚的区位优势使之成为"喧嚣都市中的一块净土",有"亚洲第一大人工林海""绿海明珠""都市氧吧"之美誉,是长春市的生态绿核和城市名片。

净月潭国家森林公园不仅是生态休闲中心,更是体育健身的中心,作为长春消夏节和长春冰雪节的主场地,相继开展了净月潭瓦萨国际滑雪节、净月潭森林马拉松、净月潭山地自行车马拉松、净月潭森林定向赛、净月潭龙舟赛等赛事和活动。

(二)红石国家森林公园

红石国家森林公园位于吉林省桦甸市靖宇县境内,占地面积 28 574.6hm^2,水域面积 2269hm^2,森林覆盖率 84.6%,以其特有的自然景观和深厚的文化底蕴吸引了众多游客。园区季相分明,春可观山花,夏可游两湖,秋可赏红叶,冬可嬉冰雪、览雾凇,使人体会到"回归大自然、感受原生态"的魅力。主要旅游区有红叶走廊景区、杨靖宇密营、森林游吧、红叶博览园等。

(三)龙湾群国家森林公园

龙湾群国家森林公园位于吉林省辉南县境内,长白山系龙岗山脉的西南端。面积 8102hm^2,有金川林场、三角龙湾林场、大龙湾林场和榆树岔林场 4 个国有林场。龙湾群国家森林公园以森林生态景观为主体,另有火山口湖群和火山锥体。有十大景区——七湾、一瀑、两顶,即三角龙湾、大龙湾、二龙湾、小龙湾、东龙湾、南龙湾、旱龙湾、吊水壶瀑布、金龙顶子山和四方顶子山，共有80多个景点（图8-2-1）。

（四）长白山国家级自然保护区

吉林长白山国家级自然保护区位于吉林省东南部，其东南部与朝鲜相毗邻，总面积196 465hm²，属于森林生态系统类的自然保护区（图8-2-2）。

图8-2-1　龙湾群国家森林公园

图8-2-2　长白山国家级自然保护区

长白山国家级自然保护区是以典型的火山地貌景观和复杂的森林生态系统为主要保护对象，以保存野生动植物种质资源，保护、拯救和扩繁珍稀濒危生物物种，保持生态系统的自然演替过程，保障长白山乃至松花江、图们江、鸭绿江三大水系中下游广大地区的生态安全，保护全人类珍贵的自然遗产为根本目的，集资源保护、科研教学、绿色教育和生态旅游四大功能于一体的综合性自然保护区。

二、特色旅游活动

（一）净月潭瓦萨国际滑雪节

瓦萨滑雪节起源于瑞典，以率领瑞典人推翻丹麦统治的瑞典国王古斯塔夫·瓦萨而命名。瓦萨滑雪节作为世界上最古老的越野滑雪赛事，自1922年至今已经走过了近100年的岁月。2003年，瓦萨滑雪节正式落户长春净月潭国家级风景名胜区，中国成为继瑞典、美国和日本之后第四个举办这一赛事的国家。

净月潭瓦萨国际滑雪节一般在每年1月前后举行。在秉承瓦萨传统文化的基础上，不断丰富文化内涵和市场元素，"瓦萨之夜"活动、"冰雪天使"评选、"全民瓦萨"联欢、经贸洽谈及冠名赞助等系列活动，使体育赛事和旅游活动、文化交流、经贸往来、群众参与相融合，兼容东西方文明，扩大和延伸了瓦萨滑雪节的内涵，使瓦萨文化在长春净月潭彰显出了独特的魅力。

（二）吉林国际雾凇冰雪节

图8-2-3　吉林雾凇

吉林雾凇俗称树挂或雪柳，与桂林山水、云南石林、长江三峡并称为"中国四大自然奇观"。流经吉林市区的松花江，历严寒而不结冰，两岸苍松翠柳，凝霜挂雪，形成冰清玉洁的雾凇美景（图8-2-3）。吉林国际雾凇冰雪节于每年 1 月中旬左右开展活动，每年主题不尽相同。在雾凇冰雪节上，一般都有盛大的冰灯、彩灯游园会和冰雪运动会，开展放河灯、放焰火和彩船大游行等游乐活动，也有东北大秧歌表演和满族、朝鲜族等民俗活动，还有大型的经贸洽谈会、交易会、订货会等经贸活动。

（三）北山庙会

北山坐落在吉林市区的西北面。清朝康熙年间，山顶始建关帝庙。其后建有药王庙（原名三皇庙）、玉皇阁等，形成庙宇群，遂有"千山寺庙甲东北，吉林庙会胜千山"之誉。自清朝起，以庙宇为中心形成各种固定日期的民俗集会，传承至今。北山的庙会主要有农历四月初八的佛诞节、四月十八的娘娘庙会、四月二十八的药王庙会和五月十三的关帝庙会。北山庙会是国家级非物质文化遗产，是融民间艺术、宗教信仰、物资交流、文化娱乐为一体的传统民俗盛会。

三、特色旅游产品

（一）特色美食

吉林地处我国东北地区的中部，东边与俄罗斯接壤，因此当地的饮食文化带有一点俄罗斯的特色。

1. 煎粉

煎粉是吉林市特色小吃，早期传入长春，称作炒粉，后辽宁省部分城市街边也有此小吃，称作炒焖子。煎粉主要成分是淀粉，一般以绿豆淀粉为佳，讲究的是粉块的均匀，烧制时火候不能太过，因此做好的煎粉色泽偏灰。此外，煎粉是将所有的调料调好后放在碗中，等煎粉煎好了直接淋在上面，原汁原味。

2. 白肉酸菜血肠

白肉酸菜血肠全称是酸菜炖白肉血肠，是满族传统食品，普遍为当地各族人民所喜爱，也是城乡居民杀年猪之后宴请亲友的一道主菜。以猪肉、血肠为主要原料，加入切成丝状的酸菜等，作料五味俱全，吃起来肥而不腻。

3. 砂锅老豆腐

砂锅老豆腐是吉林的传统美食。人们吃豆腐一般都讲究的是嫩，但这道菜偏偏以"老"见卓。选料讲究，各料新鲜，且需把握好火候，调料调配得当，才能使得味道清淡适口。

（二）风味特产

1. 吉林长白山人参

吉林长白山人参是吉林省特产，中国国家地理标志产品。长白山人参以形美、质坚硬，断面皮部显裂隙，形成层明显，气微香，味微苦且甘，被誉为人参中珍品。其以"补五脏、安精神、定魂魄、除邪气、止惊悸，明目开心益志，久服轻身延年"的功效被誉为"百草之王"，民间称其为"长白山三宝之首"。

2002 年，国家质量监督检查检疫总局批准对吉林长白山人参实施原产地域产品保护。

2. 长白山灵芝

长白山灵芝是吉林省长白山特产,全国农产品地理标志产品。长白山灵芝的品种分为赤芝、紫芝、松杉灵芝,它们形状不一样,都有光泽。长白山灵芝中抑制肿瘤的三萜类化合物灵芝酸、增强人体免疫力的灵芝多糖以及灵芝腺苷含量高。

3. 长白山黑木耳

长白山黑木耳是吉林省长白山特产,全国农产品地理标志产品。长白山黑木耳的特点为黑、厚、硬、脆、纯。干木耳收缩为角质状,外形如瓜子,硬而脆,背面暗灰色或灰白色,耳根细小,泡发率为收缩状的 8~14 倍;色黑肉厚,干物质含量高,矿物质含量高,有光泽、有弹性。

4. 延边苹果梨

延边苹果梨是吉林省延边朝鲜族自治州特产,中国国家地理标志产品。苹果梨属于白梨系统,是中国优良品种梨之一,主产于延边朝鲜族自治州。果形扁圆,果面带有点状红晕,酷似苹果,故而得名。苹果梨具有抗寒丰产、果实爽口甜美、品质优良、贮藏性强等特点,素有"北方梨中之秀"的美称,在香港市场称为"吉林甜梨"。中国各地的苹果梨都发源于此。

(三)特色工艺品

1. 松花湖浪木根雕

松花湖浪木根雕是选用吉林省松花湖浪木制成的艺术品,是吉林市特有的根艺资源。早在 20 世纪 30 年代,松花江上游拦江筑坝,修建电厂,致使松花湖水位上涨,沿江林木被浸入湖中,经过几十年的湖水侵蚀冲刷、日晒雨淋,有的随湖水漂流,有的潜入湖底,还有的漂浮在水面或搁浅在沙滩上,就形成了今天的松花湖浪木。它可以说是吉林市除"东北三宝"之外的又一宝。松花湖浪木与普通的树根相比,更多的是经过了大自然的雕琢、湖水的浸泡,坚硬如铁,其特点就是"七分天成,三分雕琢"。

2. 松花砚

松花砚是吉林省特产,中国国家地理标志产品,是由产自吉林长白山地区的松花石雕刻打磨制成(图 8-2-4)。用松花石制砚始于明朝末年,推崇于清朝,自清末后便销声匿迹,1979 年发现旧矿,使松花砚重放异彩。其中以"松花静水""松薄荡水""绿静"最为名贵,以"龙眼""凤眼""赤柏纹""紫袍绿带"最为奇特。中国书法协会主席舒同题词"松花江石砚与端砚齐辉"。书法家赵朴初写诗赞美它"色欺洮石风漪绿,神奇松花江水寒"。文物鉴赏家傅大卤称颂它"洮河无此润,端溪无此坚"。

图 8-2-4 长白山松花砚

3. 剪纸

吉林民间剪纸具有地域民族原始性色彩,在题材方面,其中的熊、虎、鹿及山花、参果、樵夫、牧人与林海雪原的生活密不可分,那些穿旗装、马靴的"嬷嬷人"

就是满族祭奉祖先的古俗之物。吉林剪纸起源，一是由华北、山东等地流传而来；二是由居住在东北的满族习俗而来。相传在前清时期，满族人家就有八月里糊窗纸的风俗。糊窗纸的同时要贴上"窗花"，认为能使妇女生育起到"避女"之效。满族的剪纸窗花也就在这种风俗习惯的影响下逐渐形成独特的风格，并由"重男轻女"的封建习俗逐步演变为民间喜庆节日的纹样装饰和吉祥如意的谐意隐喻。东部吉林地区的剪纸纤丽多姿、婀娜生动，以仕女玩童等人物见长；南部通化地区的剪纸浑厚朴实、简练粗犷，流露出浓郁的山城风味；北部扶余、郭前旗一带则以生活中的骑射为题，在表现上以"动"和"力"为主。

设计吉林森林科考旅游线路

1. 要求

吉林森林火山湖旅游线以其火山区千姿百态的自然景观、多样性的生态环境、深厚的民俗文化底蕴吸引着海内外游客。请根据该旅游线的资源特点为一行15余人的科学考察团队进行3天2晚行程的线路设计。

2. 方法与步骤

(1)按照4~5人一组进行分组，确定组长，实行组长负责制。

(2)在线上、线下查找相关资料，充分搜索相关森林旅游景点、旅游活动项目、餐饮、住宿、景点、购物、娱乐等信息，根据旅游资源特点设计符合游客需求的旅游线路。线路要符合旅游线路设计原则，突出科学考察的主题。

(3)选择当地旅行社的相关旅游线路，运用旅游线路设计原则对线路进行分析，并对设计的线路进行优化。

3. 考核评价

根据表 8-2-1 对上述实训的结果进行评价。

表 8-2-1　评价表

评价项目	评价标准	分值	教师评价得分（占70%）	小组互评得分（占30%）	综合得分
知识运用	掌握该线路旅游资源分布情况；熟悉线路中各类特色旅游活动；熟悉线路上的特色旅游商品	30			
技能掌握	能对相关旅游资源进行整合并合理安排旅游线路，掌握相关旅游资源搭配的技巧；能在具体线路设计中充分考虑到考察旅游团的需求特点	35			

(续)

评价项目	评价标准	分值	教师评价得分（占70%）	小组互评得分（占30%）	综合得分
成果展示	线路设计符合游客科学考察的需求特点，主题鲜明，行程安排科学合理，具备较强的可行性与创新性；线路行程安排体现良好的自然文化保护意识，注重森林旅游资源可持续发展	25			
团队表现	分工明确，沟通顺畅，合作良好	10			
	合计	100			

任务三　山东海滨风光森林旅游线

线路简介▶ 日照市(日照海滨国家森林公园)→日照市五莲县(五莲山国家森林公园)→青岛市(崂山国家森林公园)→烟台市(昆嵛山国家森林公园)→威海市(刘公岛国家森林公园)。

线路特色▶ 这条线路位于山东沿海森林风景带，自西向东沿山东海滨一线横穿山东胶东半岛，途经5个国家森林公园，森林旅游产品丰富多样。其中，刘公岛国家森林公园是全国第一个国家级海上森林公园，公园内苍松翠柏，风景独特，有数百头野生梅花鹿出没林中，素有"海上仙山"和"世外桃源"之誉。在这里，有阳光、沙滩、蓝天，还可登"海上仙山"，体验道教文化，在太阳最早升起的地方感受海滨森林的魅力。

数字资源

一、线路景点介绍

（一）日照海滨国家森林公园

日照海滨国家森林公园是1992年在大沙洼林场基础上建立的全国首批国家森林公园之一，是国家AAAA级旅游景区，森林覆盖率78%，总面积12 000亩。园内动植物种类繁多，空气清新。长达7km的黄金海岸浪缓滩阔，沙质细润，海水洁净，被丁肇中先生誉为"夏威夷所不及"。公园充分发挥"大海、林海、花海"资源优势，不断丰富旅游服务内容，提升服务水平，已形成森林游乐、海滨运动、康养度假、生态文化4个旅游功能板块，建成森林游乐场、海水浴场、美食街、清风荷韵等旅游设施、景点，开展休闲自行车、森林小火车、沙滩足球等游乐项目，成为人们休闲观光、避暑度假、运动康养的理想胜地。

（二）五莲山国家森林公园

五莲山国家森林公园坐落于鲁东南黄海之滨，因五峰列峙，耸接云霄，如莲花初放而得名。西与著名的九仙山风景区隔壑相望，主峰五莲峰海拔515.7m，总面积13km²，是国家AAAA级旅游风景区、国家森林公园、中国生态旅游试验示范基地、森林体验和森林养生国家重点建设基地。五莲山与海边直线距离12km，是海洋季风气候的交汇点，这里既是内陆通往大海的门户，又是海洋暖风吹向内陆的屏障，形成了"山前桃花山后雪"的气候奇观。海洋暖风顺山而上，又使这里赢得了"山上海洋"的美誉。五莲山全山28峰，有峰、石、洞、泉和殿、阁、楼、亭，共有景点118处。山以奇为主，以奇、险、秀、怪、幽、奥六大特色而著称。遍山峰石，或雄伟，或形奇，或秀美，各具风格，仪表万千。宋朝熙宁年间大文豪苏轼任密州知府，曾以"奇秀不减雁荡"赞五莲和九仙两山。

(三)崂山国家森林公园

崂山国家森林公园地处山东半岛南部，青岛市区东北部，濒临黄海，总面积112 760亩，是我国重要的海岸风景胜地，拥有我国暖温带面积最大、保护最完整的落叶松、赤松天然次生林。景区由巨峰、流清、太清、北九水、仰口等9个游览区组成，有景点220多处。崂山是中国海岸线第一高峰，也是国务院确定的第一批国家重点风景名胜区之一，有着海上"第一名山"之称（图8-3-1）。崂山海光山色，佳景天成，美轮美奂，吸引历代王公贵族、文人墨客和布衣百姓游赏。自20世纪30年代起，即有"崂山十二景"之说，分别是：巨峰旭照、龙潭喷雨、明霞散绮、太清水月、海峤仙墩、那罗延窟、云洞蟠松、狮岭横云、华楼叠石、棋盘仙弈、岩瀑潮音、蔚竹鸣泉。

图8-3-1 崂山

(四)昆嵛山国家森林公园

昆嵛山位于烟台市区东南50km，方圆百里，峰峦绵延，林深谷幽，古迹荟萃，是全真道教的发祥地。公园现为国家级自然保护区、国家级森林公园、国家级生态旅游示范区、国家AAAA级旅游景区、全国青少年科技教育基地与山东省自驾游示范点，也是山东省重要的植物资源基因库。提供森林观光、森林健身、森林浴、矿泉浴、康复度假、科普研学、攀岩探险等服务项目。北魏史学家崔鸿在《十六国春秋》里称昆嵛山为"海上诸山之祖"，《齐乘》称昆嵛山"秀拔为群山之冠"。昆嵛山生态优越，水质洁净，环境幽雅，气候宜人，空气清新，负氧离子含量极高，是难得的一处天然氧吧和优质生态旅游区。主要景点有九龙池、泰礴顶、紫金峰、东华宫、无染寺等。

(五)刘公岛国家森林公园

刘公岛国家森林公园位于威海市刘公岛北部，是一处集生态保护、森林观光、爱国教育等功能于一体的海岛型国家森林公园，同时是国家AAAAA级旅游景区、国家文明风景名胜区、国家级海洋公园、红色旅游经典景区、爱国主义教育基地。森林覆盖率高达87%，总面积4000多亩。公园内苍松翠柏，风景独特，且有数百头野生梅花鹿出没林中，素有"海上仙山"和"世外桃源"美誉。公园内有6座清朝时期的古炮台，另有北洋海军忠魂碑、刘公像、刘公亭及动物园、观海楼、五花石、梅花鹿园、板疆石、钓鱼台、听涛亭等20多处人文和自然景观。属温带海洋性气候，四季气候宜人，具有春冷、夏凉、秋暖、冬温和昼夜温差小、无霜期长等特点。年平均气温12.6℃，夏季平均气温24℃，年降水量940~1073.7mm，是难得的旅游和避暑胜地。

二、特色旅游活动

山东是著名的孔孟之乡、礼仪之邦，传统地域文化粗犷、豪爽、奔放、厚重，促生了山东风格多样的民俗节庆旅游活动。

（一）青岛国际啤酒节

青岛国际啤酒节始创于1991年，是以啤酒为媒介，融旅游、文化、体育、经贸于一体的国家级大型节庆活动，是亚洲最大的啤酒盛会，与捷克啤酒节、德国慕尼黑啤酒节、日本札幌啤酒节一同并列为全球四大啤酒节。青岛国际啤酒节自举办以来，历届都有数十个国家和地区及国内的啤酒厂家参加，每年吸引中外的游客达数百万人次。

（二）潍坊国际风筝节

潍坊国际风筝节每年4月20~25日在潍坊举行，是我国最早冠以"国际"并被国际社会承认的大型地方节会，1984年以来连续举办至今。其创立的"风筝牵线、文化搭台、经贸唱戏"的模式被全国各地借鉴推广。风筝节期间，前来潍坊进行体育比赛、文艺演出、经贸洽谈、观光旅游等活动的中外游客达数十万人次，参加比赛的国家和地区达30多个。国际风筝节的举办，让世界了解了潍坊，也使潍坊更快地走向了世界，有效促进了潍坊经济和旅游业的发展。

（三）中国曲阜国际孔子文化节

中国曲阜国际孔子文化节作为一项文化和旅游活动，主要是以纪念孔子、弘扬民族优秀文化为主题，达到纪念先哲、交流文化、发展旅游、促进开放、繁荣经济、增进友谊的目的。融文化、教育、旅游、学术、经贸、科技活动于一体，文化特色显著，活动精彩纷呈，每年吸引百万儒客前来研习与旅游，成为山东走向世界、世界了解山东的重要平台。被国际节庆协会评为"中国最具国际影响力的十大节庆活动"之一。

（四）菏泽国际牡丹文化旅游节

菏泽是中国牡丹之乡，每年4月中旬都将举办菏泽国际牡丹文化旅游节，各类活动一般包括经贸活动板块、文体旅游活动板块、文艺调演活动板块三个部分，各类文化、旅游、经贸、会展活动精彩纷呈。具体活动包括大型文艺演出、牡丹艺术展、牡丹形象大使选拔赛、书画名家作品展等。

三、特色旅游产品

（一）特色美食

山东是全国四大菜系之一鲁菜系的发源地，知名美食众多。口味以咸鲜为主，以盐提鲜，以汤壮鲜，食材用料讲究。调味讲求咸鲜纯正，突出本味，习惯用葱、姜、蒜来增香提味。主要烹调方法为爆、扒、拔丝，尤其是爆、扒素。代表美食有：德州扒鸡、山东煎饼、潍坊肉火烧、九转大肠等。

1. 德州扒鸡

德州扒鸡又称德州五香脱骨扒鸡，是山东传统名吃，鲁菜经典，是著名的"德州三宝"（扒鸡、西瓜、金丝枣）之一。德州扒鸡制作技艺为国家非物质文化遗产，早在清朝乾隆年间，德州扒鸡就被列为山东贡品送入宫中。

2. 山东煎饼

山东煎饼是山东传统特色面食，相传孟姜女哭长城，所带食物即煎饼。煎饼是鲁西南地区的主食之一，煎饼中间加入韭菜、白菜、马泡瓜、胡萝卜等蔬菜，配以整辣椒、胡椒、孜然、粉条等佐料上锅腾熟，即成营养丰富、味道鲜美的菜煎饼。煎饼的吃法一般是用煎饼卷豆腐、海带丝、肉丝、油条或其他菜肴等。最经典、最普遍的吃法是煎饼卷大葱，一大块煎饼对折几下，放上大葱，抹上辣的豆瓣酱或面酱，味道十足。

3. 潍坊肉火烧

潍坊肉火烧也叫老潍县肉火烧。做法是把用花椒水泡过的肉馅包进软面团撕成的小面团里，收边做成扁圆形的火烧坯，再放进炉里。通过一次又一次的翻烤，猪肉里的肥油滋润了葱花、鸡蛋糕、海米剁成的馅料而成。潍坊肉火烧具有皮酥柔嫩、香而不腻等特点，深受当地居民喜爱。

4. 九转大肠

九转大肠原名红烧大肠，是山东传统名菜。做法是先将猪大肠经水焯后油炸，再灌入10余种佐料，用微火炮制而成。成菜后，酸、甜、香、辣、咸五味俱全，色泽红润，质地软嫩。2018年"九转大肠"被评为山东十大经典名菜。

大开眼界

九转大肠的来历

相传九转大肠源于清朝光绪年间的济南九华林酒楼，开始的做法是将猪大肠洗涮后，加香料，开水煮至软酥再调味。后来为了更加香口鲜美，大肠都会先入油锅炸一下。虽然食材并非山珍海味，但得到不少文人雅士的青睐，为取悦店家喜"九"之癖，并称赞厨师制作此菜像道家"九炼金丹"一样精工细作，便将其更名为"九转大肠"。

（二）风味特产

山东物产丰富，山东人民在长期的劳动实践中生产了较多的名优特产，广受中外游客喜爱。

1. 烟台苹果

烟台苹果以其个大形正、色泽鲜艳、光洁度好、酸甜适中、香脆可口而享有"水果皇后"美誉，受到许多人的喜爱。其中以'红富士''青香蕉''红香蕉''红星''金帅''国光'等最负盛名。

2. 青岛啤酒

青岛啤酒选用优质大麦、大米、上等啤酒花和软硬适度、洁净甘美的崂山矿泉水为原料酿制而成。原麦汁浓度为 12°，酒精含量 3.5%~4%。酒液清澈透明、呈淡黄色，泡沫清白、细腻而持久。

3. 东阿阿胶

东阿阿胶是以驴皮为主要原料，配以冰糖、绍兴黄酒、豆油等十几种辅料，用东阿特有的含多种矿物质的井水，采取传统的制作工艺熬制而成。它生产周期长，工艺要求严格，需要经过选料、洗净、化皮、提炼、切削、晾晒等十几道复杂的工序才能制作完成。

4. 日照绿茶

日照的茶树因越冬期比南方的长 1~2 个月，昼夜温差大，利于内含物的积累，儿茶素、氨基酸的含量分别高于南方茶同类产品 13.7% 和 5.3%。独特的气候和地理条件使日照生产的绿茶汤色黄绿明亮，栗香浓郁，回味甘醇，享有"江北第一茶"的美誉。

（三）工艺美术品

山东历史文化悠久，民间传承有大量精湛的手工技艺，其手工作品具有浓郁的乡土气息和鲜明的民族特色，是重要的非物质文化遗产，也是山东劳动人民智慧的象征。代表工艺品有：潍坊风筝、鲁绣、鲁锦、山东面塑、山东草编。

1. 潍坊风筝

风筝在古代称鸢，潍坊又称潍都、鸢都。潍坊是中国的风筝之乡，潍坊风筝种类有硬翅风筝、软翅风筝、串式风筝、板式风筝、立体风筝、动态风筝等。潍坊风筝经过不断演变发展，逐渐形成了选材讲究、造型优美、扎糊精巧、形象生动、起飞灵活的风格和特色，被广泛用于放飞、比赛、娱乐和时尚装饰。

2. 鲁绣

鲁绣即山东传统刺绣，是中国"八大名绣"之一。鲁绣博采苏绣、粤绣、蜀绣、湘绣四大名绣之长，而又独具一格，绣品擅长表现中国书画的笔墨效果，清隽淡雅、质感逼真，风格粗犷中见精微，是中华民族悠久刺绣文化的重要组成部分。

3. 鲁锦

鲁锦是鲁西南民间织锦的简称，是山东独有的一种民间纯棉手工纺织品，民间通称为老粗布、家织布、手织布。鲁锦的织造原料均为是纯棉材料，从采棉到上机织布一共要经大小 72 道工序，全部采用纯手工，手纺、手织、用天然植物染色，具有浓郁的乡土气息和鲜明的民族特色。

4. 山东面塑

面塑俗称捏面人，是以面粉和糯米面为原料，调入不同色彩的颜料和防腐剂，用手指和小刀、小篦子、竹针等工具，塑造各种栩栩如生的塑像（图 8-3-2）。山东面塑历史悠久，以菏泽面塑为代表。菏泽面塑色彩单纯艳丽，造型简练生动，品种丰富多彩，

图 8-3-2　韩红元面塑

有花鸟虫鱼、十二生肖、人物肖像等种类。

5. 山东草编

山东草编早在 6000 年之前就已经存在了，民间草编工艺按料的不同可分为麦秸草编、玉米皮编、蒲草编、琅琊草编、稻草编、麻编等。

设计山东海滨风光森林亲子旅游线路

1. 要求

高考结束，很多考生和家长开始安排旅游。经过高中三年的学习，不少考生都处于亚健康状态，为了舒缓考生压力，修养身心，陶冶性情，请根据山东沿海森林风景带的资源特点为考生和家长设计一条 5 天 4 晚的亲子游行程线路。

2. 方法与步骤

(1) 按照 4~5 人一组进行分组，确定组长，实行组长负责制。

(2) 线上、线下查找相关资料，充分搜索相关森林旅游景点、旅游活动项目、餐饮、住宿、景点、购物、娱乐等信息，根据旅游资源特点设计符合游客需求的旅游线路。线路要符合旅游线路设计原则，突出休闲度假亲子主题。

(3) 选择当地旅行社的经典休闲度假、亲子旅游线路，运用旅游线路设计的原则对线路进行分析，并对设计的线路进行优化。

3. 考核评价

根据表 8-3-1 对上述实训的结果进行评价。

表 8-3-1 评价表

评价项目	评价标准	分值	教师评价得分（占70%）	小组互评得分（占30%）	综合得分
知识运用	掌握该线路旅游资源分布情况；熟悉线路中各类特色旅游活动；熟悉线路上的特色旅游商品	30			
技能掌握	能对相关旅游资源进行整合并合理设计旅游线路，掌握相关旅游资源搭配的技巧；能在具体的线路设计中充分考虑不同游客的需求差异	35			
成果展示	线路设计符合游客需求特点，主题鲜明，特色突出，行程安排科学合理；线路行程安排体现良好的安全和服务意识	25			
团队表现	分工明确，沟通顺畅，合作良好	10			
合计		100			

任务四　江西丹霞山水文化旅游线

线路简介▶ 景德镇市(瑶里国家森林公园)→婺源市(婺源灵岩洞国家森林公园)→景德镇市(景德镇国家森林公园)→上饶市(东鄱阳湖国家湿地公园)→弋阳县(龟峰国家森林公园)→鹰潭市(上清国家森林公园)。

线路特色▶ 线路位于江西东北部。瑶里国家森林公园的自然风光集山岳、林海、瀑布、峡谷于一体，还有古镇、古窑址等人文景观。景德镇国家森林公园集山水瓷韵、灵秀文润、生态幽雅于一身。东鄱阳湖国家湿地公园可以欣赏到江南最密集的湖、最高贵的鸟、最多姿的水、最具诗意的草。而后前往龟峰国家森林公园观赏"无山不龟，无石不龟"的奇特自然景观，寻找徐霞客的足迹与电视剧《西游记》的景致。最后来到上清国家森林公园听一听上清宫、天师府的道教故事，感受道教文化发祥地的魅力。

数字资源

江西丹霞山水文化旅游线位于江西东北部，是江西省发展优质旅游的集聚区。沿线有国家自然与文化双遗产、国家历史文化名镇、瑶里国家森林公园，也有隐匿在中国最美乡村的神奇溶洞婺源灵岩洞，更有集山水瓷韵、灵秀文润、生态幽雅于一身的景德镇国家森林公园等。

一、线路景点介绍

(一)瑶里国家森林公园

瑶里国家森林公园位于江西省景德镇市东北部，地处亚热带湿润性气候带，植被以亚热带常绿阔叶林为主。公园地形变化丰富，多悬崖峭壁、深谷幽涧。景区内森林覆盖率达94%，气候湿润，动植物资源丰富。园区内主要树种有红豆杉、甜槠、白玉兰、樟树、南酸枣、鹅掌楸等。还拥有国家一级和二级重点保护野生动物如金钱豹、娃娃鱼、狗熊等100多种。主要景点有东埠古街、南山瀑布、东源峡谷、鹰岩洞等(图8-4-1)。

(二)婺源灵岩洞国家森林公园

婺源灵岩是开发于晚唐、兴盛于北宋的著名游览胜地，坐落在江西东北部的灵岩洞府，由36个溶洞组成，面积约30km²(图8-4-2)。洞群的地下有"景绝尘寰""神话伴景""翰墨遗香"三大特点。地上有绚丽的古建筑群、林立的参天古树，以及名贵的"黑白红绿"4种特产——黑色的龙尾砚、白色的江湾雪梨、红色的荷包红鲤、绿色的婺茶，名扬中外。

(三)景德镇国家森林公园

景德镇国家森林公园坐落于江西省景德镇市东北部，地处亚热带季风气候带，植被主要以亚热带常绿阔叶林和针叶林为主。公园内以丘陵、岗埠地形为主，地势东、北、南面较高，向中、西南倾斜，形如簸箕。植物资源较多，拥有一、二级珍稀植物南方红豆杉、银杏、鹅掌楸等。野生动物资源也比较丰富，鸟类有白鹭、杜鹃、画眉、黄雀等，偶尔可

图 8-4-1　瑶里国家森林公园

图 8-4-2　婺源灵岩洞国家森林公园

以看到天鹅越冬。哺乳动物有华南兔、野猪、鹿、松鼠、穿山甲等。景点众多，著名的有三宝陶艺村、陶瓷艺术研修院、陶瓷历史博览区、仁圣寺、阳府寺等。

（四）东鄱阳湖国家湿地公园

东鄱阳湖国家湿地公园位于江西省上饶市鄱阳县境内，2008 年被国家批准为国家级湿地公园（图 8-4-3）。公园内生物多样性丰富，野生动植物种类繁多。这里是众多迁徙候鸟的栖息地，特别是作为重要的东北亚候鸟迁徙、停歇、取食的停留地和越冬地，鸟类资源十分丰富，聚集了世界上 98% 的湿地候鸟种群（图 8-4-4）。一到冬天，98% 的白鹤与数十万只天鹅会选择到鄱阳湖越冬，场面非常壮观。

图 8-4-3　东鄱阳湖湿地

图 8-4-4　东鄱阳湖湿地白鹤

（五）龟峰国家森林公园

龟峰国家森林公园位于江西省上饶市弋阳县境内，地处三清山、龙虎山和武夷山之间。属典型的丹霞峰林地貌，地貌形态以峰林、陡崖、方山、石墙、石柱、石峰为特征，崖壁两侧雨水侵蚀型纵向线性沟槽发育，岩溶弱；微地貌景观及其景观组合以珍稀的丹霞造型石峰、石柱等为特色。公园位于长江流域鄱阳湖水系、信江流域中游的南侧，拥有较多湖泊，诸如龟峰内湖、龟峰外湖、龙门湖和清水湖（图 8-4-5）等。

（六）上清国家森林公园

上清国家森林公园是典型的丹霞地貌景观，位于江西省鹰潭市龙虎山景区，森林覆盖率 85%，2019 年入选第五届"中国森林氧吧"榜单。公园内古树名木众多，树龄在 100 年

图8-4-5　龟峰国家森林公园清水湖（景区 供图）

以上的具有科研、观赏价值的古树名木有24科32种236株。野生动物资源丰富，其中国家一级重点保护野生动物有云豹、白颈长尾雉；国家二级重点保护野生动物有红隼、白鹇、金猫、大鲵、虎纹蛙等。自然景观有应天山、峨眉峰、象鼻山等，人文景观有上清古镇、大上清宫、嗣汉天师府等。

二、特色旅游活动

（一）景德镇瓷业习俗

景德镇瓷业习俗是景德镇千余年来瓷业生产过程中形成、发展并传承至今的民间行业传统仪式、节庆活动。主要表现形式有祭窑神、吃"知四肉"和烧太平窑等。

窑神童宾是瓷器制作行业崇拜的神，又称"风火神"（图8-4-6）。每年农历四月十五，瓷业民众及广大市民都在景德镇市御窑遗址隆重举行佑陶灵祠迎神祭祀活动。吃"知四肉"是纪念清朝为瓷工争取福利的蒋知四而形成的一种行业饮食习俗，每年农历九月初八在成型坯房举行。烧太平窑是在每年中秋之夜昌江沿岸由景德镇瓷工及儿童共同参与的象征性的烧窑活动，它是运用景德镇瓷工喜爱的烧窑形式，与中秋佳节赏月的室外活动相结合，形成景德镇最具特色的节日习俗。

图8-4-6　窑神童宾

大开眼界

太平窑传说

太平窑是搭在地上的一种象征性圆筒窑，用烧瓷器时用过的圆瓷渣饼垒成，体积大小不一，中间烧柴。景德镇每逢农历八月十五（即中秋节）晚上，都要烧太平窑。这一习俗与太平军有关。相传辅王杨辅清曾率军攻打景德镇，镇上清兵要拆窑，用窑砖垒城以阻挡太平军。窑工抵死不肯，清兵大怒，炸掉了很多瓷窑。这时太平军攻入，清兵四散逃命。太平军发放粮食救济百姓，百姓颇为感激，此时正好中秋节来临，大家就在沙滩上搭起了一座座太平窑，烧起了熊熊窑火，太平军和窑工、镇民围在窑边观火赏月，翩翩起舞，同庆佳节。从此烧太平窑就成为歌颂太平军、祈求烧窑成功的习俗并一直延续下来。

(二) 弋阳腔

弋阳腔简称弋腔，是我国古老的戏曲声腔。南宋中期，兴起于浙江的南戏经信江传入江西，在弋阳地区结合当地方言和民间音乐，于元末明初孕育出一种新的地方声腔——弋阳腔，与昆山腔、余姚腔、海盐腔并列为当时的四大声腔。2006年，弋阳腔被列入国家非物质文化遗产名录。弋阳腔以弋阳为中心，主要在江西省内的贵溪、万年、乐平、鄱阳、浮梁、上饶等一些地区传承延续，明代前中期曾流布至安徽、江苏、浙江、福建、广东、湖南、湖北、云南、贵州及北京等地。

(三) 龙虎山正一天师道斋醮科仪

斋醮科仪（俗称"做道场"）是道教特有的宗教仪式，是道教中沟通人与神的联系，祈祷神仙保佑、赐福消灾或为亡者追荐超度的宗教活动。因为斋醮科仪有一整套仪范程式，如音乐、灯烛、图像、禹步、手诀等，所以它也可以称为"舞蹈"的一种，不过对于这种"舞蹈"人们赋予它更多的宗教内容和神秘玄机。现行道教正一派的斋醮科仪基本定型为两大类，即以祈福、消灾、开光分灵等为主的清醮（又称阳醮）和以度亡、破狱、赞幽、施食为主的幽醮（又称阴醮）。

三、特色旅游产品

(一) 特色美食

1. 瓷泥煨鸡

景德镇传统名菜中有一道名为瓷泥煨鸡的菜品，这道菜鸡身完整、色泽诱人，鸡肉鲜嫩、酥烂飘香、食不嵌齿。相传清朝时，景德镇的瓷工喜好将嫩鸡去毛、剖腹后，在鸡腹内填满猪肉末及生姜、葱花、麻油、食盐之类的佐料，然后用荷叶包扎好，再将绍兴老酒淋入瓷泥中，拌匀后，用含酒的瓷泥将嫩鸡及荷叶团团裹住，将鸡埋入刚开窑的热窑内，煨烤10h左右，便可取出，剥去瓷泥与荷叶，即可食用。这种特殊方式煨烤的鸡香味四溢、肉鲜骨酥。

2. 上清豆腐

上清豆腐是上清古镇的一大特色菜肴。制作豆腐在上清有着悠久的历史，至今镇上仍是作坊林立。这里的豆腐因水质好，加上传统的手工工艺十分地道，过滤精细，含水适度，具有嫩、白、香、滑的特点，无论是煎、炸，还是煮、炖、焖，都清香鲜美，柔滑润喉，如果佐以黄颡鱼、鲜猪肉、香菇、豆豉、香葱或辣椒，风味十足。而做成油豆腐、霉豆腐、豆腐干、豆腐皮等，也是十分受欢迎的菜肴和小吃。

3. 天师板栗

板栗享有"人间仙果"美誉。龙虎山一带的板栗又叫天师板栗，是龙虎山最有名气的特产之一。相传是祖天师张道陵在龙虎山炼丹时，因为不爱荤腥，便栽了许多板栗，以栗实代饭。在他的影响下，历代天师群起仿之，在泸溪河两岸栽满板栗。天师板栗个大香甜，淀粉含量丰富，为理想的果品和滋补品。同时，用板栗做成的天师板栗烧土鸡、太极板栗羹,以及用板栗酿成的天师板栗酒,都是地方特色餐饮中的美味佳肴,也是龙虎山养生保健游项目中不可或缺的主角。

4. 天师八卦宴

天师八卦宴是历代天师为宴请宾客、举行重大活动设的大型宴席。宴席的最大特点是:不仅注重菜肴的品种,更注重菜盘的摆放,饮食文化非常独特,道教的寓意也很深刻。设席时,使用的是老式八仙桌,按八卦中的乾、坤、震、巽、坎、离、艮、兑8个方位,先上8个小菜或小吃,8位客人每人斟上天师养生茶。茶过三巡,撤下小菜,再上8个大菜。先上用红枣、糯米等原料精制而成的太极八宝饭,八宝饭放在桌子的正中,定下乾坤,然后按阴阳生太极、太极生两仪、两仪生四象、四象生八卦的道教八卦规律,依次摆上用特制盘子盛装的8个大菜。按道教方位规定,北为玄武,南为朱雀,左为青龙,右为白虎。所以,代表玄武的红烧龟肉放在上座的正中,代表朱雀的板栗烧鸡放在下位的正中,左、右两侧正中分别是代表青龙的清炖蛇和代表白虎的红烧兔子肉。其他荤素菜肴便在空位摆下,正好围成个太极八卦图,可谓色、香、味、形俱全,文化韵味十足。

(二)风味特产

1. 婺源绿茶

婺源绿茶简称婺绿。选用'上海州'良种茶叶为原料精心制作而成的"茗眉"茶,香气清高持久,有兰花之香,滋味醇厚鲜爽,汤色碧绿澄明,芽叶柔嫩黄绿,条索紧细纤秀,锋毫显露,色泽翠绿光润。婺源绿茶是以清明节后采摘的一芽二叶为原料,经过杀青、造型揉捻、分段干燥、分筛梗、风选、拼配等工序精制而成。婺源绿茶名品有珍眉、贡熙、珠茶等。

2. 鄱阳三鲜

鄱阳三鲜就是指银鱼、鳗鲡和鲚。鄱阳银鱼小而剔透,洁白晶莹,肉质细嫩,味道鲜美,具有补肺清金、滋阴补虚的功效;鳗鲡又称白鳝,简称鳗,肉嫩如豆腐,味美似河豚,蛋白质、脂肪、钙、磷、铁、烟酸含量较高,有补虚羸、祛风湿等功效;鲚俗名凤尾、刨花鱼,也称刀鱼,是名贵的经济鱼类,食用历史悠久。

3. 弋阳年糕

弋阳年糕俗称弋阳大米过粿,是弋阳传统特色食品,以弋阳县当地独有的大禾谷作原料,采用"三蒸二百锤"的独特工艺制作而成。弋阳年糕具有洁白如霜、透明如玉、口感爽滑、韧性可口、不黏不腻、久煮不烂的特点,食用方便,咸甜均可,蒸、炒、煮、烘皆宜。

4. 鄱阳湖大闸蟹

鄱阳湖大闸蟹以青背、白肚、金爪、黄毛为显著特点,以其大、肥、鲜、甜而闻名于世。唐朝韩驹有《谢江州陆签判寄糖蟹》诗两首,到了宋朝更有徐似道游庐山,吃鄱阳湖螃蟹,留下传世佳句:"不到庐山辜负目,不食螃蟹辜负腹。亦知二者古难并,到得九江吾事足。庐山偃蹇坐吾前,螃蟹郭索来酒边。持螯把酒与山对,世无此乐三百年。"

(三)工艺美术品

1. 景德镇陶瓷

景德镇瓷器造型优美,品种繁多,装饰丰富,风格独特,瓷质"白如玉、明如镜、薄如纸、声如磬"。青花、玲珑、粉彩、颜色釉合称景德镇四大传统名瓷。景德镇陶瓷艺术是中国文化宝库中的重要财富。

2. 婺源墨

婺源制墨最早始于南唐，已经有1000多年的历史，因婺源旧属安徽新安郡、徽州，故婺源墨又称新安墨、徽墨。婺源墨品种繁多，有淡烟、油烟、松烟、全烟、净烟、减胶、加相等。婺源墨的特点是色泽黑润、入纸不晕、舔笔不胶、经久不褪、馨香浓郁、防腐防蛀，是历代书画家的必备用品。

3. 脱胎漆器

脱胎漆器是鄱阳县传统名产，具有色彩古朴素雅、造型简练新颖、质地轻巧玲珑、脱漆厚薄均匀、色泽光润照人以及防潮、防腐蚀、绝缘、无毒等特点。其做工精细，工艺独特，既是装饰品，又有实用价值。现产品达300余种，花色达2000多种，远销美国、西欧、日本、南美、东南亚等地。

设计江西丹霞山水宗教文化旅游线路

1. 要求

江西丹霞山水文化旅游线位于江西东北部，是江西省优质旅游发展的集聚地。请根据该旅游线的旅游资源特点为一行20余人的宗教旅行团设计一条4天3晚的旅游线路。

2. 方法与步骤

(1) 按照4~5人一组进行分组，确定组长，实行组长负责制。

(2) 线上、线下查找相关资料，搜索相关森林旅游景点、旅游活动项目、餐饮、住宿、购物、娱乐等信息，根据旅游资源特点设计符合游客需求的旅游线路。线路融合自然山水和宗教文化，符合旅游线路设计的原则。

(3) 选择当地旅行社的相关旅游线路，运用旅游线路设计原则对线路进行分析，并对设计的线路进行优化。

3. 考核评价

根据表8-4-1对上述实训的结果进行评价。

表 8-4-1　评价表

评价项目	评价标准	分值	教师评价得分（占70%）	小组互评得分（占30%）	综合得分
知识运用	掌握该线路旅游资源分布情况；熟悉线路中各类特色旅游活动；熟悉线路上的特色旅游商品	30			
技能掌握	能对相关旅游资源进行整合并合理设计旅游线路，掌握相关旅游资源搭配的技巧；能在具体的线路设计中充分考虑不同游客的需求差异	35			

(续)

评价项目	评价标准	分值	教师评价得分（占70%）	小组互评得分（占30%）	综合得分
成果展示	线路主题鲜明，特色突出，行程安排科学合理，具备较强的可行性与创新性；线路行程安排既体现良好的生态环境意识，又充分展示宗教文化的深刻内涵	25			
团队表现	分工明确，沟通顺畅，合作良好	10			
	合计	100			

任务五　皖西大别山生态旅游线

线路简介▶ 金寨县(天堂寨国家森林公园)→舒城县(万佛山国家森林公园)→潜山县(天柱山国家森林公园)→岳西县(妙道山国家森林公园)→太湖县(花亭湖国家湿地公园)→宿松县(石莲洞国家森林公园)。

线路特色▶ 大别山区既是安徽省两大林区之一，又是我国重要的革命圣地。线路途经之处群山逶迤，动植物种类繁多，森林景观优美，地质景观多样，红色文化浓厚，森林旅游资源丰富。天柱山拥有被认为"世界上最美的花岗岩景观"，集北山之雄、南山之秀于一身。有石牛古洞摩崖石刻、中华禅宗第三祖庭——三祖寺、高山湖——炼丹湖。这里是著名的黄梅戏之乡，是《孔雀东南飞》的诞生地。石莲洞国家森林公园群山连绵，古洞幽幽，林木繁茂，景观与文化独特。

数字资源

一、线路景点介绍

(一)天堂寨国家森林公园

天堂寨国家森林公园位于安徽省金寨县西南部，地处南暖温带向北亚热带的过渡地带，是我国第四纪冰川孑遗植物的避难所，系华北、华中、华东三大植物区系的交汇中心。森林物种珍稀、景观独特，素有"植物的王国、动物的乐园、圣水的故乡"之美誉，是国家AAAAA级旅游景区。总面积120km²，森林覆盖率96.5%。这里还曾是第一次国内革命战争时期鄂豫皖革命根据地的重要组成部分，在这里诞生过两支工农红军。1947年刘邓大军南下，在天堂寨一线跃进大别山，西逼武汉，东指南京，为全中国的解放建立了不朽的功勋。

(二)万佛山国家森林公园

万佛山国家森林公园位于安徽省六安市舒城县西南山区，有"皖西绿色明珠"和"大别山动植物资源宝库"之称，是国家AAAA级旅游景区、国家级风景名胜区、国家地质公园、国家级自然保护区、中国森林养生基地。总面积50km²，森林覆盖率96.4%，负氧离子含量超过城市的400倍，距省会合肥140km，被誉为"省城合肥的后花园"。主峰老佛顶海拔

1539m，是大别山第三高峰。

(三)天柱山国家森林公园

天柱山国家森林公园位于安徽省潜山县西南部，是世界地质公园、国家级风景名胜区、国家AAAAA级旅游景区、国家自然与文化遗产地、国家科普教育基地、国家森林康养基地，以雄、奇、灵、秀著称于世，面积82.46km²（图8-5-1）。白居易赞美天柱山"天柱一峰擎日月，洞门千仞锁云雷"，李白赞美天柱山"待吾还丹成，投迹归此地"，足见其迷人程度。

图 8-5-1 天柱山国家森林公园

(四)妙道山国家森林公园

妙道山国家森林公园位于安徽省岳西县西南部，因妙道山是佛教禅宗临济祖师的寓修地，时人称为"妙光善道"而得此名。妙道山共分为聚云峰、祖师峰、紫柳园、南溪源、龙门峡谷五大景区，园内峰峦叠嶂，山环水绕，林海茫茫，具有山雄、水秀、谷幽、松奇等显著特征。天然次生林保存完好，动植物资源十分丰富，生长在高山沼泽上的千年紫柳千姿百态，极为罕见，为中华一绝。

(五)花亭湖国家湿地公园

花亭湖湿地公园有安徽省第二大人工湿地，是以花亭湖水库为主体，延伸到周边范围的一种大型人工库塘型湿地，是长江水系皖河支流深水性高山峡谷型人工湖泊的典型代表，是国家级风景名胜区、国家AAAA级旅游景区、国家水利风景区、全国农业旅游示范点。规划面积为257km²，分为花亭湖、西风洞、佛图寺、狮子山、龙山五大景区和汤湾温泉疗养度假区，是集观光、度假、疗养、娱乐、休闲于一体的综合风景区。

(六)石莲洞国家森林公园

石莲洞国家森林公园地处大别山南麓，位于安徽、湖北、江西三省交汇处，安徽省宿松县城郊，是国家AAAA级旅游景区。总面积2.2万亩，森林覆盖率达97.6%。园内动植物资源丰富，有国家一级、二级重点保护野生动物80多种，以及百年古木、珍贵树种等，是一个以森林景观为主体，以自然景观为依托，以休闲、度假、避暑为主，兼有城市娱乐区的多功能综合型森林公园。

二、特色旅游活动

安徽历史悠久，人杰地灵，地理上横跨江淮，春秋时期有"吴头楚尾"之称，是南北文化的交融区，其民俗节庆旅游活动具有明显的南北融合特征。

(一)中国黄梅戏艺术节

中国黄梅戏艺术节是为弘扬黄梅戏艺术，促进文化、经贸交流而开展的一项文化艺术活动，于1992年开始在安徽省安庆市举办，是中国传统文化艺术交流展示的重要艺术节之一。通过举办黄梅戏文化艺术展演、旅游观光、经贸交流洽谈活动，成功打造出"黄金周·黄梅戏，白天看景、晚上看戏"的文化旅游品牌。在2018年中国节庆产业年会上，中国(安庆)黄梅戏艺术节入选"改革开放40年中国40个最具影响力品牌节庆"。

(二)中国宣城文房四宝文化旅游节

中国宣城文房四宝文化旅游节于2004年开始举办，每两年举办一届，是安徽省政府主办的节庆活动之一。主要活动内容有非遗联展、全球华人青少年书法大赛、传统民俗展演、文化交流研讨、农特产品暨旅游商品展示展销、招商推介、采风踩线、文物展示等。宣城是中国文房四宝之乡，宣城有上千年制作笔、墨、纸、砚的历史，宣笔、徽墨、宣纸、宣砚品质独特、精湛工艺，享誉海内外。

(三)九华山传统庙会

九华山传统庙会也叫地藏庙会，是为纪念地藏菩萨生日而举办的大规模民间朝觐节日活动。庙会于1983年恢复，并连续举办至今，被列为"全国十二个对外公布的旅游节庆活动"之一，于2011年6月登录《中国非物质文化遗产名录》。

(四)安徽国际文化旅游节

安徽国际文化旅游节由安徽省政府主办，安徽省文化和旅游厅、黄山市人民政府承办，每年在黄山市举办一届，活动内容主要包括国际旅行商踩线洽谈、中国非物质文化遗产传统技艺展、旅游大会与摄影大展、旅游发展研讨会、旅游景区装备博览会、旅游宣传推介、文化旅游惠民消费等。各项活动坚持省市联动，以黄山市为主会场，相关市县为分会场，推动旅游+体育、旅游+摄影、旅游+互联网等产业发展。

(五)天柱山观红叶

每年9月底，天柱山的枫叶开始变红，10月中旬至11月中旬是天柱山观赏红叶的最佳时间。因为树种和海拔不同，阴面坡和阳面崖的光照也不同，天柱山上的红枫、黄栌、漆树、槲树等入秋后叶色逐步由青变黄，由黄变橙，由橙变红，由红变紫，呈现出红、黄、青、橙、紫五彩效果。加上林间各类花果点缀，形成了缤纷绚丽的七彩林。

三、特色旅游产品

(一)特色美食

安徽美食具有显著的地域特色，淮河以南河湖纵横，知名美食多以鱼、鸭为食材。淮河以北多以面食和牛、羊肉汤为特色。皖西大别山生态旅游线及其附近区域知名美食有臭鳜鱼、霍山风干羊、淮南牛肉汤、格拉条等。

1. 臭鳜鱼

臭鳜鱼又名臭桂鱼，是安徽省一道传统名菜，也是徽州菜的代表之一，源于徽州地区。臭鳜鱼闻起来臭，吃起来很香很嫩，是这道菜独有的风味。臭鳜鱼菜品形态完整，色泽鲜红，肉质细腻，口感滑嫩，散发特殊的似臭非臭的腌鲜气味。

大开眼界

臭鳜鱼的来历

相传200多年前,沿江一带的贵池、铜陵、大通等地鱼贩每年入冬时将长江鳜鱼用木桶装运至徽州山区售卖,因路途长,要七八天才到。为防止鲜鱼变质,鱼贩装桶时每放一层鱼,洒一层淡盐水,并经常上下翻动。等鱼运送到徽州时鳞不脱、质不变,连鳃都还是红的,但是表皮却散发出一种异味。洗净后以热油稍煎,细火烹调,异味全消,鲜香无比,成为脍炙人口的佳肴。

2. 霍山风干羊

霍山风干羊是六安名菜,2018年9月入选"中国菜之安徽十大经典名菜"。该道菜是将羊肉风干,炖烂后用手撕成条状,加入干辣椒、生姜、大葱、蒜等佐料烩制而成。味道鲜辣,色呈酱紫,肉质松酥,干香醇厚,食之颇有回味。

3. 淮南牛肉汤

淮南牛肉汤是安徽省淮南市的一道特色小吃。其选料讲究,选用江淮黄牛为原料,以牛骨头熬汤。煮牛肉前必须浸泡血污,洗净内脏后方可下锅。还用自制的牛油,将炸制好的淮椒做成红油。同时,选用几十种滋补药材及卤料按一定的比例经传统工艺炮制而成,具有鲜醇、清爽、浓香的特色。淮南牛肉汤高营养、高热能、低糖、低脂肪,富含肌氨酸、维生素B_6、维生素B_{12}、钾、锌、蛋白质、亚油酸、丙氨酸等。

4. 格拉条

格拉条也叫格拉面,是安徽省阜阳市特色传统小吃,是阜阳特有的一种面食,堪称"阜阳人的意大利面"。因阜阳"搅拌"一词的方言是"格拉"(gé le),而这种类似面条的食物需要将各种佐料均匀搅拌,所以就被称为"格拉条"。格拉条由专用设备将和好的面粉压制成圆条状,放入大口锅中煮熟后捞起,用冷水过凉,然后加入芝麻酱、豆芽、辣椒油,搅拌后放入荆芥或香菜(夏季放荆芥,冬季放香菜)即可食用。

(二)风味特产

皖西大别山生态旅游线著名特产有六安瓜片、天柱剑毫、金寨灵芝、天堂寨小吊酒等。

1. 六安瓜片

六安瓜片是中国十大历史名茶之一。生产工艺均采沿袭传统工艺,谷雨前后10天采摘。早上采,下午扳片,去梗、去芽,而后炒生锅、炒熟锅、拉毛火、拉小火、拉大火,直至起霜有润,香味扑鼻。此茶形似瓜子,单片不带梗芽,叶边背卷顺直,色泽宝绿,附有白霜;汤色碧绿,清流明亮,香气清高,味鲜甘美。

2. 天柱剑毫

天柱剑毫以外形扁平如宝剑而得名,大多产自海拔500m以上的深山之中,因受云雾常年浸漫,不用熏焙而自然清香。每年谷雨前后开始采摘新茶,因选用一芽一叶而产量有限。色翠匀齐毫显,扁平挺直似剑;花香清雅持久,滋味醇厚回甜;汤色碧绿明亮,叶底匀整嫩鲜。以叶绿、汤清、香醇味厚而闻名。饮茶后，有入口浓醇、过喉鲜爽、口留余香、回味甘甜之感。2018年5月，天柱剑毫在第二届中国国际茶叶博览会上荣获金奖。

3. 金寨灵芝

金寨地处大别山腹地，野生灵芝多生长在海拔500m以上中高山阔叶林的阴暗潮湿处。灵芝按颜色分为6种，《本草纲目》和《重修政合经书证类备用本草》对6种灵芝所处地理环境有明确记载："赤芝生霍山，青芝生泰山，黄芝生嵩山，白芝生华山，黑芝生常山，紫芝生高山夏峪。"

4. 天堂寨小吊酒

小吊酒是大别山的特产。每年秋收后，大别山的农户就酿造小吊酒。用辣蓼花制作酒曲，将大米或稻谷加水蒸熟，拌入酒曲发酵十四五天，闻酒香后加热蒸馏，出酒。这种酒口感好，后劲足。其有三大特点：一是酿酒原料主要是大别山区生产的糯米；二是酿酒用水为天堂寨国家一级地表饮用水；三是酿造方法独特，其酿造工艺已被列为非物质文化遗产。

（三）工艺美术品

安徽文化底蕴深厚，民间工艺品制作技艺精湛。以驰名中外的宣城文房四宝为代表的诸多民间工艺品，是重要的非物质文化遗产，凝聚了安徽劳动人民的智慧和汗水，具有鲜明的地域特色和民族特色。

1. 宣城文房四宝

宣城文房四宝由宣纸、宣笔、徽墨、宣砚构成。宣纸是中国书画艺术的特殊用纸，被誉为中华民族的瑰宝。宣纸耐久、耐老化、润墨性强、韧而能润、光而不滑、洁白稠密、纹理纯净、搓折无损、不蛀不腐、色泽经久，有"纸寿千年"的美誉；宣笔主要以兔毛、羊毛、狼毛、鸡毛等为原料，经过选料、修笔、套装、刻字等工序制作而成，选料精审、工艺严格、品质优良，曾为贡品；徽墨起于南唐，有"坚如玉，纹如犀，丰肌细腻，光泽如漆"的特点，享有"落纸加深，万载存真"的美誉，1910年"苍佩室"牌"地球墨"在巴拿马万国博览会展出并获金质奖章；宣砚起源于东汉，风靡于唐朝，有黑亮如漆、温润如玉、涩不留笔、发墨光润等特点，2017年宣砚制作技艺入选安徽省非物质文化遗产代表性项目名录。

2. 雪木雕塑

雪木雕塑是用去皮的向日葵秆为原料，以花鸟虫鱼、楼台亭阁为内容，经艺术家手工制作而成的立体画工艺品，被誉为"木质牙雕""真正的绝活"。作品晶莹剔透、大气自然，抗老化、不变色，堪称中华一绝。1994年被文化部评为"中国民间艺术一绝"并入选中国美术馆第一届中国工艺美术名家作品展。

3. 黄杨木梳

黄杨内含黄杨素，可抑制真菌生长，属药材木，自古是制梳和雕刻首选，梳头后有止痒去屑效果。黄杨木梳从开料到成品需经过28道工序，其中雕、描、烫、刻、磨等工序需经传统工艺制作方法方能完成。

4. 六安竹编

传统竹编工艺历史悠久，竹编工艺品分为细丝工艺品和粗丝工艺品，常见的有竹席、竹凉床、竹篮、竹筐、竹盒、竹笔筒、竹针线盒、竹箱、竹箩、竹果盘、竹花瓶、竹花篮等。竹编使用的竹材是经过精挑细选的特长无节竹，经过破竹、烤色、去节、分层、定色、刮平、划丝、抽匀等十几道工序，全部手工完成。竹编产品只使用竹材表面一层，纤维十分致密，经过特殊处理，具有耐干燥、不变形、不虫蛀、可清洗等特点。

5. 霍邱柳编

霍邱柳编是安徽省霍邱县的传统柳编工艺品，是国家地理标志产品，需要经过泡、剪、下料、打底、拧编、顺编以及收口、安装等数道工序。霍邱柳编历史悠久，其传统工艺被列入第三批国家级非物质文化遗产名录。编织工艺由传统家庭日常用具编织发展到精编、细编、透花编、套色编、染色编、混合编（柳竹混、柳麻混、柳木混、柳草木混）等。

实训

设计皖西大别山"红色+生态"旅游线路

1. 要求

大别山区既是安徽省两大林区之一，又是我国重要的革命圣地。不但森林景观优美，而且红色文化浓厚。请根据该旅游线的旅游资源特点设计2天1晚的"红色+生态"旅游行程线路。

2. 方法与步骤

(1) 按照4~5人一组进行分组，确定组长，实行组长负责制。

(2) 线上、线下查找相关资料，充分搜索相关红色文化景点、旅游活动项目、餐饮、住宿等信息，根据旅游资源特点设计符合"红色+生态"旅游需要的行程线路。线路要符合旅游线路设计原则，突出革命传统教育的主题。

(3) 选择当地旅行社的经典"红色+生态"旅游线路，运用旅游线路设计的原则对线路进行分析，并对设计的线路进行优化。

3. 考核评价

根据表8-5-1对上述实训的结果进行评价。

表8-5-1 评价表

评价项目	评价标准	分值	教师评价得分（占70%）	小组互评得分（占30%）	综合得分
知识运用	掌握该线路旅游资源分布情况；熟悉该线路中各类旅游活动及特色	30			
技能掌握	能对相关旅游资源进行整合并合理安排旅游线路，掌握相关旅游资源搭配的技巧；能在具体的线路设计中充分考虑不同游客的需求差异	35			

(续)

评价项目	评价标准	分值	教师评价得分（占70%）	小组互评得分（占30%）	综合得分
成果展示	线路设计符合游客的需求特点，主题鲜明，特色突出，行程安排科学合理，具备较强的可行性与创新性；线路行程安排体现艰苦奋斗精神及爱国情怀	25			
团队表现	分工明确，沟通顺畅，合作良好	10			
合计		100			

任务六　广东北回归线森林旅游线

线路简介▶ 梅州市（南台山国家森林公园）→河源市（新丰江国家森林公园）→广州市（石门国家森林公园、海珠国家湿地公园、长隆野生动物世界）→佛山市（西樵山国家森林公园）。

线路特色▶ 北回归线穿过的地区是世界典型的热带沙漠气候区，被称为地球的沙漠腰带。广东是世界上建有北回归线标志最多的省份，此线路自东向西横穿广东，经过了4个国家级森林公园、一个国家级湿地公园、一个野生动物园，其中线路途径的石门国家森林公园有华南地区保存较为完好的一片原始次生林（1.6万亩），被称为北回归线的一片绿洲，可让人充分感受北纬23°森林的魅力。长隆野生动物世界拥有大面积华南地区亚热带雨林，被誉为"中国最具国际水准的野生动物园"。

数字资源

一、线路景点介绍

（一）南台山国家森林公园

南台山森林公园位于平远县石正镇，总面积2073.20hm²，包括南台山卧佛景区、石龙寨观佛景区和程旼纪念园景区等。

南台山属武夷山系，为武夷山山脉南伸的余脉，是粤东三大丹霞地貌名胜地之一。其森林资源以针叶林和常绿阔叶林为主，森林覆盖率约91.3%，植被景观丰富，野生动植物种类繁多。园内共有维管植物191科628属1296种，其中，国家重点保护野生植物有苏铁、半枫荷、降香黄檀等11科13种。野生动物5纲27目84科241种，其中国家重点保护野生动物有蟒蛇、鸳鸯等19种。主要景区南台山雄秀神奇，以丹霞狮踞而著称。属典型的红层峰林丹霞地貌景观，号称"粤东丹霞地貌博物馆"。南台卧佛、赤壁丹崖、寺隐青山堪称南台风景"三绝"，绿野丛林、鸳鸯故里、世外桃源为南台风光"三优"。

（二）新丰江国家森林公园

新丰江国家森林公园位于广东省河源市东源县，背靠河源第一高峰桂山，面向华南最大的人工湖——万绿湖。山环水抱，风景秀丽，森林覆盖率达78%。新丰江森林公园桂山景区为国家AAAA级景区，最有价值的森林风景资源是中亚热带季风常绿阔叶次生林景观，是广东北回归线上现存面积最大的常绿阔叶林区之一。桂山风景区树木四季常绿，季季花果飘香，有飞禽112种、走兽131种，是真正的天然氧吧、植物王国、动物乐园。

新丰江相传是《镜花缘》中百花仙子降生之地，新丰江水是观音菩萨所送，才有了这万绿湖的万顷碧波，后人因而在镜花岭立观音神像供人朝拜。山上奇松遍布，在一株松树下有一平滑的巨石，形状如床，传说因百花仙子曾在此小睡，故名"拥绿仙榻"。登上镜花山顶，纵目四望，万绿秀色尽收眼底，东观三潭映绿，西览双龟出海，中有鳄鱼弄波，皆奇妙无比。湖中岛屿星罗棋布，各具神态。

（三）石门国家森林公园

石门国家森林公园位于广州市从化区，是原林业部批准建立的第一家国际森林浴场。总面积2626.67hm^2，森林覆盖率约96.76%，是集自然景观、人文景观、森林保健功能于一体的生态型森林公园，被称为北回归线的一片绿洲。峰山叠翠、云涛波涌、峡谷千姿、幽谷百态、石灶天池、绿水青山相映生辉；巍峨石门、相思古榕形影相随。公园内四季景色迷人，鸟语花香。春季百花竞艳，满山锦绣；夏季飞瀑飘飘，银光四射；秋季漫山红叶，如诗如画；冬季石门香雪，令人陶醉。

（四）海珠国家湿地公园

海珠国家湿地公园地处广州市海珠区东南，是全国特大城市中心区最大、最美的国家湿地公园，为广州"绿心"，总面积1100hm^2。依托优美的自然生态景观，将传统岭南水乡文化融入其中，打造了一系列岭南水乡标志性建筑，形成了集生态美景、岭南韵味、水乡风情、自然野趣于一体的自然与人文兼具、都市与乡村兼容的独特湿地景观（图8-6-1）。主要景点有：湿地广场、绿心湖、花溪、福寿果廊、拉索桥、都市田园等。

（五）长隆野生动物世界

长隆野生动物世界是全国首批国家AAAAA级旅游景区——长隆旅游度假区的重要组成部分，是全球动物种群最多、最大的原生态野生动物主题公园，被誉为"中国最具国际水准的野生动物园"（图8-6-2）。《动物狂欢节》《爸爸去哪儿》《奇妙的朋友》等知名电视节目

图8-6-1　海珠国家湿地公园

图8-6-2　长隆野生动物园

均在此拍摄。占地 2000 多亩，集动植物的保护、研究、观赏、科普于一体，拥有珍稀动物 460 余种，总量达 2 万只以上。园区主要分为乘车区与步行区，拥有步行、乘车、空中缆车 3 种动物观赏模式。在这里可观赏到白虎、长颈鹿、斑马、羚羊在野外自由活动，还可以观赏到全景玻璃的北极熊馆、"水中国宝"中华鲟和鳄鱼湖区等。在"世界国宝区"，可以看到大熊猫、亚洲象及英国雪特兰矮马。另外，有长隆方舟剧场、河马剧场、大象剧场、花果山剧场、白虎跳水等场馆可观赏动物表演。

（六）西樵山国家森林公园

西樵山国家森林公园位于广东省佛山市南海区西南部，地处珠江三角洲中心，占地 13.6km^2。西樵山自然风光清幽秀丽，民俗风情古朴自然，是广东四大名山之一。全山有 72 座峰，峰峰皆奇；有 42 座岩洞，洞洞皆幽；有 232 眼清泉，泉泉皆碧；有 28 处飞瀑，瀑瀑皆秀。湖、泉、涧、岩、壁、潭、台和各类文物古迹、天湖东西两岸相互呼应，构成了一幅美轮美奂的风景画，成为这座熄灭了亿万年的死火山的旷世佳作。

西樵山不仅自然风光秀丽，更是源远流长的百越文化发祥地和千古文化名山，是岭南文化的杰出代表，充分体现了岭南文化兼收并蓄、多元包容、与时俱进的特质。中山大学曾骐教授认为西樵山是"珠江文明的灯塔"，北京大学赵世瑜教授称西樵山是"近世广东史之景观象征"，中山大学黄伟宗教授以南学、南文、南道、南佛、南拳、南狮、南纱、南艺"八宝"来概括西樵山所代表的岭南文化。1978 年，西樵山遗址被列入广东省第一批省级重点文物保护单位。

二、特色旅游活动

（一）迎春花市

迎春花市是广州春节前夕规模最大的一项传统民俗，也是广东省省级非物质文化遗产。广州的迎春花市又称年宵花市，独具岭南特色，举办时间为每年腊月二十八至除夕，是广州年节不可缺少的组成部分，在广州有"逛花街大过年"的说法。迎春花市期间，大街小巷都摆满了鲜花、盆橘，各大公园都举办迎春花展，繁花似锦，人海如潮。

（二）荔枝节

荔枝节是广东省各荔枝主产区普遍举办的重要节庆。每年六七月荔枝成熟后，广州、深圳、东莞、茂名等地都相继举办荔枝节。节日期间有荔枝采摘活动、荔枝品尝会、文体活动、贸易洽谈活动等，成为品尝荔枝、招商引资、繁荣文化的盛会。旅行社纷纷推出以啖荔枝为主题的旅游观光线路，带领游客游果林、摘荔枝、吃荔枝宴，品味岭南特色荔枝文化。

（三）广州国际美食节

广州国际美食节于 1987 年起每年在秋季交易会前后举办。"食在广州"闻名海内外，美食节期间，全市各类酒店、饭店、餐馆、小吃店、大排档等均开展美食展示、美食品尝、烹饪比赛、美食摄影比赛、美食评选活动等，不仅促进了餐饮经济的发展，也促进了广东饮食文化的传承和进步。

(四)野生动物世界科普教育活动

长隆野生动物世界成立了长隆动植物学院，长隆动植物学院在向公众展示生物多样性的美好与珍贵的同时，致力于全球野生动植物保护、繁育及科普教育。开展的保护野生动物宣传月、全国科普日——长隆灵长类科普节均产生了较好效果。主要开展的活动有：神奇动物夜、小小保育员、飞鸟乐园、空中学堂、夜探动物世界。

三、特色旅游产品

(一)特色美食

广东饮食文化源远流长，广东菜(粤菜)是中国四大菜系之一。烹调技艺多样善变，用料奇异广博。烹调上以炒、爆为主，兼有烩、煎、烤。讲究清而不淡，鲜而不俗，嫩而不生，油而不腻。广东美食在全国知名度高，广受游客喜爱。代表美食有：烤乳猪、煲仔饭、红菌豆腐头、姜撞奶、西樵大饼等。

1. 烤乳猪

烤乳猪是广州最著名的特色菜，也是"满汉全席"中的主打菜肴之一。我国西周时期就把烤乳猪列为"八珍"之一，称炮豚。至清朝，烤全猪还是宫廷宴的上上品。烤乳猪香味四溢、形态完好、色泽红润、入口酥香。主要制作过程包括选料、整理、腌制、定形、烫皮、调脆皮糖浆、上脆皮糖浆、烤制、成品。

2. 煲仔饭

煲仔饭也称瓦煲饭，是广州市传统名菜。因制作上用砂锅煮米饭，而广东称砂锅为煲仔，故而得名。制作过程是先将锅中刷上猪油，再放米、加水。待米饭煲至七成熟时加入配料，然后慢火煲熟。该菜品的种类主要有豆豉排骨煲仔饭、腊味煲仔饭、香菇滑鸡煲仔饭、猪肝煲仔饭、烧鸭煲仔饭、白切鸡煲仔饭等。

3. 红菌豆腐头

红菌豆腐头以豆腐渣为原料制作，因表层有一层曙红色的菌，故而得名。红菌豆腐头色红、肉白、味美，质地甜、韧、嫩，是当地居民日常生活不可缺少的佐膳食品，在梅州客家地区及海内外久负盛名。

4. 姜汁撞奶

姜汁撞奶源于珠江三角洲一带民间传统美食。味道香醇爽滑、甜中微辣，风味独特，有暖胃表热作用，经常食用能保健强身、延年益寿，深受人们喜爱。

5. 西樵大饼

西樵大饼源于明朝弘治年间，外形呈圆状，颜色白中微黄，入口松软，香甜不腻。因形状如满月，寓意花好月圆，因此当地民众嫁娶喜庆、逢年过节都以此作礼品送人。

(二)风味特产

广东特产丰富，加上经济发达、开放程度高，部分特产知名度高，在国内外享有盛誉，广受中外游客喜爱。主要有：龙眼、番石榴、荔枝、佛手瓜、四会沙糖橘、新会陈皮等。

1. 龙眼

龙眼正名桂圆，果肉白色透明，汁多味甜。龙眼干是一种具有镇静、滋补功效的药材。广州市海珠区新窖镇小洲村出品的石硖龙眼果实大、产量高，清甜之中带有蜜糖的味道。

2. 番石榴

番石榴原产美洲，广州市海珠区广有种植，大塘番石榴最为著名。番石榴果实多为葫芦形，青色或浅黄色，清爽香甜，风味独特。

图 8-6-3　佛手瓜

3. 荔枝

荔枝盛产于广州从化、增城和市内几个城郊结合区，品种达 60 多种，以'桂味'和'糯米糍'为最佳。'桂味'肉脆清甜，'糯米糍'以核小、肉厚、汁多、味浓著称。旧时广州以笔村'糯米糍'、罗岗'桂味'、增城'挂绿'号称"荔枝三杰"，其中增城'挂绿'最优，历来被列为贡品。

4. 佛手瓜

佛手瓜原产墨西哥，又名合掌瓜（图 8-6-3）。果实外观呈短圆锥形，瓜面形似佛手，颜色翠绿，瓜味清甜，具有祛风解热、健脾开胃等功效。因种子离瓜后不能发芽，必须连瓜栽种，当地人称为"种瓜得瓜"。

5. 四会沙塘橘

四会沙塘橘原名十月橘，最初产自四会市黄田镇沙塘村，因而得名。沙塘橘果实扁圆形，顶部有瘤状突起，蒂脐端凹陷，色泽橙黄，果皮薄，易剥离。果形指数 0.78，单果重 62～86g，可食率 71%，含可溶性固形物 11%，每 100mL 含全糖 10.55g、果酸 0.35g。果肉爽脆、汁多、化渣、味清甜，食后沁心润喉，耐人回味。

6. 新会陈皮

新会陈皮是广东省江门市新会区特产，中国国家地理标志产品。柑皮以贮藏的时间越久越好，存期不足 3 年的称果皮或柑皮，存期足 3 年或以上的才称为陈皮。新会陈皮品质独特，具有很高的药用价值，又是传统的香料和调味佳品，长期以来享有盛誉，在宋朝就是南北贸易的"广货"之一，现行销全国和东南亚、美洲等地区。

（三）工艺美术品

广东历史文化悠久，地理位置和气候环境独特，在此孕育、发展和传承的民间工艺品技艺精湛，具有浓郁的岭南特色，在国内外享有盛誉，也是我国非物质文化遗产的重要组成部分。主要有：端砚、英石、甲子贝雕、佛山木版年画、广州织金彩瓷等。

1. 端砚

端砚是中国四大名砚之一，产于唐朝初期的端州，故而得名，距今已有 1300 多年的历史。端砚石质优良、雕刻精美，一般要经过采石、选料、雕刻、配盒 4 道工序。端砚以石质坚实、润滑、细腻、娇嫩而驰名于世。用端砚研墨不滞，发墨快，研出之墨汁细滑，书写流畅不损毫，字迹颜色经久不变。

2. 英石

英石又称英德石，产于广东省英德市，是中国国家地理标志产品。因该地岩溶地貌发育较好，山石较易溶蚀风化，形成嶙峋褶皱之状，加上日照充分、雨水充沛，暴热暴冷，山石易崩落山谷中，经酸性土壤腐蚀后，呈现嵌空玲珑之态。英石本色为白色，因为风化及富含铜、铁等杂质而出现多种色泽，常见黑色、青灰色，以黝黑如漆为佳，石块常间杂白色方解石条纹。英石具有皱、瘦、漏、透的特点，是中国四大园林名石之一。

3. 甲子贝雕

甲子贝雕是汕尾地区优秀的民间传统工艺品，有着悠久的历史。甲子贝雕充分运用汕尾地区优越的海洋资源，早期多用贝壳为原材料制作日常用品及首饰等，后在继承传统工艺的基础上广泛吸收牙雕、玉雕、木雕和国画等艺术特色，结合螺钿镶嵌工艺特点，创造出了立体贝雕、浮雕形式的贝雕画和多种实用工艺品。

4. 佛山木版年画

早在宋元时期，广州、佛山一带已流行刻绘门神的习俗。早期是直接在门板上手绘刻画，后来另置木板绘刻，大量复印，制成木版年画行销于市，供人张贴。清代乾嘉年间，佛山木版年画的生产开始兴盛。佛山木版年画以技艺划分包括原画、木印、木印工笔3种类型，以题材划分有门画、神像画和岁时风俗画3种类型，主要用于祭祀、祈福和装饰环境。佛山木版年画反映着佛山本地文化的历史根源以及佛山传统民间绘画和印刷工艺的一些基本情况，已入选第一批国家级非物质文化遗产名录。

5. 广州织金彩瓷

广州织金彩瓷是一种产自广东省广州市的地方传统手工艺品，俗称广彩，是由五彩和粉彩发展而来。使用新彩颜料，在瓷胎上彩绘，入炉烘烧后，重金描画一道，再入炉二次烧成。其沿用民间传统的瓜果花鸟图案，并仿照织锦图案，以金色作锦地，行话称"织金"，多为线描与平涂相结合，花纹布满器体，绚彩华丽，辉煌夺目。

设计广东北回归线森林研学线路

1. 要求

广州某小学三年级120名同学需要到校外开展研学实践活动一天，请根据广东北回归线森林旅游线的旅游资源特点设计一条森林研学线路。

2. 方法与步骤

(1) 按照4~5人一组进行分组，确定组长，实行组长负责制。

(2) 线上、线下查找相关资料，充分搜索相关森林旅游景点、旅游活动项目等信息，根据旅游资源特点设计符合研学需求的旅游线路。线路要符合旅游线路设计原则，突出研学主题。

(3)选择当地研学机构的相关成熟研学线路,运用旅游线路设计的原则对线路进行分析,并对设计的线路进行优化。

3. 考核评价

根据表 8-6-1 对上述实训的结果进行评价。

表 8-6-1　评价表

评价项目	评价标准	分值	教师评价得分（占70%）	小组互评得分（占30%）	综合得分
知识运用	掌握该线路旅游资源分布情况；熟悉线路中各类特色旅游活动；熟悉线路上的特色旅游商品	30			
技能掌握	能对相关研学资源进行整合并合理进行森林研学课程设计；能在具体线路设计中充分考虑到研学团队的需求特点,充分做好安全预案	35			
成果展示	线路设计符合小学生研学的需求特点,主题鲜明,特色突出,行程安排科学合理,具备较强的可行性与创新性；线路行程安排体现了合作意识和安全意识	25			
团队表现	分工明确,沟通顺畅,合作良好	10			
合计		100			

任务七　桂东锦绣山水生态旅游线

线路简介▶ 贺州市(大桂山国家森林公园、西溪温泉森林康养基地、姑婆山国家森林公园)→金秀瑶族自治县(大瑶山国家森林公园)→桂林市(会仙喀斯特国家湿地公园)→资源县(八角寨国家森林公园)→龙胜各族自治县(龙胜温泉国家森林公园、龙胜龙脊梯田国家湿地公园)。

数字资源

线路特色▶ 线路位于广西东北部,包含4个国家森林公园、3个国家湿地公园及一个森林康养基地。沿线风景优美,景域空间丰富多样,向游客展示了广西得天独厚的原始生态环境。其中大瑶山国家森林公园是中国南亚热带地区森林生态系统保持较稳定的典型,八角寨被《中国国家地理》杂志评为中国最美七大丹霞景观之一,还有"天下一绝"的国家一级景点龙脊梯田、"华南第一泉"的龙胜温泉等。这里还是壮族、瑶族、苗族等少数民族聚集地,民族风情浓郁,能给游客带来不同的民俗文化体验。

一、线路景点介绍

(一)大桂山国家森林公园

大桂山国家森林公园始建于1993年,是我国第一批设立的国家森林公园之一,也是广西第一个成立的国家森林公园,2019年被评为国家AAAA级旅游景区。位于贺州市八步区步头镇,地处湖南、广东、广西三地交界处207国道旁,位于桂林与广州旅游黄金线上,游览面积为5330hm^2,森林覆盖率93%,负氧离子含量达6.9万个/cm^3,核心区负氧离子含量为11.1万个/cm^3,奇藤异树品类繁多,峡谷、清溪、飞瀑随处可见,为天然植物王国和天然氧吧。

(二)西溪温泉森林康养基地

西溪温泉森林康养基地位于贺州市八步区南乡镇,方圆几十千米范围为生态森林区,林木覆盖面积广,负氧离子含量高达12万个/cm^3,原生态环境资源得天独厚,温泉水优质、储量大,水温高达86.5℃。核心面积约1000hm^2,为集酒店、温泉、餐饮、会议、湿地公园、农场、康乐配套于一体的新型、综合的五星级森林温泉休闲度假景区,2018年荣获国家AAAA级旅游景区、森林康养基地、森林人家等荣誉称号。

(三)姑婆山国家森林公园

姑婆山国家森林公园位于贺州市,距市区21km,是香港、广州、桂林黄金旅游线上的一颗璀璨明珠,国家AAAA级旅游景区、国家生态旅游示范区。总面积8000hm^2,峰高谷深,森林繁茂,瀑飞溪潺,动植物丰富,集雄、奇、秀、幽于一体,被誉为南国天然氧吧、瀑布森林公园(图8-7-1)。分姑婆山顶、仙姑瀑布、仙姑大草坪、九天峡

图 8-7-1 姑婆山国家森林公园

谷、情人林、方家茶园、仙姑寨(图8-7-2)和古窑冲八大景区,内含仙人指路、八步仙踪等多处神奇景观,有"南国仙山"之美誉,是集养生保健、旅游观光、休闲度假、探险猎奇于一体的生态旅游胜地。

图 8-7-2 姑婆山仙姑寨景区(景区 供图)

(四)大瑶山国家森林公园

大瑶山国家森林公园位于金秀瑶族自治县境内大瑶山山脉中段,是国家级森林公园、国家级自然保护区、广西珠江流域防护林建设示范区、中国八角之乡、广西最大的水源林区,是广西生态位置最重要的区域。公园始建于1997年,总面积为11 124hm²,是以典型的砂岩峰林地貌、浩瀚的原始古林和良好的生态环境为依托,以万亩变色杜鹃林和变幻莫测的高山云海为特色,集生态科普教育、山地避暑度假、瑶族文化体验等为一体的山岳型大型国家森林公园。

(五)会仙喀斯特国家湿地公园

会仙喀斯特国家湿地公园位于临桂区会仙镇境内,被誉为"漓江之肾",2012年列入国家湿地公园试点建设,规划总面积586.75hm²,为漓江流域最大的喀斯特地貌原生态湿地,也是广西亚热带岩溶峰林地貌中最大、最有研究价值的典型湿地,具有保持水源、净化水质、抗旱防洪、维持生物多样性等重要的生态功能。湿地内岛屿星罗棋布,山水相得益彰,集山、水、田、园、林、沼、运等景观要素于一体,岩溶湿地典型,山水景观秀丽,历史文化底蕴深厚。

(六)八角寨国家森林公园

八角寨国家森林公园位于资源县,是广西首批八大重点风景名胜区之一。距桂林市98km,总面积125hm²。地势较高,地形复杂,山地气候特征明显,是以森林资源和丹霞地貌遗迹双重景观为主体的多种风景类型相结合的最佳空间域境。在全国以丹霞地貌为基础的国家森林公园系列中,八角寨国家森林公园具有大、多、长、密、厚五大特点;风景雄、奇、险、秀、幽、奥,被地质、园林、旅游专家誉为"世界丹霞之魂""世界丹霞奇观""高品位的国家级观赏公园"(图8-7-3)。

图8-7-3　八角寨国家森林公园(景区 供图)

(七)龙胜温泉国家森林公园

龙胜温泉国家森林公园位于龙胜各族自治县江底乡,距桂林市110km,离县城32km,总面积10km²,为全国首批国家AAA级旅游景区之一,2008年被评为国家AAAA级旅游景区,历年来被评为广西优秀旅游度假区、中国最佳文化生态旅游目的地。景区内峰峦叠翠、林木葱郁、云缠雾绕、溪流清澈、空气新鲜,被称为天然氧吧(图8-7-4)。

(八)龙胜龙脊梯田国家湿地公园

龙胜龙脊梯田国家湿地公园位于桂林市龙胜各族自治县龙脊镇,距桂三高速公路龙胜双洞出口 5km，距桂林市 65km，景区门口即 321 国道，交通便利。占地面积 70.1km²，连片梯田面积 10 734hm²，是中国重要农业文化遗产、国家 AAAA 级景区、"世界梯田原乡"，是龙胜众多梯田中最经典的代表，是以梯田稻作农耕文化为主体，自然景观与少数民族人文景观相结合的风景名胜区（图 8-7-5、图 8-7-6）。

二、特色旅游活动

不同的地域造就了独具特色的节庆习俗和民俗文化。广西东北部地区作为壮族、瑶族、苗族等少数民族聚集地，民族风情浓郁、文化独特，传统节庆、民俗活动丰富多彩。

（一）姑婆山仙姑庙会、诞辰

姑婆山仙姑庙会历史悠久，庙会期是农历正月初二至初九。仙姑诞辰日是农历六月二十四，人们为了纪念仙姑圣诞的日子，都到姑婆山仙姑庙烧香。庙会活动有雄狮朝拜仙姑、雄狮抢青、女子雄狮高难度特技、经典粤剧演绎、鹦鹉特技表演等，每年活动大同小异。

（二）金秀瑶族盘王节节庆活动

在"世界瑶都"金秀，每年农历十月十六的瑶族盘王节为重大的传统节日。每逢盘王节，瑶族人民都穿上节日盛装，祭祀盘王先祖，以唱盘王歌、跳长鼓舞等独具地方民族特色的方式追念先祖功德，弘扬和传承先祖奋斗精神，祈求先祖福佑。

图 8-7-4　龙胜温泉国家森林公园（景区 供图）

图 8-7-5　平安壮族梯田（景区 供图；许沂 摄）

图 8-7-6　金坑红瑶梯田（景区 供图）

盘王节活动内容丰富、民族特色鲜明，涵盖了旅游、民族文化、民族体育、农业等方面，包括盘王祭祀仪式、瑶王宴、瑶王狂欢之夜、民族传统体育活动展示、瑶族文化研讨会、瑶族文化展示晚会、金秀红茶品茗等活动。

大开眼界

中华第一长宴——瑶王宴

瑶王宴是瑶族沿袭千年的传统习俗，每遇红白喜事时，全寨男女老少都会一起吃瑶王宴。每户出一张方桌、4盘菜肴、4斤*米酒、4对碗筷、4个酒杯，集中到寨子中央，摆开连席，协助主人家招待亲朋，同时每家派出1人参与共宴，给客人敬酒。

瑶王宴的菜品，都是地地道道的瑶族口味，材料大都取自于山里，无污染。游客可以加入长桌宴中，体验瑶族长桌宴，感受瑶族的风俗人情。

（三）龙脊民俗节庆活动

龙脊梯田景区内居住着9000多名壮族和瑶族群众，在语言、服饰和建筑、民俗、节庆和寨老（寨老制是壮族民间存在的一种社会组织形式）的管理方面均保持着原生态的民族气息。"三月三"长发节（图8-7-7）、五月开耕节（图8-7-8）、六月梳秧节、"六月六"晒衣节等丰富多彩的特色民俗节庆活动既是保护和传承民族文化的重要载体，也为景区增添了独特的人文气息。

图8-7-7 黄洛红瑶寨长发节长发梳妆（景区 供图）

图8-7-8 九龙五虎景区开耕节（景区 供图）

（四）资源七月半河灯歌节

七月半河灯歌节是资源的传统节日，历史悠久，已成为资源最靓丽的文化名片，2004年被列为"中国百姓生活游十大主题活动"之一，2014年入选国家非物质文化遗产。每年七月半（农历七月十二至十四），人们自发携灯，沿河漂流，通过唱歌、放灯，寄托缅怀先人、消灾避祸的情思。灯形有龙凤仙怪、禽兽花卉、五谷杂粮等，大小不一，形态各异。夜幕下灯火辉煌，形成万盏河灯漂资江的壮景。

三、特色旅游产品

秀丽的山水、独特的地形，赋予广西丰富的物产。桂东锦绣山水生态旅游线上丰富的食材，造就了各地特色的美食。

（一）特色美食

桂东地区物产丰富，民族风情浓郁，美食众多。龙胜侗族酸鱼、金秀油茶、金秀瑶家竹笋酿、客家煎酿三宝、客家盐酒鸡等代表性美食深受各地游客的喜爱。

---

* 1斤=500g。

1. 龙胜侗族酸鱼

"侗不离酸"，龙胜的壮族和侗族人民喜欢腌制酸鱼。每年插秧过后，都会放一些鱼苗进水稻田里，待水稻快成熟时，便放水捉鱼，其中一部分鲜鱼用来制作酸鱼。剖开鱼腹，取出肚杂，用清水洗尽血迹，展平鱼肉，将鱼腹朝下分层放进一个土陶罐里，每放一层鱼，撒一层由糯粑、食盐、花椒、烤酒等调和而成的佐料。待坛满，封好坛口，放在阴凉处，半个月后便可开坛食用，生吃、熟吃无不酸鲜可口。

2. 金秀油茶

金秀油茶制作讲究，碗里要先放米花、花生、馓子、酥豆等，然后加上盐、酱油、葱花、辣椒、香菜，最后再把滚烫的油茶茶汤浇在碗里。油茶要现吃现做，选用清明、谷雨两个时节采摘的茶叶放在石臼里捣成细末，再放盐，上锅熬制，煮开后，呈浅咖啡色，再加上漂起的米花、香菜、葱花、馓子等，煞是好看。酥豆、馓子入口酥香，油茶滚烫，一口下去，肚子都是暖暖的。味道入口略苦，但两口之后就有上瘾的感觉。由于工艺复杂，当地老百姓平时是不吃的，只有过年过节或贵客临门才用此招待。

3. 金秀瑶家竹笋酿

金秀瑶族自治县竹林资源丰富，盛产各种笋类。每年春天，瑶族人民相约上山采挖肥硕脆嫩的春笋，将其一层层地剥开洗净，用白嫩鲜美的笋肉制作成风味各异的菜肴。在用春笋烹制而成的众多菜肴中，当地人最喜欢的一道菜就是竹笋酿。

4. 客家煎酿三宝

客家煎酿三宝是贺州市八步区的特色美食，由酿苦瓜、酿辣椒和酿茄子制成。做好的煎酿三宝颜色鲜艳，味道可口。

5. 客家盐酒鸡

客家盐酒鸡是富川瑶族自治县的特色美食，以阉鸡为主料。做菜时，将鸡放入锅中煮至熟透，趁热抹上盐，放凉后切块，将鸡肉码在碗里，倒入米酒，加入适量味精腌制。腌制好后，可以蒸食，也可以加入葱、姜等佐料煲汤，味道香醇甜美，有淡淡的米酒香味。

(二) 风味特产

1. 桂林三宝

桂林三宝是传统桂林土特产的代表，是指桂林三花酒、桂林辣椒酱、桂林豆腐乳。三花酒是中国米香型白酒的代表，已有1000多年历史，清末出现专业酿酒作坊，民国时期，作坊遍及桂林。三花酒无色透明，蜜香清雅，入口柔绵。适量饮用可以提神、活血；除饮用外，还可供药用、烹调菜肴等。桂林辣椒酱已有百年历史，以独特的风味而出名，不仅在国内畅销，而且在东南亚也大受欢迎。桂林辣椒酱有各种品种，如蒜蓉辣椒酱、豆豉辣椒酱等，辣酱鲜中带香、回味无穷，是上好的调味品。桂林豆腐乳是白腐乳的代表，有五香豆腐乳和辣椒豆腐乳两种，以黄豆为原料制成，皮薄柔嫩、质地幼细、味道鲜美，被誉为"腐乳中之上品"，畅销国内外。

2. 龙脊四宝

龙脊大山的一方水土，孕育了种类繁多的名优物产，最出名的当属"龙脊四宝"，即龙脊香糯、龙脊水酒、龙脊云雾茶、龙脊辣椒。其中龙脊香糯米质纯净、洁白如玉、香气浓郁，蒸成糯米饭米粒油光闪亮，香甜可口，挤能成团，放能膨松，软滑而带黏，口感好，气味芳香，有"一田种糯遍峒香，一家蒸糯全村香"之说，龙脊香糯是龙脊水酒的酿造主材。

3. 金秀大瑶山野生绞股蓝茶

大瑶山绞股蓝生长在大瑶山原始森林，无空气、水源、农药和化肥等污染，绞股蓝皂苷含量均高于其他地区，被誉为"绞股蓝之王"。

（三）传统手工艺品

1. 贺州瑶绣

瑶绣是瑶族的传统服饰，入选第一批国家级非物质文化遗产名录。贺州瑶绣以黑色土布作底，用红、黄、白、绿四色绣花线反面挑花刺绣而成，取材广泛、内容丰富、形态多样。图案既有简单的几何图案，如正方形、三角形、圆形、水纹形、波浪形、"之"字形、"工"字形等，也有彩蝶双飞、游鱼戏水等纷繁图形，色彩鲜艳而雅朴，构图明晰而多变，具有重大的科学价值、实用价值和艺术价值。2015年，贺州瑶绣被联合国开发计划署征集，用于装饰商务笔记，开始走向世界舞台。

2. 龙胜瑶族手工艺品

瑶族手工技艺以织花、挑花、蜡染、制丝及造纸著称。其中盘瑶善造纸，花瑶精蜡染，红瑶织花、挑花、制丝技艺尤精。

实训

设计桂东锦绣山水森林康养旅游线路

1. 要求

广西壮族自治区东部沿线风景优美，拥有得天独厚的原始生态环境、华南优质温泉及独特民俗风情等旅游资源。请根据该线路旅游资源特点选取相关景点为一行30余人的森林康养团队进行5天4晚的行程线路设计。

2. 方法与步骤

(1)按照3~5人一组进行分组，确定小组长，实行小组长负责制。

(2)通过旅游主管部门网站、景区官方网站、景区微信公众号等查找相关资料，搜索相关森林旅游景点、旅游活动项目、餐饮、住宿、购物、娱乐等信息，根据旅游资源特点设计符合游客需求的旅游线路。线路要符合旅游线路设计原则，突出生态康养主题。

(3)选择当地旅行社成熟的森林康养旅游线路，运用旅游线路设计原则对线路进行分析，并对设计的线路进行优化。

3. 考核评价

根据表8-7-1对上述实训的结果进行评价。

表 8-7-1 评价表

评价项目	评价标准	分值	教师评价得分（占 70%）	小组互评得分（占 30%）	综合得分
知识运用	掌握该线路旅游资源分布情况；熟悉线路中各类特色旅游活动；熟悉线路上的特色旅游商品	30			
技能掌握	能对相关旅游资源进行整合并合理设计旅游线路，掌握相关旅游资源搭配的技巧；能在具体线路设计中充分考虑不同游客对旅游产品的需求差异	35			
成果展示	线路设计符合游客森林康养的需求特点，特色突出，行程安排科学合理；线路行程安排体现爱护生态环境、健康生活、幸福生活的理念	25			
团队表现	分工明确，沟通顺畅，合作良好	10			
合计		100			

任务八　四川大熊猫寻踪旅游线

线路简介▶ 都江堰(中国大熊猫保护研究中心都江堰基地、龙溪-虹口国家级自然保护区、都江堰国家森林公园)→汶川县(卧龙自然保护区、草坡国家级自然保护区)→小金县(四姑娘山国家级自然保护区、夹金山国家森林公园)→宝兴县(蜂桶寨国家级自然保护区)→雅安(碧峰峡大熊猫繁育基地)→成都(成都大熊猫繁育研究基地)。

数字资源

线路特色▶ 此线路涉及大熊猫国家公园大部分区域，沿线经过 3 个国际知名的大熊猫研究机构、5 个国家级自然保护区和两个国家森林公园，森林风景资源组合度高，藏族、羌族民族风情独具特色，是探秘大熊猫自然栖息地、体验大熊猫文化魅力的最佳线路。

世界上没有哪一种动物能像大熊猫那样深得全人类的喜爱，大熊猫的形象超越了人类种族观念，超越了政治，超越了国界。四川大熊猫寻踪旅游线涉及大熊猫国家公园大部分区域，是风景最亮丽、体验感最丰富的大熊猫寻踪精品线路。

一、线路景点介绍

(一)中国大熊猫保护研究中心都江堰基地

中国大熊猫保护研究中心都江堰基地由香港特别行政区政府援建。位于青城山镇，距市区 18km，北邻道教圣地青城山，南邻川西街子古镇，S106 省道(川西旅游环线)连贯其间。总占地面积 760hm²，建筑面积约 12 542m²，按国家绿色建筑三星标准设计，林盘布局，川西民居风格建筑群点缀其间，紧邻大熊猫栖息地世界遗产区域，拥有适宜大熊猫生活的气候和自然环境。

中国大熊猫保护研究中心都江堰基地是国内唯一以大熊猫疾病防控、野外救护为主的科研机构，与中国大熊猫保护研究中心的卧龙基地、雅安碧峰峡基地共同构建起大熊猫迁地保护与就地保护的3个示范平台。该基地根据功能划分为6个区域：大熊猫救护与检疫区、大熊猫疾病防控与研究区、大熊猫康复与训练饲养区、公众接待与教育区、自然植被区和办公与后勤服务区。该基地同时也是中国大熊猫保护研究中心开展大熊猫国际、国内交流合作的主阵地，许多大熊猫从这里出发，担当友好大使去到世界各地，它们的后代又在这里成为"海归"。

（二）龙溪-虹口国家级自然保护区

龙溪-虹口国家级自然保护区位于都江堰市北部，总面积310hm²，其中核心区203km²，缓冲区37km²，实验区70km²，外围保护带面积117hm²。

该保护区主要保护对象为大熊猫、川金丝猴、扭角羚、珙桐、连香树等珍稀濒危野生动植物及其森林生态系统，是全国35个大熊猫保护区之一。位于大熊猫现代自然分布区狭长条状弧形带的中段，是岷山山系大熊猫B种群重要的栖息地。直接联系着岷山山系和邛崃山系两大大熊猫野生种群，是大熊猫生存和繁衍的关键区域及"天然走廊"。2018年荣获"全国林业科普基地"称号。

（三）都江堰国家森林公园

都江堰国家森林公园距成都市84km，毗邻青城山-都江堰风景名胜区，是中国20个重点国家级森林公园之一。1988年中国科学院植物研究所在园内建立了华西亚高山植物园，引种栽培杜鹃花达200个品种。公园在海拔逾2000m处，四周海拔3600m的高山和郁郁苍苍的原始森林环抱着面积4万多亩的盆地，盆地中央有一高山湖泊——龙池，堪称"天下奇景"。

巨大的相对高差决定了与众不同的气候特点和植被特点，由下而上，植物随着高差垂直分布，层次分明。这里各类植物多达3000余种，有被称为植物"活化石"的珙桐，珍稀濒危树种连香树、银鹊、圆叶玉兰、古银杏等；有大熊猫、小熊猫、金丝猴、扭角羚、獐、天鹅、鸳鸯等10多种国家重点保护野生动物。一些世界著名生物学家参观考察后均赞叹不已，认为这是世界上自然生态保存最完好的一座森林公园，被誉为"世界野生动植物基因库"。

（四）卧龙自然保护区

卧龙自然保护区位于四川省阿坝藏族羌族自治州汶川县西南部，邛崃山脉东南坡，距省会成都130km。保护区横跨卧龙、耿达两乡，总面积20万hm²，是国家级第三大自然保护区，也是四川省面积最大、自然条件最复杂、珍稀动植物最多的自然保护区，主要保护对象是西南高山林区自然生态系统及大熊猫等珍稀动物（图8-8-1）。汶川大地震后，香港特别行政区对口资助援建卧龙自然保护区，共援助资金14.22亿元。

保护区地理条件独特、地貌类型复杂，气候宜人，集山、水、林、洞和险、

图8-8-1 卧龙自然保护区（马朝洪 供图）

峻、奇、秀于一体，还有浓郁的藏族、羌族文化。保护区内建有大熊猫、小熊猫、金丝猴等国家保护动物繁殖场，有世界著名的"五一棚"大熊猫野外观测站，有以单一生物物种为主建立的博物馆——大熊猫博物馆。共分布着100多只大熊猫，约占全国总数的10%。其他珍稀濒危动物如金丝猴、羚牛等共有56种，珍贵濒危植物达24种，其中国家一级重点保护野生植物有珙桐、连香树、水青树等。

(五) 草坡国家级自然保护区

草坡国家级自然保护区位于四川省阿坝藏族羌族自治州汶川县草坡乡，总面积为55 612.1 hm^2。主要保护对象为大熊猫等珍稀野生动物和森林生态系统。保护区与卧龙、蜂桶寨、米亚罗等自然保护区毗邻，是邛崃山系野生大熊猫种群栖息地的重要组成部分。地处中国大熊猫分布的五大山系的中心地带，位于邛崃山系东麓。最高点是红岩山主峰，海拔为4368m，最低点是麻龙沟口，海拔为1760m，相对高差2608m，属高山峡谷地貌。

在全国的4次大熊猫调查中，草坡国家级自然保护区都是重点区域，大熊猫数量在全国第三次和第四次调查中分别为28只和48只。

知识拓展

全国第四次大熊猫调查结果公布

全国第四次大熊猫调查结果显示，截至2013年底，全国野生大熊猫种群数量达1864只，圈养大熊猫种群数量达到375只，野生大熊猫栖息地面积为258万hm^2，潜在栖息地91万hm^2，分布在四川、陕西、甘肃三省的17个市(州)、49个县(市、区)、196个乡镇，有大熊猫分布和栖息地分布的保护区数量增加到67处。

与前三次调查结果相比，第四次大熊猫调查结果呈现以下特点：一是野生种群数量稳定增长。全国野生大熊猫种群数量比第三次调查增加268只，增长16.8%，平均种群密度0.072只/km^2。其中，四川省1387只，占全国野生大熊猫总数的74.4%。二是栖息地范围明显扩大。其中分布县(市、区)数量比第三次调查增加4个，栖息地面积增长11.8%，潜在栖息地面积增长6.3%。三是圈养种群规模快速发展。与第三次调查相比，全国圈养大熊猫种群数量增加211只，增加了128.66%。其中，育龄大熊猫占比上升，种群结构更加合理。并启动了野化放归工作，先后将3只经野化培训的人工繁育大熊猫放归自然。四是保护管理能力逐步增强。与第三次调查相比，大熊猫分布区新建保护区27处，新增面积118万hm^2，有大熊猫分布和栖息地分布的保护区数量已达67处，总面积达到336万hm^2。已有66.8%的野生大熊猫和53.8%的大熊猫栖息地纳入了自然保护区网络，种群和栖息地保护率不断提高。

(六) 四姑娘山国家级自然保护区

四姑娘山国家级自然保护区位于四川省阿坝藏族羌族自治州小金县，属邛崃山脉，是自然生态系统类型的自然保护区。主要保护对象为野生动物和高山生态系统，即以原始暗针叶林为主的自然生态系统，以大熊猫、雪豹、牛羚、白唇鹿、金丝猴等国家重点保护野生动物为主的生物多样性及其栖息地，以及以冰川为主的独特地质地貌。保护区总面积为4.85万hm^2，核心区面积1.6万hm^2，缓冲区面积1.35万hm^2，实验区面积1.9万hm^2。

四姑娘山由横断山脉中四座毗连的山峰组成，即大姑娘山、二姑娘山、三姑娘山和幺妹峰，其海拔高度分别为6250m、5355m、5279m、5038m。4座山峰山腰下植被丰富、茂盛，有植物1200多种，盛产天麻、虫草等中药材；栖息着31种国家保护动物，包括大熊猫、金丝猴、云豹等。4座山峰山顶上长年冰雪覆盖，犹如头披白纱、姿容俊俏的4位少女，屹立在长坪沟和海子沟两道银河之上，其中最高、最美的雪峰就是幺妹峰。在群山如云的川西，四姑娘山被誉为"蜀山皇后"，也被称为"东方的阿尔卑斯"。

（七）夹金山国家森林公园

夹金山国家森林公园位于四川省阿坝藏族羌族自治州小金县南部，与著名的四姑娘山景区毗邻。公园地处四川省西缘向川西高原过渡地带，是川西高原主体部分之一，距成都250km，总面积88 332.10hm²，主要有夹金山、木尔寨沟两个原始生态区。公园处于亚热带季风湿润气候区，森林植被类型为落叶阔叶林和常绿针叶林。有国家重点保护珍稀树种珙桐、红豆杉、连香树，国家一级、二级重点保护野生动物如大熊猫、金丝猴、牛羚、马鹿、红腹锦鸡、野画眉等。

"长征万里险，最忆夹金山"。夹金山即长征路上的大雪山，当地有民谣："夹金山，夹金山，鸟儿飞不过，凡人不可攀，要想越过夹金山，除非神仙到人间。"被当地藏族同胞视为"连鸟儿也难以飞过"的神山也正是长征中红军翻越的第一座大雪山。

（八）蜂桶寨国家级自然保护区

蜂桶寨国家级自然保护区地处四川盆地向青藏高原的过渡带，邛崃山脉中段，夹金山南麓，青衣江源头，位于世界自然遗产地——四川大熊猫栖息地的核心区雅安市宝兴县境内，是前往夹金山的必经之地。总面积4万hm²，海拔跨度达3800m。优越的地势、地貌和独特的气候条件使它成为许多孑遗物种的避难所，中外科学家先后在这片神秘的土地上发现并命名了151种动植物新种，是全世界少有的天然生物基因库。据统计，保护区内已知有珍稀动物380种，其中国家一级、二级、三级重点保护野生动物如大熊猫、金丝猴、牛羚等有50余种；维管束植物1050多种，其中国家重点保护的珍稀树种如珙桐、连香树、水青树等有390余种。保护区同时也是邛崃山系大熊猫基因交流的重要走廊带。宝兴县是大熊猫的故乡，也是大熊猫的发现地。1869年法国传教士兼生物学家阿尔芒·戴维在邓池沟首次发现大熊猫，一举使动物"活化石"大熊猫享誉世界。

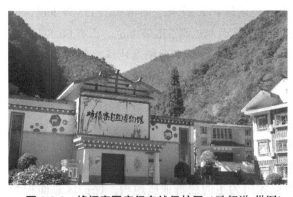

图8-8-2 蜂桶寨国家级自然保护区（马朝洪 供图）

多年的保护历程中，保护区职工与宝兴县人民一起为保护大熊猫做出了重大贡献，先后抢救病饿大熊猫50余只，成活41只，其中放归21只，向国家提供20只（图8-8-2）。从中华人民共和国成立初期到现在，宝兴县共向国家输送大熊猫130多只，其中17只作为国礼赠送给前苏联、朝鲜、美国、英国、法国、日本等8个国家。1972年中国政府赠送给美国的第一对大熊猫"玲玲"和"兴兴"

就出自这里。1990年北京亚运会吉祥物大熊猫"盼盼"、世界上第一只人工截肢的大熊猫"戴丽"、世界上第一只野生残疾大熊猫"紫云"及嗷嗷待哺的"硗远""武岗""白杨""张卡",都出自宝兴县。

知识拓展

戴维神父与大熊猫

1869年,法国传教士阿尔芒·戴维(Pierre Armand David)在宝兴县邓池沟发现了"最不可思议的动物"——大熊猫。阿尔芒·戴维的中国名叫谭卫道,36岁时被法国天主教会派到中国传教,是宝兴县邓池沟天主教堂的第四任神父,并肩负为法国巴黎自然历史博物馆采集动植物标本的使命。从1862—1874年在中国从事科研和传教活动的12年,是他一生中最辉煌的时期。他在这里发现和命名的动物模式标本达数十种,而对稀世珍宝大熊猫、金丝猴、珙桐等的发现,使其科学成就达到了顶点。

(九)雅安碧峰峡大熊猫繁育基地

雅安碧峰峡大熊猫繁育基地隶属中国保护大熊猫研究中心,位于雅安市正北9km处,碧峰峡景区左、右沟之间。地形呈东西不规则走向,西南高、东北低,海拔1100~1800m,总面积383.14hm^2(图8-8-3)。分前、后两大区域,建有大熊猫繁殖场、大熊猫幼儿园、大熊猫医院、大熊猫科研所等20多个实验室和场所,移栽有六七种大熊猫喜食的竹子。熊猫放养场比中国大熊猫研究保护中心卧龙基地大10倍,山、林、竹、水相依,饲养、科研人员相随,体现一种"熊猫、竹子与人"的自然氛围。基地同国家AAAA级风景名胜区——碧峰峡景区一起形成一个完整的旅游整体。2008年,大陆同胞向台湾同胞赠送的一对象征和平团结友爱的大熊猫团团和圆圆就是从雅安碧峰峡大熊猫繁育基地启程前往台湾的(图8-8-4)。

图8-8-3 雅安碧峰峡大熊猫繁育基地(马朝洪 供图)

图8-8-4 从碧峰峡到台湾的团团和圆圆

(十)成都大熊猫繁育研究基地

成都大熊猫繁育研究基地位于成都市成华区外北熊猫大道1375号,距市中心10km,距成都双流国际机场逾30km,是世界著名的大熊猫迁地保护基地、科研繁育基地、公众教育基地和教育旅游基地,占地面积1000hm^2(图8-8-5)。作为"大熊猫迁地保护生态示范工程",以保护和繁育大熊猫、小熊猫等中国特有濒危野生动物而闻名于世。

成都大熊猫繁育研究基地有全球最大的圈养大熊猫人工繁殖种群。基地以20世纪80年代抢救留下的6只病、饿大熊猫为基础,在未从野外捕获一只大熊猫的情况下,以技术创新为基础繁育大熊猫,截至2020年底,大熊猫种群数量达215只。基地于2000年在全

图 8-8-5　成都大熊猫繁育研究中心（左图：马朝洪 供图）

国野生动物保护系统中率先开展公众保护教育工作，成立科普教育部，在中国野生动植物保护协会的指导下，引入先进的保护教育理念和教育方式，针对当今环境热点问题，从公众意识、情感、行为多层面在基地和深入到全国城市社区、大中小学、幼儿园及农村，开展了一系列丰富多彩的保护教育项目。基地坚持科研与旅游并重的指导思想，形成产、学、研、游一体的可持续发展模式，模拟大熊猫野外生态环境，大熊猫产房、大熊猫饲养区、科研中心、大熊猫医院分布有序，若干处豪华大熊猫"别墅"散落于山林之中，不同年龄段的大熊猫在这里繁衍生息，其乐融融。此外，基地还有一个都江堰野放繁育研究中心——熊猫谷，是天然的大熊猫野化放归基地。

场馆方面除原有的全球首座以保护大熊猫等濒危动物为主的专题性博物馆和藏品丰富的脊椎动物馆外，先后建设了大熊猫科学探秘馆、熊猫魅力剧场、熊猫医院、熊猫厨房等卫星教育场馆。建立的官方网站"www.panda.org.cn"、微信公众号"熊猫学院"和《看熊猫》杂志成为开展保护教育的新型平台。

二、特色旅游活动

（一）国际熊猫节

国际熊猫节（International Panda Festival）是中国发起的拯救大熊猫的节日。1993年中国发起拯救大熊猫运动10周年活动，成都举行了国际熊猫节，以后每年9月22日定为国际熊猫节。

国际熊猫节的活动主要有开幕式、文艺演出、摄影展、旅游商品展、旅游交流、大熊猫保护宣传、大熊猫保护学术研讨会、旅游观光、商品博览会、投资洽谈会、闭幕式等。

2020年11月3日，首届数字国际熊猫节在四川省眉山市青神县与2020中国国际竹产业交易博览会联合举行开幕式。节会以"熊猫的世界 世界的熊猫——为了自然本来的样子"为主题。

（二）龙池冰雪节

素有"人间仙境"之称的龙池风景区地处川西平原与青藏高原过渡带，海拔1800~3284m，形成于1.9亿万年前的三世纪后期。景区内动植物起源古老，古化石众多，著名的中国科学院华西亚高山植物园便建立于此。龙池冰雪节从每年12月开始至翌年3月结束，历时3个月。其间跨越圣诞节、元旦、春节、元宵和妇女节，为久居西南的人们冬季旅游提供了一个休闲度假、赏雪、滑雪的好去处，填补了西南地区冰雪旅游的空白，使该线路成为西南地区冬季旅游的黄金线路。

(三) 红原牦牛文化节

红原县是红军长征经过的雪山草地，1960年建县，由周恩来总理亲自命名为"红原"，意思是红军走过的草原。红原地处"世界屋脊"青藏高原东部边缘，是距省会成都最近的一片天然草原，平均海拔3600m，具有长冬无夏、春秋相连、六月飘雪的气候特征，素有高原"金银滩"之称。天然草场资源极为丰富，养育着青藏高原独有的麦洼牦牛、藏系绵羊、河曲马等，以肉质鲜嫩闻名的麦洼牦牛素有"高原之舟"的称誉。

红原牦牛文化节由红原县传统民间节日"祥隆节"发展而来。每当节日来临，蓝天白云下，藏族同胞和游客骑着马、驮着帐篷，走亲串友、跳舞唱歌、比试骑术，欢聚一堂。

(四) 金川雪梨节

金川县位于川西北高原，横断山脉和四川盆地过渡带，是藏族古老一支嘉绒藏族的聚居地，也是东女国王城遗址的所在地。金川有着"阿坝州小江南"的美誉，是全世界范围内最大的原生态、高海拔雪梨种植区。从明末清初年间开始，嘉绒藏族就开始在这里广泛种植具有高度耐寒性和药用功能的雪梨。金川雪梨共有81个品种，其中的'金花梨''鸡腿梨'品质超群，是历代贡品。雪梨节举办时间在每年的4月。

(五) 硗碛寨藏乡风情

硗碛寨是位于夹金山下蜂桶寨国家级自然保护区内的一个藏族乡，这里人烟稀少，森林密布，野生动植物资源十分丰富，藏民家的寨楼镶嵌其间，形成藏族文化与自然景观有机结合的山水画卷。

"硗碛"为藏语汉译，原意为"高寒山脊"。硗碛藏族属嘉绒藏族，有着自己的地域特质。其民风民俗具有地方独立性，村寨、建筑、服饰、餐饮、语言、文化、歌舞、节庆、礼仪、宗教等都别具一格，具有民族过渡地区的显著特征。硗碛寨藏族有自己的语言，但没有文字，有自己独特的服饰。

(1) 锅庄舞

硗碛寨的藏族人民能歌善舞，每逢年节、婚嫁、修房造屋、迎送宾客、喜获丰收等都必跳锅庄舞、饮青稞酒、喝酥油茶以表庆贺。锅庄舞是硗碛寨藏族同胞最喜爱的一种群众性传统自娱舞蹈，表演时无任何乐器伴奏，人们围圈携手自唱自舞。锅庄舞形式多样、内容广泛，或表现大自然，或歌颂劳动与生产，或表达思想追求与爱情，或颂扬宗教神灵，歌词生动活泼，富于幻想和创造性。

(2) 锅庄楼

硗碛寨藏族同胞的住宅建筑也独具地方特色，其名称为锅庄楼。为了防寒避湿，底层就地取材，利用乱石岩片砌墙，约呈正方形。该层为饲养猪、羊、鸡等家禽的"黑圈"，以防雪霜冻坏牲畜。黑圈上用全木架楼，作锅庄房，供人食宿之用，既保存了东汉时"乱石砌墙为碉楼"的传统特色，又吸取了砖木结构房屋的优点。

(3) 嘎阿卢

"嘎阿卢"在藏语中是摔跤的意思，是一名或几名未婚藏族姑娘对付一个小伙子，在青年男女聚集的场所男女互相挑逗、唆动，吆喝着"嘎阿卢德拜"（咱们来摔跤）。一场比赛往往是男的败下阵来，再健壮的小伙子，最终也被摔翻在地，或筛糠，或在衣袖裤管内装满泥沙，不断抖动，引得围观众人开怀大笑，随后姑娘们争相邀请小伙到家中做客。

(4) 二牛抬杠

这是硗碛寨特有的耕作方式，即耕地时两只牛并排前行，共拖一犁，两只牛用力、前行方向必须一致。据说，这样既表示藏民团结一致共同前进，又表示耕地丰收在望。

此外，硗碛寨藏族同胞每年农历正月初九的"上九节"和农历正月十七的"菩萨节"，其特色、盛况、可观赏性均不亚于康定一年一度的跑马节。

三、特色旅游产品

(一) 特色美食

1. 四川传统美食

(1) 陈麻婆豆腐

此为四川的一道特色地方名菜，出自陈兴盛饭铺。主厨为陈春富之妻。陈氏所烹豆腐色泽红亮、麻、辣、香、嫩、烫、形整，牛肉粒酥香，极富川味特色。有好事者观陈氏脸生麻痕，便戏称该道菜为"陈麻婆豆腐"，饭铺因此冠为"陈麻婆豆腐店"。清朝末年，陈麻婆豆腐就被列为成都的著名食品。

(2) 毛血旺

毛血旺起源于重庆，流行于西南地区，是一道著名的传统菜式，口味属于麻辣。这道菜以鸭血为制作主料，烹饪技巧以煮为主，是将生血旺现烫现吃，遂取名毛血旺。"毛"是重庆方言，有粗犷、马虎的意思。

(3) 夫妻肺片

夫妻肺片是四川成都的一道传统名菜，属于川菜系，通常以牛头皮、牛心、牛舌、牛肚、牛肉为主料，进行卤制，而后切片，再配以辣椒油、花椒面等辅料制成红油浇在上面。其制作精细，色泽美观，质嫩味鲜、麻辣浓香，非常适口。

(4) 二姐兔丁

二姐兔丁是一道以兔子为主要食材制作的川菜，具有色泽红亮、形态饱满、麻辣适口、香嫩回甜、入口细腻油润的特点。

(5) 郫县豆瓣

豆瓣是烹制正宗川菜的主要辅料之一。四川豆瓣中最负盛名的有两个牌子：一是"郫县豆瓣"，二是"资阳临江寺豆瓣"。郫县豆瓣的特色是味辣、香酥、色红，用以炒菜，分外提色增香，被誉为"川菜的灵魂"。用郫县豆瓣烹制的回锅肉、豆瓣鱼、麻婆豆腐等，具有浓郁的四川风味，被公认为川味家常菜中的代表作。

2. 特色小吃

四川大熊猫寻踪旅游线上的特色小吃有很多，如四姑娘山有酥油、老腊肉炒木耳、干牦牛肉、虫草炖鸭子、藏式火锅、贝母炖鸡等。夹金山美食，在羌族地区特色饮食有搅团、素烧如意、洋芋糍粑、洋芋酸菜面块、洋芋馅饼、洋芋拔丝（雪上加霜）、干煸洋芋丝、土豆烧牛肉、凉拌蕨苔、凉拌刺龙葱、凉拌鹿耳韭、凉拌核桃花和凉拌枸杞尖等；在藏族地区，特色饮食有手抓肉、血肠、马茶、奶茶、酥油茶和青稞咂酒等。

(二)风味特产

四川大熊猫寻踪旅游线上风味特产众多,这里仅介绍民族特色鲜明的阿坝藏族羌族自治州的十大特产。

1. 红原奶粉

红原县出产的牦牛奶粉在20世纪50年代的时候就是国内奶粉市场中最畅销、最受欢迎的产品。由于产量有限、质量把控严格,产品供不应求,甚至省城成都也经常出现一到货就被抢购一空的场面。

牦牛奶含有矿物质、维生素及各种脂肪酸,其氨基酸、钙及维生素A等元素的含量远高于普通牛奶,还含有普通牛奶没有的共轭亚油酸。共轭亚油酸代谢脂肪能力强,是控制体重的关键物质,可促进氮在机体中的积累,改善脂肪和肌肉比例。因此,牦牛奶非常适合3周岁以上的成长期儿童、孕产妇、中老年人、高强度劳动者和低抵抗力人群饮用。

2. 松潘贝母

贝母为百合科多年生草本植物的鳞茎,是止咳化痰的一味常用中药。贝母以川贝母为佳,川贝母是享誉世界的名贵中药材,而川贝母又以松潘贝母(松贝)为最佳,次之为青贝和炉贝。松潘贝母是阿坝藏族羌族自治州松潘县的特产。

3. 河曲马

若尔盖河曲马古称吐谷浑马,历史上作贡礼。因其分布区处在黄河河曲地带,1954年被正式定名。河曲马是中国地方品种中体格最大的优秀马,性情温顺、稳静,对高寒多变的气候有极强的适应能力,在海拔4000m以上的高山骑乘,行走自如,长途骑乘可日行40~50km,以善走沼泽草地而著称。河曲马与内蒙古三河马、新疆伊犁马被誉为"中国三大名马"。

4. 麦洼牦牛

麦洼牦牛是红原县特产,生活在海拔3000m以上的区域,是青藏高原牧区珍稀畜种资源。全身黑毛为主,其肉富含铁、钙、锌等人体易吸收的矿质元素,其中铁元素含量和粗蛋白质含量远高于黄牛肉和其他产地牦牛肉,热量和脂肪含量则更低,氨基酸结构比例适宜于人体吸收,是纯天然食品。

此外,还有汶川甜樱桃、小金苹果、金川雪梨、九寨沟蜂蜜、茂县花椒和茂县李子六大特产。

(三)特色工艺品

1. 漆器

四川盛产的生漆和丹朱是生产漆器的主要原料,所以四川是中国漆器的主要产地之一。成都生产的漆器有木胎、麻布脱胎、纸胎、塑料胎等多个品种,其造型美观大方,工艺精巧,漆面透明如水,光亮如镜。成都漆器还有暗花、隐花、描绘等新工艺,使漆器产品更加丰富多彩。雕花填彩是成都漆器的主要工艺特色,艺人用刀如笔,在胎底上雕刻各种花纹,填以色漆,反复打磨抛光而成。

2. 青城丝毯

青城丝毯是用蚕丝和绢丝为原料,按传统加工工艺,经手工纺织而成的工艺品。丝毯样式丰富多彩,毯面光洁,染色牢固,质地柔韧、富有弹性。

3. 蜀锦

蜀锦是汉朝至三国时蜀郡(今四川成都一带)所产特色锦的通称。蜀锦是中国国家地理标志产品。蜀锦是纯真丝织品,质地柔软、色彩艳丽、品种多样、牢固耐用。西南地区一些少数民族妇女用的围腰、头饰等都是用蜀锦纹样作装饰。蜀锦与南京云锦、苏州宋锦、广西壮锦一起并称为"中国四大名锦",同时它也是日本国宝级传统工艺品京都西阵织的前身。

设计四川大熊猫探源之旅科普研学线路

1. 要求

大熊猫作为中国的国宝,很多人对它的印象仅仅是停留在它可爱的外表上。请根据四川大熊猫寻踪旅游线设计大熊猫探源之旅森林科普研学线路。

2. 方法与步骤

(1)按照4~5人一组进行分组,确定组长,实行组长负责制。

(2)线上、线下查找相关资料,搜索相关森林旅游景点、旅游活动项目、餐饮、住宿、购物、娱乐等信息,根据旅游资源特点设计符合研学需求的旅游线路。线路符合旅游线路设计的原则,突出研学主题。

(3)选择当地研学机构的大熊猫研学线路,运用旅游线路设计原则对线路进行分析,并对设计的线路进行优化。

3. 考核评价

根据表 8-8-1 对上述实训的结果进行评价。

表 8-8-1 评价表

评价项目	评价标准	分值	教师评价得分（占70%）	小组互评得分（占30%）	综合得分
知识运用	掌握该线路大熊猫研学资源分布情况;熟悉线路中与研学相关的特色旅游活动和特色旅游产品	30			
技能掌握	能对相关研学资源进行整合并合理进行森林研学课程设计;能在具体线路设计中充分考虑到研学团队的特点和需求,充分做好安全预案	35			
成果展示	大熊猫探源之旅森林科普研学课程,课程设计体现立德树人的目的,活动主题明确,内容丰富多彩,安全有保障;线路安排体现知识性、趣味性、参与互动性及实践教育和保护教育理念	25			
团队表现	分工明确,沟通顺畅,合作良好	10			
合计		100			

任务九　云南热带雨林生态旅游线

线路简介▶ 普洱市(太阳河国家森林公园、澜沧国家森林公园、墨江国家森林公园)→西双版纳傣族自治州(西双版纳国家森林公园、西双版纳国家级自然保护区野象谷景区、勐远仙境景区、望天树景区)→临沧市(南滚河国家级自然保护区、双江古茶山国家森林公园)。

线路特色▶ 这条旅游线位于云南省西南部,这里是中国热带雨林生态系统保存最完整、最典型、面积最大的地区,是北回归线以南保存最完好的热带沟谷雨林、孔雀繁殖基地、猴子驯养基地,融汇了独特的原始森林自然风光和迷人的民族风情。峡谷幽深、鸟鸣山涧、林木葱茂、湖水清澈,可以真切感受到大自然的神秘。

云南热带雨林生态旅游线位于云南省西南部,跨临沧市、普洱市及西双版纳傣族自治州,是中国热带雨林生态系统保存最完整、最典型、面积最大的地区。

一、线路景点介绍

(一)太阳河国家森林公园

太阳河国家森林公园原名莱阳河国家森林公园,位于云南省普洱市思茅区东南部,距思茅主城区37km,占地面积216km²。公园地处热带与亚热带的过渡地区,森林覆盖率达94.5%,保存着中国面积最大、最完整的南亚热带季风常绿阔叶林。公园内服务设施完备,主要景点有猴岛、百兽岭、鸟乐园、百虫谷、犀牛坪湿地公园、旅行小熊猫园等。

公园内分布有各类植物近千种,有珍贵树种中华桫椤、大王杜鹃、绒毛番龙眼、红椿、假含笑,速生用材树种团花八宝树,药用植物野砂仁,花卉山海棠、兰花等,仅兰花种类通过采集标本鉴定的就达153种,被称为"天然花园";哺乳动物和鸟类有200多种,属国家重点保护野生动物的有野牛、蜂猴、灰叶猴、金猫、云豹、水獭、水鹿、穿山甲、巨蜥、大灵猫、绿孔雀、苏门羚、黑熊、白腹锦鸡等。这里还是中国唯一的爪哇野牛栖息地,有"野牛之乡"之称。公园内还有巴掌大小的蜂猴;被称为"活化石"的中华桫椤不仅曾是恐龙的食物,而且身为树木,却是蕨类植物,可以通过叶片上的孢子囊散布孢子来繁殖(图8-9-1)。

图8-9-1　中华桫椤

> **大开眼界**
>
> **太阳河国家森林公园犀牛坪景区**
>
> 太阳河国家森林公园内的犀牛坪景区是一个融"山、林、水、人"四大主题为一体，集中展示云南丰富的动物资源与北热带、南亚热带季风常绿阔叶林景观的综合性山岳型景区。
>
> 犀牛是现存最大的奇蹄目动物，它只比大象小一点。普洱太阳河（原莱阳河）流域曾经是犀牛广泛分布的地区。然而，自1933年最后两头犀牛被捕杀以来，这片土地已经没有野生犀牛的踪迹。为了让犀牛在云南重现，太阳河国家森林公园和云南野生动物园启动了"重建犀牛种群"的科研项目。经过与南非长达近3年的磋商，南非最终同意中国云南引进9头野生犀牛，其中2头在云南野生动物园生活，7头在太阳河国家森林公园犀牛坪景区野生放养、繁衍种群。在护栏的遮挡下，游客可以给犀牛喂食。因为犀牛皮肤上有许多寄生虫，它们会经常在泥浆里浸泡身体来杀死寄生虫，它的脑袋和耳朵根部位也特别喜欢人来抚摸。

（二）澜沧国家森林公园

澜沧国家森林公园位于云南省普洱市澜沧县，总面积为7869.22hm²，森林覆盖率为91.92%。由景迈山片区、大岔河片区和佛房山片区组成。具有世界罕见的景迈山千年万亩古茶林，以稀有保护动植物、独特茶祖历史文化、特色少数民族生态文化等资源为突出优势，形成"山、水、云、林、茶、村"的独特人文与自然复合景观，具有重大的科研价值、景观价值和民族文化研究价值。

（三）墨江国家森林公园

墨江国家森林公园面积9838.14hm²，由杨仕岭片区和砂岩崖谷片区组成。杨仕岭片区位于县城周边，该片区森林茂密，是弘扬森林生态文化、保护城郊生物多样性、提供市民休闲度假空间的理想场所；砂岩崖谷片区拥有丰富而独特的生物多样性、纵向岭谷区南端最为壮观的砂岩峡谷、砂岩崖壁复合景观及绚丽多姿的哈尼文化等重要资源，是森林公园生物多样性保护和开展生态旅游的主要片区。

砂岩崖谷片区是一片尚未开展过动植物资源调查的处女地。这里的四甲河峡谷、蒲叶河峡谷、过得河峡谷和绿叶河峡谷四大砂岩峡谷深邃幽静，特殊的沟谷生态环境，孕育了极为特殊的生物多样性。

（四）西双版纳国家森林公园

西双版纳国家森林公园位于距离西双版纳傣族自治州景洪市区8km的莱阳河畔，南跨南板河，北面以莱阳河为界。公园地貌多为中低山和丘陵区，属北热带和南亚热带湿润季风气候，长夏无冬，干湿季分明，日温差大，年温差小。当地群众常把每年11月到翌年2月这段时间叫作雾季，公园一年有雾的时间长达100天以上，比"雾都"重庆还要多，这种雾大多从凌晨一两点袅袅升起，到正午才慢慢散去。

公园占地面积26 310hm²，森林覆盖率为98.6%，是目前北回归线以南保存最完好的一片原始森林，它融汇了原始森林神奇的自然风光和浓郁的民俗风情，集中体现了"热带沟谷雨林""以孔雀文化为主的野生动物展示""以哈尼族-爱尼人为主的民俗风情展示"三大主题特色。公园在太阳河两岸开辟了6个旅游景区，即公园接待区、野外游憩区、观光游览区、森林保护区、花果林木区及中心游憩区，同时配备有按四星级打造的集客房、餐饮、会务、娱乐为一体的孔雀山庄度假村。

公园内动植物资源丰富。野生动物有热带鸟（如蜂虎、捕蛛鸟）、猕猴、平顶猴、长臂猿、巨蜥、蟒蛇、眼镜蛇等，公园还饲养了近3000只孔雀，种类有白孔雀、绿孔雀、蓝孔雀，其数量之多在东南亚国家中首屈一指；植物学家做过统计，在一块不足50m²的地方，高等植物就有130多种。其中，绞杀榕是热带雨林中的一类重要树种，是介于附生与独立生存的一种植物，它们气生根交织如网，紧紧包围着所依附的寄主植物，而

图 8-9-2　西双版纳绞杀榕

被绞杀的寄主植物最终会因为外部绞杀的压迫和内部养分的贫乏而死亡、枯烂（图8-9-2）。

（五）西双版纳国家级自然保护区野象谷景区

西双版纳国家级自然保护区野象谷景区坐落在西双版纳傣族自治州，距景洪市32km，面积370hm²，是联合国教科文组织人与生物圈保护区、全国科普教育基地、亚洲象研究和西双版纳野生蝴蝶饲养繁殖研究基地。景区汇集了热带、亚热带的森林和野生动物物种，是野生亚洲象交流汇聚的中心地带，也是中国首家以动物保护和环境保护为主题的国家公园。

据考古发现，亚洲象曾广泛地分布在长江流域、广东、广西及贵州地区，甚至北至黄河流域。随着气候和地理环境的恶化，亚洲象被迫一路南迁。目前，西双版纳是亚洲象在中国唯一的栖息地。位于勐养自然保护区东、西两片区结合部的野象谷，是生活在两片区的野生亚洲象交流汇聚的中心通道。野象谷通过高空观象栈道、雨林观光索道、亚洲象博物馆、亚洲象种源繁育基地、亚洲象表演学校等多个游览项目，让游客得以在不干扰亚洲象生活的条件下安全地观察亚洲野象及其生存环境，成为中国唯一一处可以与亚洲野象近距离交流的地方，被誉为"人类与亚洲野象沟通的桥梁"。

大开眼界

驯象学校

野象谷有我国第一所驯象学校，这里现有驯养的大象16头，这些训练有素的庞然大物会向游客鞠躬表示欢迎，会做头顶地、脚朝天的倒立，会跟着音乐的旋律跳舞，能过独木桥，会用鼻子做"踢"球表演。游客可骑在象背上或坐在象鼻上，与象合影，甚至可躺在地上让大象用脚帮按摩。野象谷的野象大约有50群，300~350只。平均每4.4天有一群野象出没、漫步、洗澡、嬉戏。游客还可以通过红外线夜视镜在晚上观察象群的出没。观看野象的最佳时间是傍晚、夜间和清晨。

(六)勐远仙境景区

传说三国时期诸葛亮南征时驻兵勐远，被这里的山水所震撼，惊叹"美哉，仙境也"，后来这里便被称为"勐远仙境"。西双版纳热带雨林国家公园勐远仙境景区位于西双版纳傣族自治州勐腊县境内，占地30km²，是中国同类生态环境中规模最大、保存最完好的热带雨林。它集山、水、石、石灰山季雨林、溶洞群落以及傣族和瑶族等民族风情为一体，极为适合打造集洞穴疗养、洞穴观光游览、洞穴探险旅游为一体的洞穴健康旅游项目。

景区动植物资源丰富。已有1.4亿年历史的篦齿苏铁(图8-9-3)、地球"活化石"桫椤、于此发现并以此地命名的勐远玉凤花、有着巨大板根的四数木(图8-9-4)、"长寿之树"龙血树、"奇迹之树"团花等均可在勐远仙境的热带雨林中发现。雨林中附生现象极为常见，树干上挂满五花八门的小型植物，环境越潮湿，附生植物的种类及数量越多，一遇花季，树上的景象犹如空中花园；还有无数奇异珍贵的动物，据统计，雨林内两栖动物有58种，爬行动物有79种，哺乳动物有130种，已发现的昆虫数量是中国之最，共有1437种。此外，雨林中还有濒危的野牛、长臂猿、绿孔雀、双角犀鸟、大蜥蜴等。

(七)望天树景区

望天树景区地处世界三大热带雨林之一的西双版纳热带雨林核心区内，以热带雨林标志性植物望天树(图8-9-5)而命名。望天树景区位于西双版纳傣族自治州勐腊县国家自然保护区内，距通往老挝、泰国、缅甸的国家一级口岸磨憨60km，距景洪市134km，距世界著名文化遗产古城琅勃拉邦370km，是地球北纬21°上的绿洲，也是被世界公认的热带雨林。

图8-9-3 篦齿苏铁　　　图8-9-4 四数木的板根　　　图8-9-5 望天树

景区里密集生长着东南亚热带雨林的标志性树种——望天树。在它们达70～100m的参天巨干上，有一条高36m、长500m的"望天树空中走廊"凌空蜿蜒数百米。这片至今保护完好的热带雨林，曾经因植物学家蔡希陶先生的发现和英国菲利普亲王的见证而震惊世界。

(八)南滚河国家级自然保护区

南滚河国家级自然保护区建立于1980年，位于云南省临沧市沧源佤族自治县和耿马傣族佤族自治县境内，地处北回归线以南，属横断山脉高山峡谷地貌。保护区占地面积50 887 hm²，是云南省5个国家级保护区之一，主要保护对象是亚洲象和热带季雨林景观。保护区内森林植被保存完好，野生珍稀动物有亚洲象、长臂猿、猕猴、蜂猴、绿孔雀、巨蟹、熊猴、熊狸、金雕、金钱豹、孟加拉虎等数十种；植物种类繁多，有桫椤、董棕、见血封喉、铁杉、铁力木等百余种。

南滚河国家级自然保护区是白掌长臂猿的唯一分布区。白掌长臂猿是保护区的主要动物之一，也是4种类人猿之一。它们长期生活在树上，毛绒黑且长，其中上臂逾60 cm，手腕和足踵部以下都是白色的毛。它们前进时腾挪两只上臂，数米距离一荡而过，下地行走却显得十分笨拙。

(九)双江古茶山国家森林公园

双江古茶山国家森林公园位于临沧市双江拉祜族佤族布朗族傣族自治县，由古茶山片区、森林湖片区(原人浪坝省级森林公园)、冰岛湖片区3个部分组成，总面积5412 hm²。古茶山片区面积469 hm²，由澜沧江自然保护区大茶山片区中的实验区组成；森林湖片区面积4539 hm²，由国有大浪坝林场组成；冰岛湖片区面积404 hm²，由神农祠至南等水库段组成。公园内分布有须弥红豆杉、长蕊木兰、中华桫椤、红瘰疣螈、黄喉貂、猕猴等国家一、二级重点保护野生动植物。

双江古茶山国家森林公园是澜沧江—湄公河国际河流的重要生态屏障，也是世界野生古茶树起源中心的核心区域，还是多元民族文化聚集地，拥有独具民族特色的生态茶文化、国内罕见的森林湖群等高级别的重要森林旅游资源。

二、特色旅游活动

云南热带雨林生态旅游线以原始森林神奇的自然风光和浓郁的少数民族风情闻名于世，各种各样的珍稀野生动植物和独具特色的民俗风情是这条线上最靓丽的风景。

(一)民族节日

傣族的节日多与宗教活动有关，主要有关门节、开门节、泼水节等。关门节傣语称"毫瓦萨"，时间固定在傣历9月15日(公历7月中旬)；开门节傣语称"翁瓦萨"，时间固定在傣历12月15日(公历10月中旬)。在这两个节日当天，各村寨的男女老少都要到佛寺举行盛大的赕佛活动，向佛像敬献美食、鲜花和钱币，在佛像前念经、滴水，以求佛赐福。从关门节到开门节的3个月内，是"关门"的时间，为一年中宗教活动最频繁的时期。"关门"期间，男女青年可以谈情说爱，但不能结婚，不能外出；待"开门"后方能结婚和外出。泼水节是傣族人民的传统节日，时间在傣历6月下旬或7月初(公历4月中旬)。泼水节象征着"最美好的日子"，节期一般是3天。

瑶族的盘王节，是流行于广西、云南、湖南、广东、贵州、江西等省(自治区)瑶族人民居住地的传统节日，是国家级非物质文化遗产之一。

（二）民族歌舞

1. 傣族舞蹈

傣族舞蹈种类繁多，西双版纳傣族称舞蹈为"凡"，以模仿禽类、兽类动作为主要特征，或挎鼓，或击鼓而舞，或为武术舞等。在种类繁多的傣族舞蹈中，孔雀舞是人们最喜爱、最熟悉，也是变化和发展幅度最大的舞蹈之一。这是傣族最为喜闻乐见的舞蹈，流传于傣族聚居地。富饶美丽的傣乡素有"孔雀之乡"的美称。每当晨曦微明或夕阳斜照时，常见姿态旖旎的孔雀翩翩起舞，因此，孔雀在傣族心中是吉祥、幸福、美丽、善良的象征，每年的佛教节日和迎接新年时，都要表演孔雀舞。

象脚鼓舞傣语叫"戛光"或"烦光"（傣语称鼓为"光"，跳舞为"戛"）。象脚鼓舞是傣族地区流行最广的男子舞蹈。每当栽秧后和丰收时节，就跳起象脚鼓舞以示欢庆。象脚鼓不仅是一种民间舞蹈的道具，也是伴奏其他舞蹈的主要乐器。

2. 民间乐器

傣族民间乐器有嘎腊萨、玎、筚、多洛、象脚鼓、铓锣和傣镲等。象脚鼓因鼓身形似象脚而得名，常与铓锣、傣镲组合在一起，广泛用于歌舞和傣戏伴奏。傣族人民娱乐时，有舞必有鼓，有鼓必有舞，只有在象脚鼓的伴奏下，舞蹈才能跳得有声有色、酣畅尽兴。傣族的特色乐器葫芦丝是舌簧乐器，用循环换气法能持续发出五度音程，音色优美、柔和、圆润、婉转，在月下的竹林或傣家竹楼里，能给人以含蓄、朦胧的美感，吹出的颤音犹如抖动丝绸那样飘逸轻柔。全国著名的作曲家施光南创作出《月光下的凤尾竹》乐曲，使葫芦丝音乐风靡大江南北。

（三）太阳河国家森林公园特色旅游活动

太阳河国家森林公园拥有普洱首个丛林探险项目——飞越丛林。利用原始森林中的地形地势和树木，设置不同的关卡，借助专业设备在专业人员的指导下体验凌空飞越的快感。

（四）西双版纳野象谷景区特色旅游活动

野象谷景区的亚洲象志愿者体验活动包括给象洗澡，帮助它们清理污垢、淤泥，让它们干干净净地返回象舍；帮助清理、打扫象舍，体验放大版的家庭大扫除；香蕉、玉米、胡萝卜、黄瓜都是亚洲象喜爱的零食，也可以参与喂食互动，合影留念。

亚洲象志愿者体验属于景区深度体验定制项目，如果遇阴雨天气则无法开展此活动，一般至少5人参与才能接待，且需提前预约时间。

三、特色旅游产品

云南热带雨林生态旅游线跨普洱市、西双版纳傣族自治州和临沧市，少数民族众多，饮食独具民族特色，地方特色产品具有浓烈的民族风格，热带农产品、林产品数不胜数。

（一）特色饮食

傣味菜在云南菜系中独享盛誉，以糯米、酸味及烘烤肉类、水产食品为主，多用野生栽培植物作香料。最具代表性的有酸笋煮鱼（鸡）、香茅草烤鱼、香竹饭、南秘（一种用各种调料调好的"蘸水"，酸酸辣辣，用来蘸黄瓜之类）等。布朗族有"不吃烤肉，不算尝过肉香"的说法，烤食的东西多，有烤山鼠肉、斑鸠肉、鱼、猪肉、牛肉；还有卵石鲜鱼汤、螃蟹松、螃蟹肉剁生、油炸花蜘蛛、蝉酱、包烧鲜鱼、酸味菜（酸肉、酸鱼、酸笋）等。

1. 菠萝紫米饭

菠萝紫米饭是一道具有傣族特色的糯制食品，以紫糯米、猪肉等为主要食材。制作时，首先要把紫糯米用水浸泡7~8h，然后淘洗干净，与剁细的猪肉搅拌均匀，把准备好的菠萝用刀在其顶部切出一个盖，掏去菠萝心，放入紫糯米，再把切去的盖盖上，放到甑锅里蒸熟，当散发出诱人的香味时，即可食用。其味香甜可口，并有补血润肺之功效。

2. 昆虫菜肴

傣族地区潮湿炎热，昆虫种类繁多。人们经常食用的昆虫有蝉、竹虫蛹、大蜘蛛、田鳖、蚂蚁蛋等。捕蝉是在夏季傍晚进行，蝉群落在草丛中时，蝉翼被露水浸湿，不能飞起，妇女们就把蝉拣入竹箩里，回家后入锅焙干制酱。蝉酱有清热解毒、去痛化肿的作用。傣族地区盛产竹子，竹虫也特别多，人们在竹林中寻觅到被竹虫钻蛀的竹子，顺着往上一节剖开，竹虫蛹就在其中，有时一个竹节里的竹虫蛹可盛满一小碗。将取出的竹虫蛹剁细，加上炒米粉和佐料，以生菜蘸食；亦可用水稍煮一会儿，捞起用油煎食；还可与鸡蛋一起炒食，香脆可口。傣族人民还食用蚂蚁蛋，是生长在树上的大黄蚂蚁所产。蚂蚁蛋主要是凉拌，洗净后放在沸水里烫熟，然后加入蒜、盐、醋等调料，再加上自己喜爱的蔬菜即可食用。

3. 青苔菜肴

以青苔入菜，是傣族特有的风味菜肴。傣族食用的青苔是春季江水里岩石上的苔藓，以深绿色为佳，捞取后撕成薄片晒干，用竹篾串起来待用。做菜时，厚的用油煎，薄的用火烤，酥脆后揉碎入碗，然后将滚油倒上，再加盐搅拌，用糯米团或腊肉蘸食，味美无比。

4. 食花习俗

傣族有食花的习俗。经常采食的野花有攀枝花、棠梨花、白杜鹃、黄饭花、甜菜花、芭蕉花、苦凉菜花、刺桐花、金雀花、鸡蛋花、苦刺花、弯根花、盘藤花和一种傣语称为"莫谢"的花等30多种。

总之，生、鲜、酸、辣、野是傣族菜的特点，又以酸为美味之冠，所有佐餐菜肴及小吃均以酸味为主，如酸笋、酸豌豆粉、酸肉及野生的酸果。最常食用的是酸笋，把新鲜竹笋切成丝，放入清水漂浸，之后捞进大缸用力压紧、封口，放置半个月待变酸。

（二）风味特产

1. 热带水果

由于地域因素，云南生长着许多特色水果。而西双版纳由于土质较好、气候适宜，水果种类更是繁多，可谓是"鲜花月月红，水果四时鲜"，不论何时来到西双版纳都有新鲜水果品尝。

西双版纳著名的热带水果有无眼菠萝、波罗蜜、神秘果、羊奶果、羊排果、莲雾、酸角、蛋黄果、甜心果等。这里不得不提到的是神秘果，神秘果的样子就像小番茄或者大红枣，但是神秘果树却是国宝级的珍贵植物，甚至严禁采摘和禁止出口。据说这种水果吃完以后，再吃任何酸的水果都会感觉是甜的。

2. 普洱茶

早在明清时期，普洱茶就是茶马古道上的重要商品，并经茶马古道远销中亚及西亚地区。据专家考证，西双版纳是世界茶叶的原产地，是人类种植茶叶最早的地方。而勐海又是茶树良种的种质基因库，云南省唯一的茶叶科学研究所就坐落于勐海县内。普洱茶的产区主要分为西双版纳、普洱（原思茅）、临沧三大产区，90%甚至95%以上的普洱茶原料均来源于这三大茶区。

3. 小粒咖啡

小粒咖啡也称为阿拉比卡种（Arabica），是最传统的阿拉伯咖啡品种，一般称为云南小粒种咖啡。云南南部和西南部的热带、亚热带地区以及低热河谷地带均适宜种植小粒咖啡。小粒咖啡浓而不苦，香而不烈，带一点果味的独特风味，是热带非洲出产的咖啡所不能比拟的。

4. 香料

西双版纳是一块适合香料作物生长的宝地，拥有香料植物500多种，而全国仅有800多种，依兰、香荚兰、毛叶芳樟等为西双版纳特有。居住在这里的少数民族，都喜欢用香蓼、香果、香椿、香茅草作为调料，以糯米香拌茶冲饮，并喜欢用花、香草饰身。

5. 傣药

傣药是我国古老的传统医药之一，早在2500年前的《贝叶经》中便有记载。傣族祖居云南西双版纳，当地优越的自然条件提供了理想的药用资源。据统计，我国傣族药物有1200多种，《西双版纳傣药志》收载了520种，其中最常用的有71种。

傣药所涉及的药材丰富，只有雨量充沛、丛林密布、多附生植物的西双版纳原始森林和多条大江沿岸才能出产，因此西双版纳有"药材之乡"的美誉。

（三）特色工艺品

1. 傣锦

傣锦即傣族的织锦，是流传在傣族民间的一种古老的手工纺织工艺品。傣锦有棉织锦和丝织锦两种。棉织锦基本用通纬起花；丝织锦则既有通纬起花，也有断纬起花。棉织锦以本色棉纱为地，织以红色或黑色纬线。德宏地区傣锦常用红、黑、翠、绿结合，图案有狮、象、孔雀、树木、人物等。织幅一般宽33cm，长度约50cm，多用作筒帕、被面、床单、妇女筒裙和结婚礼服、顶头帕。另外，用得最多的就是拜佛，也作工艺美术装饰织物。

傣锦图案多是单色面，用纬线起花，对花纹的组织非常严谨。织造时先将花纹组织用一根根细绳系在纹板（花本）上，用手提脚蹬的动作使经线形成上、下两层后开始投纬，如此反复循环便可织成十分漂亮的傣锦。制作一幅傣锦，需几百乃至上千根细绳在纹板上表现出来，倘若系错一根细线，就会使整幅傣锦图案错乱，可见傣锦的要求极严。

2. 傣族银制品

西双版纳傣族制作的金银饰品大致可分为两类：一类属于生活用品，如碗、槟榔盒、腰带、纽扣、刀鞘等；另一类属于装饰工艺品，如项链、项圈、手镯、耳环、领花等。银碗是傣族泼水节时用来装水洒向朋友表示美好祝愿的，有圆形和六角形、八角形、十二角形等样式。傣族民众喜爱嚼槟榔，几乎人人都有专为盛槟榔用的槟榔盒。槟榔盒造型美观，花纹精致，有圆形、方形、六角形，还有用银链将两个盒套连在一起的"子母盒"。

3. 傣族竹编工艺品

傣族有着世代相传的竹编技艺，竹编工艺品工艺精细，造型朴实大方，品种繁多，其中以笆箩、饭盒、槟榔盒等竹器最具有代表性。笆箩是一种挂在腰间的小竹篓，既是生产、生活用具，又是一件精致的装饰品。傣族妇女身着轻盈飘逸的筒裙时，时常会在腰间系一只笆箩，走路时笆箩随着身体轻轻摆动，显得十分朴实健美。笆箩还是傣族青年表达爱情的传递物，傣族男孩从小就学习竹编，人人都有一手精湛的竹编技艺。

设计云南热带雨林生态旅游线路

1. 要求

热带雨林是地球上50%以上动植物的栖息居所，请根据云南热带雨林的旅游资源特点为一行30余人的教师团进行7天6晚的行程线路设计。

2. 方法与步骤

(1) 按照4~5人一组进行分组，确定组长，实行组长负责制。

(2) 通过互联网查找相关资料，充分搜索热带雨林旅游景点、旅游活动项目、餐饮、住宿、购物、娱乐等信息，根据旅游资源特点设计符合教师需求的旅游线路。线路要符合旅游线路设计原则，突出生态旅游主题。

(3) 选择当地经典生态旅游线路，运用旅游线路设计原则对线路进行分析，并对设计的线路进行优化。

3. 考核评价

根据表8-9-1对上述实训的结果进行评价。

表8-9-1 评价表

评价项目	评价标准	分值	教师评价得分（占70%）	小组互评得分（占30%）	综合得分
知识运用	掌握该线路旅游资源分布情况；熟悉线路中各类特色旅游活动；熟悉线路上的特色旅游商品	30			
技能掌握	能对相关旅游资源进行整合并合理设计旅游线路，掌握相关旅游资源搭配的技巧；能在具体线路设计中充分考虑不同游客对旅游产品的需求差异	35			

评价项目	评价标准	分值	教师评价得分（占70%）	小组互评得分（占30%）	综合得分
成果展示	线路设计符合游客职业、年龄等特点，行程安排科学合理；线路安排体现热带雨林的生物多样性，让游客认识大自然的同时学会保护大自然	25			
团队表现	分工明确，沟通顺畅，合作良好	10			
	合计	100			

任务十　黑龙江森工冰雪体验旅游线

线路简介▶ 尚志市（亚布力国家森林公园）→大海林（雪乡国家森林公园）→五常市（凤凰山国家森林公园）→牡丹江市（威虎山国家森林公园）。

线路特色▶ 黑龙江森工冰雪体验旅游线是以黑龙江森工系统的4个国家森林公园为依托的冰雪旅游专线，是黑龙江"冰雪之冠"品牌的重要组成部分，汇集了丰富的冰雪旅游产品。线路主题为"冰与雪的北国，诗与画的森工"。可以在亚布力体验世界滑雪场的魅力；在雪乡体会神奇冰雪童话世界，阅奇观异景、自然神韵；在凤凰山感受《沁园春·雪》的诗意画境和壮阔雄奇的冰川、冰瀑；在威虎山领悟穿林海、跨雪原的壮举。黑龙江省以其拥有森林、冰雪、火山温泉及独特的地质奇观在国内外旅游市场中一枝独秀。"冰雪之冠·童话龙江"是对黑龙江森工冰雪体验旅游线的高度概括。

数字资源

一、线路景点介绍

（一）亚布力国家森林公园

亚布力国家森林公园位于黑龙江省尚志市亚布力镇，属温带季风性气候区，植被类型为原始针阔叶混交林，森林覆盖率为96%，最高海拔为1374.8m，总面积为12 046.3hm^2。公园冰雪资源独特，山上积雪厚度可达100cm，雪质优良，硬度适中，年积雪期可达170天左右，具有得天独厚的滑雪资源。园内的亚布力滑雪场是我国目前最大的集滑雪运动训练比赛和接待滑雪旅游的综合性滑雪场，在国内外有很高的知名度，享有"雪域麦加"的美誉。独特的地形地貌孕育了园内1400余种植物，如高山偃松、云杉、冷杉等，同时这些丰富的植物资源为园内230多种动物如东北虎和紫貂等提供了良好的栖息地和繁殖地。

（二）雪乡国家森林公园

雪乡国家森林公园位于黑龙江省牡丹江市海林市西南部大海林林业局施业区内，是国家AAAA级旅游风景区，距哈尔滨260km，总面积185 899.71hm^2（图8-10-1）。

"中国冰雪在龙江，龙江圣雪在雪乡。"雪乡雪量大、雪质黏，雪期长达7个月，积雪随物具形，浑然天成，千姿百态，遍地可以看到"雪蘑菇"和"雪房子"，宛如童话世界。随着全球气候变暖，雪乡的雪景从某种意义上来说可以称为一种稀缺资源（图 8-10-2）。瑞士滑雪设计专家克里斯托夫把雪乡比作中国的达沃斯，并称此地的雪可以与欧洲的阿尔卑斯山相媲美，是国内独一无二的赏雪、娱雪圣地。雪乡森林覆盖率高达 93.77%，树种以白松为主，约占 60%，素有"白松故乡"之称。

图 8-10-1　雪乡国家森林公园　　　　　　　图 8-10-2　雪乡的雪景

（三）凤凰山国家森林公园

凤凰山国家森林公园坐落在黑龙江省山河屯林业局凤凰山，位于长白山系张广才岭西坡，因山的形状像一只展翅欲飞的凤凰而得名。总面积为 5 万 hm^2，有海拔 1000m 以上山峰 89 座。区域内主要为天然林，是重要的森林风景资源。植物分布线较为明显，种类繁多。园内生长着高山红景天、人参等名贵药材，还有木耳、蘑菇、猴头等山产珍品。2019 年全年负氧离子监测结果显示，负氧离子监测数据始终属于 Ⅰ 级数据，大多天数介于 2500~5000 个/cm^3，最高达到 6800 个/cm^3。2020 年凤凰山国家森林公园正式获评为"中国天然氧吧"。即使是在六七月，峡谷内依然可见冰桥、冰川、冰瀑等景致奇观，谷内环境凉爽潮湿，河水冰凉，温度不超过 22℃。

（四）威虎山国家森林公园

威虎山国家森林公园坐落在柴河重点国有林区管理局施业区，面积 41.5 万 hm^2，属于长白山与小兴安岭过渡山系，位于牡丹江流域中下游，距牡丹江市 25km，东连绥芬河、虎林两大开放口岸，西通哈尔滨，北接东北亚江海联运港口佳木斯，地理位置优越。由于红色经典小说《林海雪原》和现代京剧《智取威虎山》中英雄杨子荣剿匪的故事就发生在这里，因此被命名为"威虎山"。

公园内森林景观丰富，在西部和西北部分布着天然红松原始林，山高林密，古树参天，有各类奇花异草、飞禽走兽。鸟类是最具观赏价值的森林动物，公园内共有鸟类 199 种，目前数量最多的是雀形鸟类。此外，公园内还有国家一级重点保护鸟类黑鹳、金雕。

二、特色旅游活动

（一）哈尔滨国际冰雪节

哈尔滨国际冰雪节于 1985 年 1 月 5 日创办，是我国历史上第一个以冰雪活动为内容的国际性节日，节日时间持续一个月，与日本札幌雪节、加拿大魁北克冬季狂欢节和挪威奥斯陆滑雪节并称世界四大冰雪节。节日内容丰富、形式多样，如在松花江上修建冰雪迪士尼乐园——哈尔滨冰雪大世界、斯大林公园展出大型冰雕、在太阳岛举办雪雕游园会等，冰雪节期间举办冰雪节诗会、冰雪摄影展、冰雪电影艺术节、冰上婚礼等。

（二）亚布力滑雪节

亚布力滑雪节与哈尔滨国际冰雪节相呼应，实施了冰雪联动。亚布力滑雪节创办于1998年，但在2013年停办，2019年恢复举办。2020年11月20日，举办了第18届亚布力滑雪节，以"创新推动·文旅赋能""畅玩冰雪·云享欢乐"作为新雪季的新看点，以"慧滑学院创意+""直播+""体育+""春雪节+"作为新渠道和新玩法，以冰雪书画展、亚布力冬补药膳美食节、雪国列车车厢音乐节等作为新驱动和新支点，展示"亚布力滑雪节"的品牌差异化，让滑雪节系列活动品牌印记再升级。

（三）哈尔滨采冰节

哈尔滨采冰节的时间在每年的12月7日。哈尔滨采冰节的采冰仪式是中国最盛大的采冰仪式，集中展示了哈尔滨作为世界冰雪文化旅游名城的底蕴。采冰节采用传统祈福的形式还原哈尔滨百年前的采冰仪式，体现出对哈尔滨传统采冰和冰灯文化的传承与发扬。从松花江采出来的冰块会运往哈尔滨冰雪大世界，最终建成美轮美奂的冰雪奇观。

（四）冬捕节

牡丹江镜泊湖流域有着历史悠久的渔猎文化，有记录的冬捕可追溯到辽金时期，到唐朝已享有盛名。每年1月，在镜泊湖撒下冬捕的第一张大网，拉开冬捕的序幕。冰钓冬捕是黑龙江地区的民俗文化，冬捕节再现了"万尾鲜鱼出玉门"的壮观景象。在镜泊湖除了可以欣赏到大网捕鱼的宏大场面，还能体验到独具特色的小网挂鱼。

（五）滚冰节

滚冰节是黑龙江民间节日习俗。滚冰节在元宵节的夜晚举行，当人们吃过晚饭，便扶老携幼到外面去观灯，看烟火晚会。一般在20:00后，人们看完了烟花，观完了冰灯，便陆续涌向附近的河畔，将小蜡烛点燃，在河面上摆成各种图形；或将油拌的谷糠、锯末洒成龙形或摆成每隔数米一堆的小堆，将它们同时点燃。远远看去，河面灯火汇集，十分壮观，人们就在灯火围成的冰面上打滚，很是有趣。

当地人认为，滚冰能去掉身上的病气、晦气和灾气，一年能平安健康，万事顺利。一切不吉之气，通过在冰面上一滚，便都让冰雪沾去了，然后春天冰雪融化，就被河水冲走了，这是人们崇拜自然防灾免祸的一种美好想象。

三、特色旅游产品

黑龙江是我国最北的省份，因为纬度高，在冬季的时候气温低，气候寒冷。受这种自然条件的影响，一些炖菜就成为独特的美味。炖菜热度高，又比较有营养，有很好的驱寒效果。此外，由于与俄罗斯接壤，所以饮食结构也受俄罗斯影响，带有浓郁的异国色彩。

（一）特色美食

1. 东北四炖

猪肉炖粉条、小鸡炖蘑菇、鲇鱼炖茄子、排骨炖豆角合称东北四炖。东北有句顺口溜；猪肉炖粉条，馋死野狼嚎；小鸡炖蘑菇，吃饱不想夫；鲇鱼炖茄子，撑死老爷子；排骨炖豆角，天下没处找。东北四炖在东北家喻户晓，是东北人民的最爱。小鸡炖蘑菇曾是东北人招待女婿的主菜，东北有句民谚"姑爷进门，小鸡断魂"，足见这道菜在东北的地位。

2. 杀猪菜

杀猪菜原本是东北农村每年接近年关杀年猪时所吃的一种炖菜。在东北许多地方常年做杀猪菜，形成东北饮食一大特色。因为是与酸菜一起炖，经过长时间的炖煮，肉的鲜味和酸菜融合为一体，既开胃又不腻，最主要的是在寒冷的冬天可以御寒。

3. 锅包肉

锅包肉在东北是非常受欢迎的，无论是男女老少都是必点菜。锅包肉外酥里嫩，色泽金黄，口味酸甜。通常将猪里脊肉切片腌入味，裹上炸浆，下锅炸至金黄色捞起，再下锅拌炒勾芡即成。

4. 烤冷面

烤冷面是黑龙江常见的地方特色小吃，有碳烤、铁板烤和油炸 3 种，味道各有差异。主要流行铁板烤和油炸，可以用鸡蛋、香肠等辅助材料，主要由酱料作为调味剂。

(二) 风味特产

1. 人参

人参是"东北三宝"中的第一宝，被誉为"百草之王"，为"滋阴补肾、扶正固本"的极品。人参富含人参皂苷、人参酸、芳香油、植物甾醇、维生素等，有补元气、舒筋血、提神壮力、促进新陈代谢、补脾健胃的功效，是名贵药材。黑龙江的深山老林给人参提供了优异的生长条件。

2. 猴头菇

黑龙江省海林市地处长白山余脉、张广才岭东麓，冷凉的气候、清新的空气、充足的日照和适宜的昼夜温差，使这里成为猴头菇生产的黄金地带，被称为"中国猴头菇之乡"。作为特色菌类，海林市猴头菇产量约占全国总产量的 1/4，位居全国第一。

3. 哈尔滨红肠

红肠是一种原产于俄罗斯、立陶宛等国，用猪肉、淀粉、大蒜等材料加工制作的香肠，因颜色火红得名。中东铁路修建后引进中国，成为东北的哈尔滨、满洲里等地特产。

4. 马迭尔冰棍

马迭尔冰棍是哈尔滨中央大街特色冷饮。由法籍犹太人开斯普于 1906 年在哈尔滨创建，距今有 100 多年的历史。马迭尔冰棍的特点是甜而不腻、冰中带香，且无膨化剂，其固化物(牛奶、鸡蛋等)投放比例远高于冰激凌。

(三) 特色工艺品

1. 编结绣

编结绣是以黑龙江特产的亚麻或棉布作底布，用棉线织绣而成的编结工艺品，采用抽纱、雕空手绣、编结拼镶等传统技术，采用钩、结、编结等工艺精制而成。其构思巧妙，新颖别致，风格独特，被誉为"塞北新花"。可以编织成美观的床套、枕套、绣衣、台布、餐巾和各种垫子，适用于卧室、书房、餐厅、会客室、会议室等场合使用，可美化室内环境。

2. 方正剪纸

方正剪纸是黑龙江省方正县的传统手工艺品，乡土气息浓郁，图案简洁明朗、概括力强，式样繁多，内容丰富，工艺细腻，在创作观念和整体创作上基本打破了陈陈相因的民间剪纸模式，感染力、趣味性强，自然大方，艺术风格明朗。2008年6月，方正剪纸被列为国家级非物质文化遗产。

3. 玛瑙雕

玛瑙是高温高压下形成的一种矿产，有灰白、赭红、翠绿等各种颜色，用它雕成的工艺品极为珍贵。玛瑙雕是以黑龙江玛瑙为原料雕刻的工艺品。多以仕女、鸟兽、花卉、宝瓶、香炉等为题材，形象千姿百态。有的如同牙雕一般雕成数层，里面几层雕成可以转动的玛瑙球，更显出技艺的精湛独到。

设计黑龙江森工冰雪体验旅游线路

1. 要求

黑龙江森工冰雪体验旅游线拥有得天独厚的冰雪旅游资源，请根据该线路旅游资源特点为一行10余人的冰雪体验团队进行5天4晚的行程线路设计。

2. 方法与步骤

(1) 按照4~5人一组进行分组，确定组长，实行组长负责制。

(2) 在网站查找相关资料，充分搜索相关冰雪旅游景点、旅游活动项目、餐饮、住宿、购物、娱乐等信息，根据旅游资源特点设计符合游客需求的旅游线路。线路要符合旅游线路设计原则，突出冰雪体验主题。

(3) 选择当地旅行社相对成熟的冰雪体验旅游线路，运用旅游线路设计原则对线路进行分析，并对设计的线路进行优化。

3. 考核评价

根据表8-10-1对上述实训的结果进行评价。

表8-10-1 评价表

评价项目	评价标准	分值	教师评价得分（占70%）	小组互评得分（占30%）	综合得分
知识运用	掌握该线路旅游资源分布情况；熟悉线路中各类特色旅游活动；熟悉线路上的特色旅游商品	30			
技能掌握	能对相关旅游资源进行整合并合理设计旅游线路，掌握相关旅游资源搭配的技巧；能在具体线路设计中充分考虑不同游客对旅游产品的需求差异	35			

(续)

评价项目	评价标准	分值	教师评价得分（占70%）	小组互评得分（占30%）	综合得分
成果展示	线路设计符合游客冰雪体验的需求特点，主题鲜明，特色突出，行程安排科学合理，具备较强的可行性与创新性；线路行程安排体现直面困难、不断挑战自我、超越自我的冰雪运动精神	25			
团队表现	分工明确，沟通顺畅，合作良好	10			
	合计	100			

自测题

一、单项选择题

1. 崂山国家森林公园是我国重要的海岸风景胜地，拥有我国（　　）面积最大、保护最完整的落叶松、赤松天然次生林生态系统。
   A. 热带　　　　B. 亚热带　　　　C. 暖温带　　　　D. 寒带

2. 龟峰国家森林公园是典型的（　　）地貌，地貌形态以峰林、陡崖、方山、石墙、石柱、石峰为特征。
   A. 黄土　　　　B. 喀斯特　　　　C. 风沙　　　　　D. 丹霞

3. 亚布力滑雪场享有（　　）美誉。
   A. 冰雪之堡　　B. 中国雪乡　　　C. 雪域麦加　　　D. 天然氧吧

4. 广东是世界上建有北回归线标志最多的省份，这条线路可充分感受北纬23°森林的魅力。此线路自东向西经过（　　）个国家级森林公园。
   A. 1　　　　　B. 2　　　　　　C. 3　　　　　　D. 4

5. 国际熊猫节是中国发起的拯救大熊猫的节日，定于每年的（　　）。
   A. 6月21日　　B. 6月22日　　　C. 9月21日　　　D. 9月22日

二、多项选择题

1. 下列不属于山东节庆旅游活动的是（　　）。
   A. 青岛国际啤酒节　　　　　　　B. 潍坊国际风筝节
   C. 淮南豆腐节　　　　　　　　　D. 中国国际美食节
   E. 济南趵突泉迎春花灯会

2. "鄱阳三鲜"指的是（　　）。
   A. 银鱼　　　　B. 鳗鲡　　　　　C. 鲤鱼　　　　　D. 凤尾鱼

3. 广州长隆野生动物世界是大规模野生动物种群放养的大型原生态野生动物主题公园。公园集动植物（　　）于一体。

A. 科普　　　　B. 保护　　　　C. 研究　　　　D. 观赏

4. 以下描述属于卧龙自然保护区的有(　　)。

A. 国家级第三大自然保护区

B. 四川省面积最大

C. 四川省自然条件最复杂

D. 四川省珍稀动植物最多的自然保护区

5. 黑龙江森工冰雪体验旅游线是以黑龙江森工系统的(　　)4个国家森林公园为依托的冰雪旅游专线。

A. 亚布力　　　B. 雪乡　　　　C. 凤凰山　　　D. 威虎山

三、填空题

1. 樟子松又称_____，是我国北方珍贵的针叶树种。

2. _____是东鄱阳湖国家湿地公园重要组成部分，也是中国唯一的湿地科学馆。

3. _____基地承担着全国野生大熊猫的救护任务。

4. 被称为"植物活化石"的_____不仅曾是恐龙的食物，而且身为树木，却是蕨类植物，可以通过叶片上的孢子囊散布孢子来繁殖。

5. 瑞士滑雪设计专家克里斯托夫把雪乡比作_____。

四、判断题

1. 祭祀敖包分大祭和小祭，大祭要宰杀牛、羊为祭品，小祭用奶品、果类作祭品。(　　)

2. 东鄱阳湖湿地公园聚集了世界上98%的湿地候鸟种群，一到冬天98%的白鹤与数十万只天鹅会选择到鄱阳湖越冬，场面非常壮观，英国菲利普亲王称其为中国的"第二长城"。(　　)

3. 红原县是当年红军长征经过的雪山草地，1960年建县，命名为"红原"，意思是红军走过的草原。(　　)

4. 蚂蚁蛋是生长在树上的小黄蚂蚁所产。(　　)

5. 黑龙江省海林市被称为"中国猴头菇之乡"。(　　)

参考文献

邓三龙,2016. 森林康养的理论研究与实践[J]. 世界林业研究(6):1-6.
黄金国,2004. 广东西樵山国家森林公园生态旅游现状及其发展对策[J]. 中南林业调查规划(4):26-28.
黄熙灯,2019. 新中轴线"绿心"引来"金山银山"[N]. 信息时报(A8).
江波,张光辉,2017. 雷公山自然保护区森林康养产品开发初探[J]. 四川林勘设计(3):31-34.
李春生,2008. 南台山森林公园风景资源特征与评价[J]. 河南教育学院学报:自然科学版(1):47-51.
李文婷,2020. 冰雪元素在雪乡森林公园文创设计研究与应用[D]. 北京:北京印刷学院.
鲁丹,2009. 水上森林 中国湖水面积最大 广东新丰江国家森林公园[J]. 帕米尔(5):41-42.
吕子卉,2019. 首批10条全国特色森林旅游线路[N]. 中国绿色时报(04).
孙抱朴,2015. 森林康养是我国大健康产业的新业态、新模式[J]. 商业文化(19):92-93.
唐奕,2018. 黑龙江凤凰山国家森林公园营销策略分析[D]. 北京:北京林业大学.
王冬米,2015. 走进森林[M]. 北京:中国农业科学技术出版社.
吴后建,但新球,刘世好,等,2018. 森林康养:概念内涵、产品类型和发展路径[J]. 生态学杂志(7):2159-2169.
吴章文,吴楚材,文首,2008. 森林旅游学[M]. 北京:中国旅游出版社.
徐萌萌,2019. 基于游客满意的亚布力国家森林公园森林旅游提升对策研究[D]. 哈尔滨:东北农业大学.
赵忠,2008. 林学概论[M]. 北京:中国农业出版社.
Smith S L J, 1989. Tourism Analysis:A Handbook[M]. Harlow:Longman Scientific.